Hans Paul Bahrdt
Schlüsselbegriffe der Soziologie

Hans Paul Bahrdt

Schlüsselbegriffe der Soziologie

Eine Einführung
mit Lehrbeispielen

Verlag C. H. Beck München

CIP-Titelaufnahme der Deutschen Bibliothek

Bahrdt, Hans Paul:
Schlüsselbegriffe der Soziologie : e. Einf. mit
Lehrbeispielen / Hans Paul Bahrdt. – 5. Aufl. – München :
Beck, 1992.
ISBN 3 406 09514 3

ISBN 3 406 09514 3

Fünfte Auflage. 1992
Umschlagentwurf: Bruno Schachtner, Dachau
© C.H. Beck'sche Verlagsbuchhandlung (Oscar Beck), München 1984
Satz und Druck: C.H. Beck'sche Buchdruckerei, Nördlingen

Inhalt

Vorwort 7

I. Begriffe in der Soziologie 11
   1. Wozu dient der Begriffsformalismus? 11 – 2. Begriffe als Elemente von Aussagen 14 – 3. Terminus 15 – 4. Statistische Kategorien 17 – 5. Operationelle Begriffe 18 – 6. Modelle und Modellbegriffe 19 – 7. Idealtypische Begriffe 21 – 8. Analytische Begriffe 24 – 9. Lehrbeispiele 25 – 10. Literaturhinweise 29

II. Soziales Handeln (Interaktion, „Strategisches" Handeln) ... 30
   1. Vorbemerkung 30 – 2. Handeln 31 – 3. Zweckrationalität des Handelns 32 – 4. Soziales Handeln 35 – 5. Interaktion 37 – 6. Kommunikation 38 – 7. „Strategisches" Handeln und Kampf 41 – 8. Schlußbemerkung 43 – 9. Lehrbeispiele 44 – 10. Literaturhinweise 46

III. Soziale Normen (Wertvorstellungen, Verhaltensregelmäßigkeiten, Verhaltenserwartungen, Normenkonflikte, Normenwandel) 48
   1. Vorbemerkung 48 – 2. Begriffsbestimmung 49 – 3. Wertvorstellungen 49 – 4. Normen beeinflussen das Handeln in Situationen 50 – 5. Verhaltensregelmäßigkeiten 51 – 6. Allgemeine Geltung 53 – 7. Die Tradierung von Normen 55 – 8. Normative Strukturen, Normensysteme 55 – 9. Normendifferenzierungen, Normenkonflikte 56 – 10. Sanktionen 57 – 11. Normenwandel 58 – 12. Herrschaft und Normen 59 – 13. Akzeptieren und Aneignen von Normen (Grade der Verinnerlichung) 59 – 14. Lehrbeispiele 61 – 15. Literaturhinweise 64

IV. Soziale Rolle 66
   1. Vorbemerkungen 66 – 2. Erste Begriffsbestimmung 67 – 3. Erläuterungen (a) Pluralität von Rollen, b) Spezielle Rollennormen, c) Inhaber von Positionen, d) Bezugsgruppen, Sanktionen, e) Rollenattribute, f) Interrollenkonflikte, Rollenstrategie, g) Rollensegmente, Intra-Rollenkonflikte, h) Internalisierung von Rollen) 68 – 4. Zweite Begriffsbestimmung 73 – 5. Erläuterungen (a) Bekannte und anerkannte Verhaltensfigur, b) Typisierungen, c) Aushandeln einer gemeinsamen Situation, d) Wie frei ist das Rollenspiel? e) Rollenidentität und Entfremdung, f) Sozialisationsprozeß und Rollenlernen) 73 – 6. Lehrbeispiele 81 – 7. Literaturhinweise 83

V. Soziale Gruppe 86
   1. Vorbemerkungen 86 – 2. Statistische Gruppen, Bezugsgruppen 88 – 3. Begriffsbestimmung 90 – 4. Erläuterungen (a) Soziale Beziehungen,

b) Gruppenziele, c) Situationsübergreifende Interaktionsprozesse, d) Normen, Sanktionen, e) Rollen, f) Die soziale Gruppe als soziales System, g) Das „Wir" der Gruppe) 91 – 5. Einige überlieferte Gruppentypen (a) Gemeinschaft und Gesellschaft, b) Primärgruppen und Sekundärgruppen, c) Formelle Organisation und informelle Gruppen) 97 – 6. Überlegungen zu typologischen Unterscheidungen 100 – 7. Schlußbemerkungen 101 – 8. Lehrbeispiele 103 – 9. Literaturhinweise 106

VI. Soziale Struktur und soziales System 107
1. Vorbemerkungen 107 – 2. Struktur (a) Allgemeiner Strukturbegriff, b) „Sozialstruktur" und „soziale Struktur", c) Normative Strukturen, d) Soziale Strukturen) 108 – 3. Zum Begriff des Systems 113 – 4. Klassifikationssysteme 113 – 5. Soziale Systeme (a) Teleologische Struktur sozialer Systeme, b) Zur „Grenze" sozialer Systeme, c) Reales System und System-Modell, d) Subsysteme) 116 – 6. Schlußbemerkungen 123 – 7. Lehrbeispiele 125 – 8. Literaturhinweise 127

VII. Schichten, Klassen, Stände 129
1. Vorbemerkungen 129 – 2. Soziale Schichten 132 – 3. Soziale Klassen 135 – 4. Stände 138 – 5. Kasten 139 – 6. Hinweise zu Einzelproblemen (a) Sozialer Abstand zwischen sozialen Schichten, b) Schichtspezifische Teilkultur und schichtspezifische Sozialisation, c) „Oben" und „Unten", d) Aufstiege und Abstiege, e) Soziale Schichtung in ethnisch nicht homogenen Gesellschaften, f) Klassen-Ideologien, g) Klassengesellschaften und Ständegesellschaften) 140 – 7. Lehrbeispiele 154 – 8. Literaturhinweise 158

VIII. Macht, Herrschaft, Autorität, politisches Handeln, Politik . . 161
1. Vorbemerkungen 161 – 2. Soziale Macht, Machtverhältnisse 162 – 3. Herrschaft 166 – 4. Autorität 168 – 5. Mischphänomene und Grenzfälle 169 – 6. Politisches Handeln 172 – 7. Drei Bedeutungen des Wortes „Politik" 175 – 8. Politische Herrschaft 176 – 9. Lehrbeispiele 177 – 10. Literaturhinweise 179

IX. Bemerkungen zum Begriff der Gesellschaft 181
1. Zur älteren Bedeutung des Wortes „Gesellschaft" 181 – 2. Der soziologische Begriff von „Gesellschaft" 182 – 3. Zusammenhang einer Gesellschaft 183 – 4. „Verstehbarkeit" sozialer Zusammenhänge 183 – 5. Zur „Grenze" realer Gesellschaften 184 – 6. Gesellschaft als „System", „Gesellschaftsformation" 185 – 7. Die Namen der Gesellschaftstypen 185 – 8. Gesellschaftliches Bewußtsein 186 – 9. Literaturhinweise 187

X. Ratschläge zum Studium soziologischer Theorien 188

Nachträge zu den Literaturhinweisen 195

Namenregister 197

Sachregister 199

Vorwort

Dieses Buch ist ein Lehrbuch. Handbücher (und natürlich Lexika) dienen einem anderen Zweck. Sie streben eine gewisse Vollständigkeit in einem bestimmten Wissensbereich an. Derjenige, der über ein Teilthema aus diesem Gebiet etwas Genaueres wissen will, findet in jedem Fall eine kurze Darstellung, ferner Informationen über den derzeitigen Stand der Forschung und Auskünfte über die wichtige und anerkannte Literatur. Ein Lehrbuch kann diesem Anspruch auf Vollständigkeit nicht genügen. Es soll dazu dienen, demjenigen, der es durchliest – deshalb darf es nicht zu lang sein –, einen Kenntnisstand, aber auch eine Beurteilungsfähigkeit zu vermitteln, die ihn instandsetzen, selbständig weiterzuarbeiten. In unserem Fall heißt dies: Es soll dazu verhelfen, theoretische wie auch empirische Publikationen, insofern sie ein soziologisches Begriffsinstrumentarium benutzen, verstehen und kritisch unter die Lupe nehmen zu können. Der Verfasser eines solchen Lehrbuches muß hierbei auch didaktische Gesichtspunkte berücksichtigen. Vollständigkeit darf er nicht anstreben, denn dann würde der ideale Leser, der das Buch wirklich durchackert, die Übersicht verlieren und könnte nicht Wichtiges von Unwichtigem unterscheiden. Was die Auswahl, die der Autor vornehmen muß, anbelangt, so läßt sich eine subjektive Perspektive kaum vermeiden.

Der Stoff dieses Buches wird in Publikationen und Lehrveranstaltungen der Soziologie oft unter dem Titel „Grundbegriffe" behandelt. Wir haben das Wort „Schlüsselbegriffe" gewählt. „Grundbegriffe" lassen assoziieren, es handele sich um „Grundlagen", um einen Unterbau zu einem Gebäude, das auf ihnen aufgerichtet wird. Man könnte denken, daß die Zusammenstellung der „Grundbegriffe" bereits Teil eines theoretischen Systems wäre. Dies ist ausdrücklich nicht beabsichtigt.

Unter „Schlüsselbegriffen" sollen einfach zentrale und wichtige Begriffe der Soziologie verstanden werden, deren Beherrschung es erlaubt, sich weitere Begriffe und Sachverhalte im jeweiligen Umfeld „aufzuschließen". Die Reihenfolge der Kapitel bestimmt sich demnach nicht aus einer systematischen Absicht, sondern nach didaktischer Zweckmäßigkeit. Wenn am Anfang von „sozialem Handeln" und am Ende von der „Gesellschaft" die Rede ist, so hat dies keine tiefere Bedeutung. Man könnte auch umgekehrt vorgehen.

Ziel dieses Buches ist es, Begriffe vorzustellen und zu klären, mit Hilfe derer man in verschiedene theoretische Systeme – zumindest vorläufig – soweit eindringen kann, daß man schon einmal zwei Behauptungen, die aus verschiedenen soziologischen Schulen stammen, vergleichen und auf ihre Stringenz überprüfen kann. In jedem Kapitel werden neben dem Hauptbegriff, nach dem das Kapitel benannt ist, noch einige weitere Begriffe, die in denselben Zusammenhang gehören, erläutert. Das letzte Kapitel führt allerdings über Begriffserörterungen hinaus. Es schien sinnvoll, am Schluß eines solchen Buches noch ein paar Worte zum Studium soziologischer Theorien zu sagen. Dieses Kapitel wurde ursprünglich für eine Broschüre verfaßt, die Studenten Informationen über unser Göttinger Seminar und die dortigen Arbeitsschwerpunkte vermitteln sollte.

Im Text werden immer wieder Beispiele zur Erläuterung herangezogen. Dem Leser soll bewußt bleiben, daß Begriffe kein Selbstzweck sind, sondern ihren Zweck erst erfüllen, wenn sie auf Wirkliches angewendet werden. Die den meisten Kapiteln beigefügten Lehrbeispiele haben ebenfalls diese Aufgabe. Sie sollen es dem Leser erleichtern, das, was er vorher beim Lesen rezipiert hat, auf seine Brauchbarkeit zu überprüfen. Der Leser soll üben, die Begriffe anzuwenden, dabei freilich auch erfahren, daß sie auch nur von Menschen erfunden und nur begrenzt brauchbar sind.

Die Lehrbeispiele sind grundsätzlich nicht wie ,,multiple choice"-Fragen anzugehen, können im übrigen jedoch auf verschiedene Weise bearbeitet werden: Man kann sie teilweise als Diskussionsanreize in Seminarveranstaltungen oder Gruppendiskussionen benutzen; manche eignen sich auch als Klausurthemen; der einsame Leser sollte sich gelegentlich die Zeit nehmen, die gestellten Fragen etwas ausführlicher schriftlich zu beantworten. Manche Beispiele sind von der Art, daß sie keine eindeutige Antwort zulassen. Der Leser sollte dann versuchen zu begründen, warum dies so ist, und das Problem mündlich oder schriftlich in Worte zu fassen. (Und zwar in ganzen Sätzen, nicht nur in Stichworten.)

Die Zielgruppe, an die sich das Buch wendet, sind ,,fortgeschrittene Anfänger" (um diesen Ausdruck zu gebrauchen, den A. Mitscherlich als Untertitel auf eines seiner Bücher gesetzt hat). Es ist gut, wenn man schon einige Vorkenntnisse besitzt, z.B. einige Faktenkenntnisse und Kenntnisse einführender Literatur, ehe man sich auf ein Buch dieser Art einläßt, das streckenweise auf eine gewisse Abstraktheit nicht verzichten kann. Der Verfasser ist der Ansicht, daß es heute in der deutschen Soziologie an ,,Ersteinführungen", also an Literatur für ,,blutige Anfänger" nicht mehr fehlt. Dagegen mangelt es an didaktisch aufbereiteten Schriften für das ,,zweite Viertel" des Studiums, also die zweite Hälfte des ,,Grundstudiums". Vielleicht kann hier eine Lücke gefüllt werden.

Man könnte auch noch an ,,fortgeschrittene Anfänger" anderer Art denken: Studenten, die das Gymnasiallehramt anstreben, haben sich in den ersten Semestern oft vorwiegend einem anderen, z.B. einem philologischen Fach gewidmet. Für das Fach ,,Sozialkunde", das sie ebenfalls studieren, haben sie überwiegend politikwissenschaftliche Lehrveranstaltungen besucht. Erst im 3. oder 4. Semester kommen sie dazu, intensiver in die Soziologie einzusteigen. Immerhin haben sie in anderen Fächern schon Grundfertigkeiten des wissenschaftlichen Arbeitens erworben. Zu denken wäre auch an Neben- und Wahlfächler oder auch an approbierte Sozialkundelehrer, die nachträglich zur Ergänzung ihrer historischen und politologischen Grundlagen auch einen etwas systematischeren Zugang zur Soziologie suchen.

Das Buch hat eine lange Vorgeschichte. Es ist aus Vorlesungsmanuskripten und Seminar-Papers entstanden, die im Laufe der Zeit immer wieder neubearbeitet wurden. Auch die Erfahrungen eines didaktisch orientierten Forschungsprojektes, das von L. Wallmuth und B. Jany durchgeführt wurde, denen ich an dieser Stelle danken möchte, sind eingeflossen. Inwieweit das Buch nun aber den heutigen didaktischen Forderungen an den Hochschulunterricht gerecht wird, muß der Verfasser dem Leser überlassen. Sollte er angegriffen werden, wird er sich auf die Position zurückziehen, daß Didaktik grundsätzlich eine dienende Funktion habe. Im Vordergrund steht die Sache. Und manche Berge sind nun einmal so hoch und steil, daß es keine bequemen Wege zum Gipfel geben kann. – Nein, das Bild ist falsch. Es geht nicht um Gipfelstürmerei, eher um Wege durch Schluchten, Dschungel und um Furten, die von einem sumpfigen Ufer zum anderen führen.

Für die unermüdliche Schreibarbeit an den immer wieder veränderten Papers und dem endgültigen Manuskript danke ich Frau Keuneke, Frau Vollbrecht-Slomka, Frau Fromm und Frau Wiche.

Das Buch möchte ich meiner Frau widmen. Hoffentlich nimmt sie es freundlich in die Hand, nachdem seine Abfassung uns beiden viel gemeinsame Freizeit geraubt hat.

Die selbstverfaßten Schüttelreime und Limericks zu Beginn der Kapitel dienen der jeweiligen Einstimmung der Leser. Sie sollen dazu anregen, das folgende kritisch distanziert zu betrachten und nicht alles tierisch ernst zu nehmen.

I. Begriffe in der Soziologie

> Es haben die Computerkniffe Gräten,
> solang' wir nicht zu Fuß Begriffe kneten.

Dieses Kapitel steht am Anfang dieses Buches, weil es für alle weiteren Kapitel eine gewisse Bedeutung hat. Freilich ist sein Inhalt recht abstrakt und streckenweise nicht leicht zu verstehen. Deshalb könnte es für manche Leser, vor allem für solche, die keine philosophischen oder wissenschaftstheoretischen Kenntnisse haben, empfehlenswert sein, zunächst dieses Kapitel zu überspringen und es erst später – evtl. ratenweise – durchzuarbeiten. Die übrigen Kapitel sind so angeordnet, daß sie in ihrer Reihenfolge den zweckmäßigen Aufbau einer Lehrveranstaltung abgeben könnten. Man sollte aber in keinem Falle eine Lehrveranstaltung über „Schlüsselbegriffe" oder „Grundbegriffe" mit einer ausführlichen Durcharbeitung dieses Begriffs-Kapitels beginnen. Allenfalls empfehlen sich am Anfang Hinweise darauf, wann und in welcher Form seine Heranziehung beabsichtigt und zweckmäßig ist.

1. Wozu dient der Begriffsformalismus?

In der Soziologie wird immer wieder gestritten, ob ein gewisser Begriffsformalismus nötig oder ob er überflüssig bzw. sogar schädlich ist. Von der einen Seite wird geltend gemacht, daß eine zuverlässige Kommunikation, ja bereits ein längerer einsam vollzogener Gedankengang nicht geordnet verlaufen kann, wenn nicht verbindliche Zuordnungen von Bedeutungen zu Wörtern vorgenommen sind. Von der anderen Seite wird eingewandt, daß solche Zuordnungen der dynamischen Natur des Denkens widersprechen, welches gerade dadurch charakterisiert ist, daß sich ein Begriff in seinem Vollzug entfaltet, d. h. in seinem Inhalt und evtl. auch in seinem Umfang verändert, erweitert, verengt oder verschiebt. Die Dialektiker glauben, Gesetzlichkeiten solcher Begriffsdynamik zu kennen.

Über die wissenschaftliche Legitimität dialektischer Denkfiguren soll hier nichts ausgesagt werden. Ganz sicher gibt es dialektische Gedankengänge, die zur Erweiterung des Erkenntnisstands führen. Nicht bestritten sei auch, daß der erwähnte Streit über Wert und Unwert des Begriffsformalismus wichtige theoretische Fragen berührt, z. B. die Frage, inwieweit sehr allgemein und formal gefaßte Begriffe der Geschichtlichkeit sozialer Erscheinungen gerecht werden können. Dennoch ist der

Streit häufig unfruchtbar oder jedenfalls für die hier erörterte Frage nicht relevant.

Mißverständnisse können damit zusammenhängen, daß unter „Begriff" Verschiedenes verstanden wird. Wenn man unter einem Begriff versteht: „all das, was ich von einer Sache begreife", so verändert sich in der Tat ein Begriff mit jeder neuen sinnvollen Aussage über einen gemeinten Gegenstand. Zumindest gewinnt er an inhaltlicher Fülle. Es wäre dann aber richtiger, zu sagen, daß sich die „Auffassung", die ich von einer Sache habe, mit jeder zusätzlichen Aussage weiterentwickelt.

Wer jedoch – wie wir – Begriffsbestimmungen und auch strenge Definitionen für wichtig hält, beabsichtigt natürlich nicht, sich auf eine bestimmte Auffassung über einen Gegenstand festzulegen und das Weiterdenken zu verbieten. Vielmehr erstrebt er Vorkehrungen, die gerade dem Weiterdenken dienlich sein sollen und bei Nichtbewährung ja auch wieder abgeschafft werden können. Auf solche Festlegungen von Teilinhalten von Gedankengebilden ist nicht nur das wissenschaftliche, sondern das menschliche Denken überhaupt angewiesen. Ohne solche „Institutionalisierungen" von Wortbedeutungen gäbe es keine sprachliche Kommunikation, auch wenn diese in der Alltagssprache meist nicht durch explizite Definitionen abgesichert sind.

Die Tatsache, daß gleichwohl in der Alltagssprache – wie übrigens auch in der Sprache des Dichters – oft auch nicht abgesicherte Begriffe benutzt werden, also Wörter ohne scharfe Bedeutungsgrenzen, hat durchaus auch eine positive Funktion. Zweideutigkeiten, Metaphern, bei denen man nicht gleich den Grad der gemeinten Ähnlichkeit erkennen kann, Abschattierungen von Haupt- und Nebenbedeutungen, der gelegentliche Rekurs auf den ursprünglichen, inzwischen aber vergessenen Wortsinn – all das kennzeichnet eine lebendige Sprache und birgt Chancen für ein Weiterschreiten der Erkenntnis. Wer nicht ein Ohr für die „nichtoffiziellen", aber doch „mitschwingenden" Bedeutungen der Wörter hat, wird seine Mitmenschen im Alltagsgespräch nicht verstehen und wäre ein schlechter Soziologe. Aber wenn selbst die Alltagssprache dennoch auch eine Gruppe von festen und verbindlichen Bedeutungen benötigt und nicht nur aus einem „vielsagenden Geraune" besteht, so gilt dies um so mehr für die Sprache der Wissenschaft. Diese ist auf überprüfbare Aussagen aus, welche auch ohne den Hintergrund oder Untergrund einer gemeinsam erlebten Face-to-face-Situation zuverlässig mitgeteilt werden können. Gedankengänge, die der Überprüfung dienen sollen, können nur dann schlüssig sein, wenn sie sich an definierten Begriffen entlanghangeln.

Im übrigen besitzen selbstverständlich auch die Dialektiker ihre expliziten terminologischen Festlegungen, die sich von dem jeweils schwankenden Wortgebrauch der Alltagssprache unterscheiden (z. B. hat das

1. Wozu dient der Begriffsformalismus

Wort „Produktionsweise" in der marxistischen Terminologie eine ganz bestimmte Bedeutung, die nicht mit der zunächst zu vermutenden Bedeutung, etwa „typische Herstellungsverfahren", identisch ist; jeder Marxist lernt dies und hält dann an der Begriffsbestimmung fest).

Die Bejahung der Notwendigkeit terminologischen Denkens schließt selbstverständlich nicht aus, dem geschichtlichen Wandel von Wortbedeutungen nachzugehen und diesen selbst im Hinblick auf seine gesellschaftliche Bedeutsamkeit zu betrachten. Z. B. ist der Bedeutungswandel des Wortes „Gesellschaft" seit dem 18. Jahrhundert nicht nur ideengeschichtlich, sondern auch sozialgeschichtlich interessant. Trotzdem muß man sich natürlich irgendwann einmal entscheiden, ob man das Wort „Gesellschaft" bei eigenen Aussagen wie Riehl, wie Mohl oder wie Tönnies gebrauchen will. Diese haben dem Wort, jeweils auf eine andere Weise, eine eingegrenzte Bedeutung gegeben, so daß vieles „Soziale" nicht unter den Begriff „Gesellschaft" fiele (z. B. die Familie bei Riehl oder kleine Gemeinschaften bei Tönnies). Oder soll man von Gesellschaft in der umfassenden Bedeutung reden, wie es die heutige Soziologie tut? (Vgl. dazu Kap. IX, S. 181 ff.)

Wir beabsichtigen hier nicht, eine vollständige Begriffslehre und Begriffstypologie zu erarbeiten. Es sollen nur einige für die Soziologie charakteristische Begriffstypen kurz skizziert werden. Es soll die Rede sein von „Termini", „statistischen Kategorien", „operationellen Begriffen", ferner von „Modellen" und „idealtypischen" Begriffen. Schließlich wird auf sogenannte „analytische Begriffe" eingegangen werden. Die Zuordnung einzelner Begriffe zu einem Begriffstypus kann genau nur aus dem Kontext, in dem sie stehen, heraus vorgenommen werden. Deshalb ist es bei komplexen Aussagen durchaus möglich, daß ein verwendeter Begriff mehreren Begriffstypen zugerechnet werden kann, zumal die von uns erwähnten Begriffstypen so festgelegt werden, daß ihre Merkmale sich nicht in jedem Fall gegenseitig ausschließen.

Die in den nächsten Kapiteln behandelten Begriffe sind in der Regel ihrem Inhalt nach „analytische" Begriffe. Wir versuchen ihnen freilich auch eine Fassung zu geben, die sie als „Termini" verwendbar macht. Es wird sich zeigen, daß hier nichts Kompliziertes oder gar Widersprüchliches geschieht, sondern etwas ganz Selbstverständliches, so etwa, wie wir in einem Gespräch zuerst sagen, wir meinten jetzt mit einem Amerikaner den Bewohner der USA (und nicht eine Gebäckart), und uns danach über einige typische Eigenschaften der US-Amerikaner auslassen und so zu einem Begriff des „typischen Amerikaners" gelangen. Bevor auf die einzelnen Begriffstypen eingegangen wird, hier noch einige allgemeine Bemerkungen.

2. Begriffe als Elemente von Aussagen

Ein Begriff ist keine Aussage, sondern Element einer Aussage. Er hat in seiner Aussage die Funktion, einen Inhalt zu bezeichnen, der ein tatsächlicher, aber auch ein möglicher bzw. fiktiver Sachverhalt sein kann. Sicher gibt es auch Begriffe, die nicht auf Sachverhalte, sondern auf Bewußtseinsphänomene in dem Subjekt zielen, das eine Aussage machen will, z. B. auf die Weise, wie es Aussagen über Sachverhalte machen will. Hier soll aber jetzt von Begriffen die Rede sein, die soziale Sachverhalte bezeichnen. Solche Begriffe enthalten immer auch inhaltliche Bestimmungen. Sie verweisen auf irgendwelche Eigenschaften des Sachverhaltes, den sie meinen. Das tun sie aber nur, damit man weiß, welcher Gegenstand mit dem Begriff gemeint ist. Von einem Begriff eine hinlängliche Deutung des Gegenstands zu erwarten ist unsinnig.

Das Ausmaß, in dem inhaltliche Momente in den Begriff eingehen, bestimmt sich nach Ausmaß der Voraussetzungen, die die Elemente einer Aussage in diese einbringen müssen, damit die Aussage etwas aussagt. Insofern kann man Begriffe auch als Kurzformeln für den Inhalt früherer Aussagen ansehen. Nur muß man wissen, daß nunmehr ihre Funktion eine andere ist. Der Begriff fungiert jetzt als Bezeichnung und ist Element einer neuen Aussage. Begriffe aber, die den Inhalt derjenigen Aussage, im Rahmen derer sie nur als Element fungieren, vorwegnehmen, sind unfair. Der Leser wird übertölpelt, da er in aller Regel nicht die Wortwahl im Hinblick auf mögliche Implikationen überprüft, sondern nur den Sinn des ganzen Satzgefüges.

Begriffe von sozialen Phänomenen üben ihre Bezeichnungsfunktion aus, indem sie Eigenschaften des zu bezeichnenden Phänomens für das Bewußtsein vorstellig machen. Sie können niemals die Totalität des Phänomens wiedergeben. Sie sind aber auch nicht blasse, völlig inhaltlose Zeichen. Unterschiede in der inhaltlichen Fülle bzw. Abstraktheit und Unterschiede in der Auswahl der im Begriff herausgehobenen Aspekte, schließlich Grad und Art der Abgrenzung ergeben sich aus der Funktion, die die Begriffe in den Aussagen und Aussagenketten, deren Elemente sie sind, haben. Der Kontext der jeweiligen Aussage macht hoffentlich jeweils deutlich, was jetzt bei einem verwendeten Wort von vornherein mitgedacht werden muß und was nicht. Je nachdem ist der verwendete Begriff konkreter oder abstrakter.

3. Terminus

Ein Terminus dient der Kommunikation mit anderen Subjekten oder des Subjektes mit sich selbst. Seine Aufgabe ist lediglich, einen gemeinten Sachverhalt von anderen Sachverhalten, mit denen eine Verwechslung möglich wäre, abzugrenzen und die Abgrenzung für den weiteren Gedankengang zu fixieren. Er hat die Funktion, Fixpunkte für die Verständigung in einen Gedankenfluß zu setzen. Seine Aufgabe ist es nicht, möglichst viel Inhalt in eine Aussage einzubringen. Im Gegenteil: er erfüllt dann seine Funktion am besten, wenn er nur soviel inhaltliche Momente in sich aufnimmt, wie zur eindeutigen Festlegung der Aussagenelemente gebraucht werden. Je mehr inhaltliche Momente ein Terminus aufnimmt, desto größer ist die Gefahr, daß er den Inhalt der Aussage präjudiziert. Die Merkmale eines Terminus sind als „Kriterien" zu verstehen, d. h. als Unterscheidungsmerkmale. Herrscht über die Brauchbarkeit der Kriterien Einigkeit unter sonst Uneinigen, dann erfüllt er seinen Zweck.

Die den Terminus konstituierenden Kriterien brauchen nicht etwas „Wesentliches" auszusagen. So könnte es z. B. in einem Gespräch mit Angehörigen der Universitätsverwaltung ausreichend sein, Soziologie folgendermaßen zu definieren: Soziologie ist die Tätigkeit, die hauptamtlich von den wissenschaftlichen Mitarbeitern des Soziologischen Seminars, ferner von Studenten, die sich im Haupt- oder Nebenfach für Soziologie eingeschrieben haben, ausgeübt wird.

Termini dürfen überhaupt nicht zu kompliziert sein. Über sie sollte möglichst Einigkeit bestehen, bevor die Diskussion über die Sache beginnt. Legt man sie zu kompliziert an, so gerät man leicht in der Phase der terminologischen Einigung bereits in eine Sachdiskussion, die dann zwangsläufig mit einer noch unvollkommenen Terminologie geführt wird. Dies ist zumindest kein guter wissenschaftlicher Stil und im übrigen der beste Weg zum Aneinandervorbeireden. Natürlich kann sich im Laufe einer Diskussion oder einer längeren gedanklichen Arbeit herausstellen, daß die gewählten Termini schlecht, z. B. unscharf sind. Dann muß man die Terminologie revidieren. Dies sollte aber bewußt und verbindlich geschehen.

Die Auswahl der Kriterien soll natürlich geschehen im Hinblick auf Unterscheidungen, die im Rahmen der intendierten Fragestellungen nötig sind, d. h. sie müssen auf den in Frage stehenden Relevanzbereich bezogen sein. In dem oben erwähnten Fall der Definition von Soziologie war es für die Gesprächsteilnehmer nicht relevant, welche Denkansätze die Soziologie besitzt, sondern vielleicht, mit welcher Zahl von Menschen man bei der Aufteilung von Räumen und der Planung von Arbeitsplätzen zu rechnen hat. Dies war der Relevanzbereich. Die scheinbar nichtssagende Definition besagte daher doch etwas, nämlich z. B., daß man hier nicht unbedingt an Hochschullehrer des Politikwissenschaftlichen Seminars zu denken hat, von denen einige gemäß ihrem Studienabschluß sich als Soziologen bezeichnen könnten und manchmal auch Lehrveranstaltungen anbieten, die ebenso auch unter Soziologie firmieren könnten.

Häufig steht der Soziologe vor der Frage, ob er einen geläufigen und deshalb verständlichen Terminus, der auf einen anderen Relevanzbereich als den, der ihn interessiert, bezogen ist, benutzen soll oder ob er einen neuen kreieren und lancieren muß, der für seinen Relevanzbereich besser paßt. Hierfür gibt es keine allgemeine Regel. Er muß oft nach Zweckmäßigkeitsgesichtspunkten entscheiden, sollte dies aber bewußt tun. Besonders kraß tritt diese Frage auf, wenn es darum geht, ob Termini aus anderen Disziplinen (z. B. aus der Statistik oder der Rechtswissenschaft) übernommen oder ob Begriffe aus der Allgemeinsprache terminologisiert, d. h. mit Hilfe einer Definition standardisiert werden sollen.

Die Bestimmung eines Terminus geschieht durch *Definition*. (Auch in diesem Wort steckt das Wort „Grenze".) *Definito fit per genus proximum et differentias specificas:* Die Begriffsbestimmung eines Terminus geschieht durch Nennung des nächst höheren Oberbegriffs innerhalb eines hierarchischen Klassifikationssystems und die Aufzeigung jener Unterscheidungskriterien, die eine Abgrenzung von anderen, im selben Klassifikationssystem auf gleicher Ebene liegenden Begriffen ermöglicht. Das ist die überlieferte „Definition der Definition". Neuerdings wird öfter bezweifelt, ob diese Definition der Definition nicht zu eng ist und zudem zu falschen Vorstellungen verführt. Natürlich ist stets zweifelhaft, welche der beiden Bestimmungen einer höheren Klassifikationsebene zugehört (also *genus* ist) und welches auf der niedrigeren Ebene liegt (also *differentia specifica* ist). Ein „Schimmel" kann mit gleichem Recht als „weißes Pferd" und als „pferdeartiges Weißes" definiert werden (vgl. Lit. 1, S. 30 ff.). Trotzdem ist es m. E. zweckmäßig, an der klassischen Definition der Definition festzuhalten, sofern man nur weiß, daß der zu definierende Gegenstand in verschiedenartige Klassifikationssysteme hineinpassen kann; das bedeutet auch, daß Definitionen verschiedenen Inhalts sich nicht zu widersprechen brauchen.

So liegt kein Widerspruch vor, wenn man einmal Rinder, Gänse und Hühner unter den Begriff „Haustiere" subsumiert (Rehe und Fasane jedoch unter „Wild"), das andere Mal Rinder und Rehe unter den Begriff „Säugetiere" bringt (Gänse und Fasane jedoch unter „Vögel").

Eine Definition ist streng genommen eine Aussage. Aber sie sagt nichts aus über ein soziales Phänomen, sondern über den Inhalt des Begriffs, den wir von einem sozialen Phänomen bilden wollen. Die heute beliebte Polemik gegen formale Definitionen und formale Begriffe verkennt in der

Regel deren Zweck. Sie gewinnt freilich in dem Augenblick eine gewisse Berechtigung, wenn die instrumentale Funktion aus dem Auge verloren wird, wenn etwa Definitionen mit Wesensbestimmungen verwechselt werden und wenn Begriffssysteme sich unter der Hand in Gesellschaftstheorien verwandeln.

4. Statistische Kategorien

Statistische Kategorien unterscheiden sich in ihren Strukturen nicht von Termini. Sie werden genauso definiert und haben auch die Funktion von Termini. Sie haben aber noch eine besondere Aufgabe: Ihre Unterscheidungskriterien müssen so gewählt sein, daß die unter sie fallenden Ereignisse und Individuen überall und immer in der gleichen Weise, und zwar möglichst vollständig (ohne Rest), subsumiert werden können. Ihr Zweck ist, die durch Subsumption entstehenden Quanten zu vergleichen und aus den Veränderungen inhaltlich gleich charakterisierter Quanten (bzw. dem Verhältnis inhaltlich verschieden charakterisierter Quanten zueinander) Erkenntnisse zu gewinnen. Deshalb sind für die Wahl der Kriterien erhebungs- und rechentechnische Gesichtspunkte vorrangig. Aus diesem Grunde findet man gerade bei statistischen Kategorien oft Kriterien von peripherer inhaltlicher Relevanz. Strukturelle Gesichtspunkte, die an sich für eine saubere Klassifikation von Bedeutung sein können, werden oft bewußt vernachlässigt, weil sie erhebungs- und rechentechnisch nicht zu bewältigen sind bzw. die Statistik zu kompliziert machen würden. Der Statistiker definiert z.B. „Arbeiter" als „Arbeitnehmer, die sozialversichert sind". Sicherlich ist die Tatsache „sozialversichert" zu sein, im Unterschied zu „angestelltenversichert", keine sehr wichtige Eigenschaft von Arbeitern. Es ist sogar zu erwarten, daß bei Anwendung dieses Merkmals Personen als Arbeiter gezählt werden, die unter soziologischem Gesichtspunkt kaum als typische Arbeiter gelten können (z.B. sind saisonal oder halbtags Beschäftigte in typischen Angestelltenberufen Arbeitern formal gleichgestellt). Trotzdem ist die oben angeführte Definition aus Gründen der Rechentechnik und der Datenlage zweckmäßig. Eine präzisere Definition wäre nicht praktikabel.

Statistische Kategorien sind deshalb in der Regel weder hinsichtlich ihrer Definition noch im Hinblick auf die ihnen subsumierten Ereignisse und Menschen mit den sozialen Kategorien genau identisch, auf die sie eigentlich bezogen sind und die den Soziologen interessieren.

Nicht immer, aber oft interessiert sich der Statistiker freilich für dieselben Sachverhalte wie der Soziologe. Welche Versicherungsregelung für die verschiedenen Arbeitnehmer gilt, ist für den Sozialstatistiker vielleicht auch eine Randfrage. Er würde sicher einen „Laborfachwerker" (eine Übergangsposition auf dem Wege zum Laboranten, also einem typischen Angestellten) lieber nicht unter die Arbeiter zählen. Er nimmt aber solche Unschärfen in Kauf, da er große Totalerhebungen, die seinen Zwecken ganz genau entsprächen, nicht selbst durchführen kann. Er muß aus Kostengründen Daten dort abschöpfen, wo sie sowieso anfallen (z. B. bei den verschiedenen Versicherungsanstalten bzw. in den Betriebsabteilungen, die die Abrechnungen mit den Versicherungen erledigen). Der Soziologe braucht die Daten der öffentlichen Statistik. Die meisten Statistiken lügen nicht, aber sie bedürfen der Interpretation, wenn sie nicht ein falsches Bild abgeben sollen.

5. Operationelle Begriffe

Ähnliches gilt für operationelle Begriffe. Die Intention, aufgrund derer sie gebildet werden, reicht aber weiter. Zwar nehmen auch sie nicht eine theoretische Erklärung vorweg. Auch operationelle Begriffe haben eine instrumentelle Funktion. Die Definition ermöglicht jedoch nicht nur genaue Unterscheidung des gemeinten Gegenstandes von anderen Gegenständen, erlaubt nicht nur vollständige und gleichmäßige Subsumption von Quanten. Die inhaltlichen Bestimmungen sind vielmehr so zusammengestellt, daß die Aussagen, die mit Hilfe dieser Begriffe gemacht werden, mit empirischen quantifizierenden Methoden falsifizierbar sind. Erst dann ist eine Verifikation möglich. Empirische Aussagen sind – nach Popper – nur „vorläufig" verifizierbar. Von Verifikation kann man sprechen, wenn alle derzeit ernsthaft in Betracht kommenden Alternativ-Hypothesen falsifiziert sind, die vertretene These aber Falsifizierungsversuchen standgehalten hat. Operationalisieren heißt, eine Hypothese so umformen, daß derjenige, der sie widerlegen will, eine echte Chance hat.

Z. B. könnte sich ein Religionssoziologe dafür interessieren, wie groß heute die kirchliche Bindung der Bundesrepublikaner ist und wie sich hierbei Stadt- und Landbevölkerung unterscheiden. „Kirchliche Bindung" ist – vor allem, wenn man zu ihr auch eine tiefer wurzelnde religiöse Haltung rechnet – empirisch kaum faßbar. Faßbar wäre – wenn man das Mittel der Befragung benutzt –, ob Menschen erklären, regelmäßig (nicht nur zu Weihnachten, bei Hochzeiten und Beerdigungen) einen Gottesdienst zu besuchen und auch erkennen lassen, daß sie dies nicht nur aus Konvention oder ihrem Ehepartner zuliebe tun. Ferner könnte man noch einige Grundkenntnisse in Glaubensdingen überprüfen. „Kirchlich gebunden" könnte man also operationell so definieren: „Regelmäßiger Gottesdienstbesuch, nach eigener Angabe religiös motiviert, und grobes Bescheidwissen über die jeweilige konfessionelle Auf-

fassung über den Sinn des Abendmahls und den Inhalt des Glaubensbekenntnisses."
Dieser operationelle Begriff trifft natürlich nicht wirklich das, was mit kirchlicher Bindung gemeint ist. Eher gründet er sich auf Symptome. Immerhin könnten diese in etwa bei der Population auftreten, über die man Näheres wissen möchte. Sie erlauben jedenfalls die Anwendung empirischer Verfahren.
Bei der Entwicklung operationeller Begriffe wird immer ein Preis bezahlt. In unserem Fall ist z. B. damit zu rechnen, daß einzelne Befragte, die in Wahrheit indifferent sind, unter die „kirchlich Gebundenen" subsumiert werden. Operationalisieren heißt stets auch: Ausklammern von wichtigen Tatbeständen, falls diese empirisch nicht bearbeitbar sind.

6. Modelle und Modellbegriffe

Unter einem Modell verstehen wir im allgemeinen eine vereinfachende und modifizierende Darstellung eines tatsächlichen oder antizipierten Sachverhalts, die es ermöglichen soll, den gesamten Sachverhalt in seiner Struktur zu verstehen. Ein Modell ist nicht der gemeinte Sachverhalt selbst, auch nicht dessen vollständige Bestandsaufnahme durch das Bewußtsein (etwa in Form vollständiger Beschreibung oder photographisch getreuer Abbildung oder totaler Analyse). Vereinfachung und Modifikation (etwa durch Verkleinerung, Akzentuierung wichtiger Strukturmerkmale, Verwendung anderen Materials, Weglassen von Unwesentlichem oder Selbstverständlichem, Transformation in Symbole oder, falls der gemeinte Sachverhalt sich schon in Symbolen darstellt, in andere Symbole als sie bei einer vollständigen Bestandsaufnahme verwendet würden) dienen dem besseren Verständnis und der Kommunikation über Gegenstände, die unmittelbar als Totalität schwer oder gar nicht erfaßt, gemerkt oder mitgeteilt werden könnten. Im Einzelfall ist schwer zu entscheiden, ob das Wort „Modell" angebracht ist. Auch die ausführliche Bestandsaufnahme eines komplexen Sachverhalts ist in Wahrheit ja immer schon strukturiert, vereinfacht und „modifiziert". Der „Modellcharakter" einer Darstellung ist immer relativ zu einer anderen Darstellung zu sehen, die das Gemeinte genauer, detaillierter, vollständiger, weniger symbolisierend, gewissermaßen „sklavischer" simuliert und gerade deshalb weniger handhabbar ist. Modelle sind Mittel der Erkenntnis vergangener, gegenwärtiger und zukünftiger Tatsachen, ebenfalls auch Mittel der Propagierung von Plänen. Aber sie verkörpern nicht abgeschlossene Erkenntnisse von Wirklichkeit oder fertige, d. h. realisierbare Pläne.
Das Wort „Modell" hat in letzter Zeit in den Sozialwissenschaften eine gewisse Inflation erlebt und ist dadurch aufgeweicht worden. Da auch

das Wort „Begriff" oft unscharf verwendet wird, ist man allzu schnell bereit, auch von „Modell-Begriffen" zu reden. Man sollte dies aber nur tun, wenn ein Begriff tatsächlich den Charakter und die Funktion eines „Modells" hat, wie es etwa ein Architekt von einem Haus oder einer Häusergruppe herstellt: Ein Modellbegriff macht nicht den ganzen gemeinten Sachverhalt vorstellig, sondern hebt bewußt bestimmte Charakteristika hervor und akzentuiert sie. Er beschränkt sich aber auch nicht auf wenige Unterscheidungsmerkmale. Modellbegriffe, die Gebilde bezeichnen, werden deren „Struktur" hervorheben, d. h. das, was zur Erhaltung des Gebildes als eines Systems beiträgt. Was in dieser Hinsicht indifferent oder gar störend ist, wird vernachlässigt. Da die gemeinte Wirklichkeit jedoch Veränderungen zeigt und nicht selten „Mischformen" auf der Basis unterschiedlicher Strukturprinzipien zeitigt, darf man Modellbegriffe nicht für bare Münze nehmen. Sie pflegen die Wirklichkeit als einheitlicher und stabiler zu stilisieren, als sie ist. Freilich kann man auch „Modellbegriffe" bilden, die typische Wandlungsprozesse (z. B. Industrialisierungsprozesse, Wirtschaftskrisen, Revolutionsabläufe) verdeutlichen. Auch diese Begriffe enthalten Vereinfachungen und Stilisierungen. Sie suggerieren leicht das Walten von Entwicklungsgesetzlichkeiten, während in der Wirklichkeit allenfalls „Tendenzen" oder „Wahrscheinlichkeiten" beobachtbar sind.

Noch einmal sei angemerkt, daß „Modellbegriffe" nur dann *Begriffe* im strengen Sinn sind, wenn sie als Aussageelemente in Aussagen eingehen und in ihnen eine Funktion übernehmen. Theorien oder Hypothesen können die Form eines Modells haben, sie sind dann aber als solche noch nicht Begriffe. Sie können aber zu einer Kurzformel zusammengefaßt mit anderen Aussage-Elementen zusammen Teile einer Aussage werden. Dann fungieren sie als Begriffe. (In dem Satz „Der Industriekapitalismus hat sich in Deutschland in der zweiten Hälfte des 19. Jahrhunderts durchgesetzt", könnte z. B. in dem Kontext, in dem dieser Satz auftaucht, der „Begriff" des „Industriekapitalismus" den Charakter eines „Modellbegriffs" haben, denn vermutlich behilft sich derjenige, der diesen Satz ausspricht, mit einer modellartig vereinfachten und stilisierten Vorstellung von „Industriekapitalismus". Dessen Totalität erahnt er zwar, kann sie aber nicht in seinem Kopf ständig beieinanderhalten und vor allem andern nicht mitteilen. Freilich wird in diesem Satz sicher mehr „mitgedacht" als eine einfache Definition *per genus proximum et differentias specificas* enthalten könnte.)

Angesichts der bereits erwähnten Inflationierung des Wortes „Modell" ist allerdings zu fragen, ob man es nicht in vielen Fällen lieber vermeiden sollte. Oft genügen Worte wie „Strukturbegriffe" oder „Typus".

Im nächsten Abschnitt soll jedoch von einem Typenbegriff die Rede sein, der ausgesprochenen Modellcharakter hat.

7. Idealtypische Begriffe

Der „idealtypische Begriff", der von M. Weber als Werkzeug in die Soziologie eingeführt worden ist, zielt auf die Struktur sozialer Phänomene. Er ist deshalb inhaltlich stärker angereichert als ein einfacher Terminus.[1]

Freilich – und insofern ist er ein Modellbegriff – bemüht er sich nicht um vollständige und „richtige" Wiedergabe der realen Strukturen. Er vereinfacht und modifiziert bewußt, d. h. weicht in wesentlichen Punkten von der gemeinten Wirklichkeit ab, und zwar so weit, daß er für Klassifikationen im üblichen Sinn nicht in Frage kommt.

Er ist also keine Schublade, in die der durch ihn bezeichnete Inhalt ganz und gar hineinpaßt. Um im Bilde zu bleiben: Einige Zipfel der Wirklichkeit hängen aus der Schublade stets heraus. Das deutet nicht auf Unordnung, sondern ist vorausgesehen. Natürlich kann man sich Begriffsschubladen herstellen, in denen die jeweils gemeinte Wirklichkeit ganz und gar untergebracht werden kann. Dann müssen aber die Schubladen sehr groß sein; d. h. die Begriffe sind sehr allgemein und inhaltsarm. Bei Termini ist das beabsichtigt, jedoch nicht bei Idealtypen. Wie allgemein oder wie konkret bzw. wie inhaltsarm oder inhaltsreich oder auch wie eng oder weit Begriffe sind, hängt von dem Zweck ab, den man mit ihnen verfolgt. Geht es um eine Verständigung darüber, worüber man reden will, dann sollte kein Zipfel aus der Schublade heraushängen. Dient aber ein Begriff als Leitfaden für den Erkenntnisweg durch eine höchst komplexe und unübersichtliche Wirklichkeit, dann muß er eng und konkret gefaßt sein; um ein anderes Bild zu gebrauchen: er gleicht einer Hose, die auf Pass gearbeitet ist. Platzt eine Naht, so ist dies aber in diesem Fall kein Unglück, sondern Anlaß einer Entdeckung (z. B. könnte eine Institution „füllig" geworden sein).

Nebenbei: Wir vertreten hier ein ausgesprochen instrumentelles Verhältnis zu Begriffen. Begriffe in der Wissenschaft sind nicht Ausdruck des

---

[1] Das schließt nicht aus, daß man den von einem idealtyischen Begriff gemeinten Inhalt noch einmal als Terminus *per genus proximum et differentias specificas* definiert. Man hat M. Weber gelegentlich vorgeworfen, er habe sich häufig nicht an die von ihm entworfenen Idealtypen gehalten. Das mag gelegentlich geschehen sein. Aber ich glaube, daß in diesen Vorwürfen etwas sehr Einfaches übersehen worden ist. M. Weber hat reihenweise – vor allem in „Wirtschaft und Gesellschaft" (Lit. 2) – Begriffsbestimmungen vorgelegt, die Definitionen im klassischen Sinn darstellen, und zwar meist zu Beginn eines Abschnitts. Er wollte das Phänomen erst einmal abgrenzen. Danach hat er in aller Regel den Strukturzusammenhang des gemeinten Phänomens dargestellt, wobei er sich dann an die Spielregeln des idealtypischen Vorgehens gehalten hat.

Tatsächlichen, sie wachsen nicht wie Blumen aus dem Humus der Wirklichkeit, sondern werden von Menschen gemacht, um mit ihrer Hilfe Wirklichkeit zu erkennen und über sie zu kommunizieren. Auch die Begriffe der „lebendigen" Umgangssprache sind übrigens Produkte von Menschen. Nur weiß man meist nicht, wer sie produziert hat.

Der Idealtypus ist auf jeden Fall eine bewußt vorgenommene gedankliche Konstruktion. Nur dies ist mit „ideal" gemeint. Von „Idealen", denen Menschen nachjagen, oder einem „Ideal", das dem Forscher vorschwebt, ist nicht die Rede. Es soll lediglich ausgedrückt werden, daß es sich nicht um einen sogenannten „Realtypus" handelt, der die Wirklichkeit zwar vielleicht vereinfacht wiedergibt, aber doch in ähnlicher Weise an ihr orientiert ist wie etwa die Ölskizze, die ein realistischer Maler anfertigt, ehe er sich an das Gemälde heranmacht. Der „Idealtypus" ist also etwas anderes als ein „Durchschnittstypus".

Der Idealtypus wird gebildet, indem der Forscher nach seinen Vorstellungen darüber, was er für bedeutsam für eine Kultur und Gesellschaft hält, aus der Mannigfaltigkeit der Erscheinungen bestimmte Einzelerscheinungen herausgreift und in einen verständlichen Zusammenhang bringt, und zwar so, daß ein einheitliches Gedankengebilde entsteht. „Verständlicher Zusammenhang" und „einheitliches Gedankengebilde" basieren auf der Vorstellung, daß Verstehbares, auf Verwirklichung von Zielen gerichtetes und zweckrational vollzogenes Handeln von Subjekten zu kausal erklärbaren Wirkungszusammenhängen führt, die sich dann als typische soziale Strukturgebilde erfassen lassen (z. B. als Institutionen oder kohärente Prozesse). Freilich kann nicht erwartet werden, daß die „konstruierten einheitlichen Gedankengebilde", die rationales soziales Verhalten von Individuen und soziale Strukturen voraussetzen, in der Wirklichkeit genaue Entsprechungen haben, nicht zuletzt, weil es auch viel irrationales Verhalten gibt und weil soziale Wirklichkeit nicht aus vollständig realisierten Zielen besteht. Dennoch sollen die um ihrer inneren Geschlossenheit und Verständlichkeit willen von der Wirklichkeit abweichenden „Idealtypen", wie M. Weber gesagt hat, das „Zurechnungsurteil schulen, der Hypothesenbildung eine Richtung weisen", die Wirklichkeit also zwar nicht darstellen, aber „der Darstellung eine Richtung verleihen".

Zweifellos hat der „idealtypische Begriff" eine „Schlagseite". Seine Anwendung schließt nicht aus, daß irrationalem Verhalten beim letzten Blick auf die Wirklichkeit doch große Bedeutung beigemessen wird. Die idealtypische Methode trägt aber nichts dazu bei, Irrationalismen systematisch zu behandeln. Sie werden theoretisch gewissermaßen in den zweiten Rang verwiesen.

Der idealtypische Begriff ist als Leitfaden natürlich überall dort besonders brauchbar, wo das Handeln von Menschen tatsächlich höchst zweckrational ist und im Hinblick auf ein gemeinsam verfolgtes Ziel aufeinander abgestimmt ist. Dann ist die Wahrscheinlichkeit groß, daß das verstehbare Handeln den erstrebten Zielzustand verwirklicht. Unser Verstehen des Handelns von Menschen liefert dann die kausale Erklärung dessen, was geschehen ist, beinahe gleich mit.

Es gibt aber kein gesellschaftliches Geschehen, das tatsächlich so abläuft, wie es die idealtypische Konstruktion vorgibt. Allerdings findet man soziale Gebilde und Prozesse, die der auf Zweckrationalität aufbauenden idealtypischen Konstruktion mehr entsprechen als andere. Ein Beispiel könnte der moderne durchrationalisierte Wirtschaftsbetrieb sein. Ein von M. Weber gern genanntes Gegenbeispiel, ebenfalls aus der Wirtschaftwelt, in der Zweckrationalität sonst Trumpf ist, ist die „Börsenpanik".

Idealtypische Begriffe zeichnen sich wie alle Typen-Begriffe durch mittlere Allgemeinheit aus. Sie sind ihrer Tendenz nach konkreter als Termini und sogenannte analytische Begriffe (s. I, 8), aber selbstverständlich allgemeiner als „Namen", die – so gut es das Bewußtsein vermag – die Einmaligkeit und Individualität eines bestimmten historischen Phänomens vorstellig machen. Idealtypen müssen so allgemein sein, daß sie dem Vergleich verschiedener geschichtlicher Ereignisse dienen können, zwar nicht in der Weise, daß sie als „Oberbegriffe" fungieren, die die Erscheinungen „ohne Rest" umschließen, wohl aber indem sie einen Raster darstellen, auf den die konkrete Wirklichkeit projiziert werden kann. Andererseits sind Idealtypen nicht so allgemein, daß sie für alle Geschichtsperioden und Gesellschaftssysteme verwendbar sind. (Der Idealtypus „Kirche", selbst wenn er so allgemein bestimmt ist, daß er für nichtchristliche Religionsgemeinschaften, z.B. den Islam, paßt, setzt auf jeden Fall einen Organisationsgrad der Gesellschaft und einen Religionstyp voraus, der in sogenannten Primitiv-Gesellschaften nicht vorkommt.)

Idealtypische Begriffe werden charakteristischerweise dort interessant, wo die Fragestellung darauf zielt, ob ein bisher nur an einem geschichtlichen Ort beobachtetes Phänomen strukturelle Entsprechungen in anderen Kulturen oder Gesellschaftssystemen hat. (Z.B. „Gibt es in Japan Feudalismus?" – Diese Frage kann sinnvoll bearbeitet werden mit einem Idealtypus „Feudalismus", der am europäischen Mittelalter orientiert ist, der dessen Gesellschaftssystem auf wichtige Strukturtendenzen reduziert, der aber wiederum nicht so allgemein und inhaltlos ist, daß jede vorindustrielle, mehrstufige, patriarchalisch gefärbte Gesellschaftsordnung darunter fällt.)

8. Analytische Begriffe

Analytische Begriffe in der Soziologie sind in ihrer Tendenz so allgemein und inhaltsarm, daß sich so gut wie in allen Gesellschaften Phänomene finden, die unter sie subsumiert werden können. Z. B. gibt es in jeder Gesellschaft Normen, Rollen, Sanktionen, Interaktionen. Bei manchen Begriffen mag zweifelhaft sein, ob sie als analytische Begriffe angesehen werden können, z. B. Schicht, Klasse, Herrschaft. Möglicherweise gibt es tatsächlich Gesellschaften ohne Herrschaft, bestimmt manche ohne Schichtung und Klassenstruktur. Andererseits sind auch diese letzten Begriffe so allgemein, daß sie im Vergleich zu Idealtypen „ungeschichtlich" sind. Entscheidend ist ihre Verwendungsart. Ein Idealtypus wird so verwendet, daß man ihn auf ein Stück Wirklichkeit projiziert. Seine inhaltliche Bestimmtheit ist so stark, daß die Wirklichkeit „ja", „nein" oder (und dies zumeist) „insofern ... ja, insofern ... nein" sagen muß.

Für dieses Verfahren sind analytische Begriffe nicht zugeschnitten. Der Begriff Norm wird nicht auf die Wirklichkeit projiziert, damit sie antwortet: „Ja, es gibt Normen". Diese Antwort wäre trivial. Auch wäre die Antwort „ja, es gibt Herrschaft" von wenigen Ausnahmefällen abgesehen trivial (z. B. da nicht, wo von sogenannten „segmentären Gesellschaften" die Rede ist).

Analytische Begriffe dienen einmal als Ordnungsschemata für empirische Befunde und Fragen („welche Normen gelten hier?"), sie dienen ferner als Variablen für die gedankliche Verbindung inhaltlich unterschiedlicher Phänomene unter einem strukturellen Gesichtspunkt. Außerdem erlaubt der analytische Begriff in Verbindung mit anderen analytischen Begriffen Reflexionen über allgemeine Konstanten menschlichen Sozialverhaltens, etwa inhaltliche Aussagen über Besonderheiten menschlicher Soziierung im Vergleich zu tierischer. (Z. B. setzt die Aussage: „Sog. ‚Rollen' in tierischen Sozialsystemen beruhen nicht auf symbolisch vermittelten Normen, wie dies in menschlichen Sozialsystemen der Fall ist", voraus, daß die analytischen Begriffe „soziale Rolle" und „Norm" eine bestimmte Fassung erhalten haben. Der Inhalt dieser Aussage ist freilich anthropologischer, nicht eigentlich soziologischer Natur. Freilich muß der Soziologe sich immer wieder seiner anthropologischen Grundlagen versichern.)

Die analytischen Begriffe in der Soziologie enthalten also auch gewisse inhaltliche Bestimmungen, sie sind nicht völlig formal und abstrakt wie Begriffe der Erkenntnistheorie, die nur Möglichkeiten des Denkens über Gegenstände „überhaupt" aufzeigen. Die inhaltlichen Momente in einzelnen analytischen Begriffen beruhen auf allgemeinen Grundannahmen über mögliches soziales Verhalten und mögliche soziale Verhältnisse unter Menschen schlechthin und tragen nicht unmittelbar zur Erklärung bestimmter sozialer Phänomene bei. Mittelbar, z. B. als „Sortiergeräte" für Typenbegriffe und als Variable für Daten, haben sie große Bedeutung. Versuche, die verschiedenen analytischen Begriffe zu einem analytischen System zusammenzusetzen, sind theoretisch von größter Tragweite. Doch ist zu beachten: Auch wenn sie ehrlich nur als Systematisierung des Instrumentariums gemeint sind, implizieren sie jedoch leicht Entscheidungen über die Möglichkeit, wie der Gegenstand, die Gesellschaft, theoretisch gedeutet werden kann.

So gibt es in der Soziologie Grundlagentheorien, die aus den jeweils vorherrschenden Normen die Gesamtstruktur von Gesellschaften ableiten wollen. Andere mögen den Begriff „Interesse" oder den Begriff „Gruppe" in den Mittelpunkt stellen. Solche Vorgehensweisen sind oft einseitig und nicht unbedenklich. Man sollte zwar stets darüber nachdenken, in welchem Verhältnis die verschiedenartigen analytischen Begriffe zueinander stehen (z. B. inwieweit der Begriff „soziale Rolle" den der „Norm" voraussetzt), jedoch sollte man nicht gleich mit der Konstruktion von Begriffsgebäuden beginnen, in denen ein für allemal die einzelnen Begriffe in verschiedenen übereinander liegenden Etagen untergebracht sind.

9. Lehrbeispiele

a) Definitionsübungen

Es empfiehlt sich, zuerst einige einfachere Definitionsübungen zu machen, die mit Soziologie wenig zu tun haben. Es wird sich herausstellen, daß bereits diese einige Schwierigkeiten mit sich bringen. Zunächst muß der Anfänger verstehen, daß die Beziehung zwischen einem Unterbegriff und seinem Oberbegriff in einer Begriffspyramide etwas anderes ist als die Beziehung eines Teils zu einem Ganzen. Das *genus proximum* von „Stuhl" ist nicht „Zimmer", sondern „Möbel" oder „Sitzgelegenheit". Allerdings könnte man auch die Klasse der „Zimmereinrichtungsgegenstände" nennen. Der Oberbegriff zu „Begriff" ist nicht „Satz" oder „Aussage". Der Begriff ist Teil einer Aussage. Das müßte auch in den Begriff des Begriffs eingehen, jedoch nicht in der Weise, daß er unter den Begriff „Aussage" subsumiert wird. Frage: Ist „Aussage-Element" ein Oberbegriff zu „Begriff"? Wenn ja, was wäre dann die *differentia specifica*?

b) Zur Pluralität von Klassifikationssystemen

Schon bei einfachen Gebrauchsgegenständen stellt sich heraus, daß sie unterschiedlich definiert werden können. Hier liegt wie gesagt keine Widersprüchlichkeit vor. Je nachdem, welches Klassifikationssystem ich voraussetze, werden andere Oberbegriffe und Specifica genannt werden müssen. Innerhalb welcher Klassifikation ich eine Definition vornehme, richtet sich oft nach der jeweiligen Fragestellung oder nach praktischen Gesichtspunkten. Freilich kann sich aus letzteren oft ergeben, daß einerseits eine Festlegung auf ein einziges Klassifikationssystem zweckmäßig wäre – z. B. nur der Übersichtlichkeit wegen –, andererseits aber die aus verschiedenen Klassifikationen stammenden Kriterien irgendwie doch berücksichtigt werden sollen. Vor allem geschieht dies dann, wenn wir eine handhabbare Ordnung herstellen wollen, die uns befähigt, Gegenstände und Informationen, deren Charakter oder Ort wir uns nicht merken können, wiederzufinden, z. B. bei der Anlage eines Zettelkastens. Als Ordnungsprinzip bietet sich dann zwar sicher eine Begriffsklassifikation an. Haben wir sie im Kopf und ist sie logisch aufgebaut, dann wissen wir, wo wir zu suchen haben. Aber es stellt sich oft heraus, daß wir mit einem Klassifikationssystem nicht durchkommen und daß eine Ordnung, die auf einer Pluralität voll ausgebauter einander überlagernder Klassifikationssysteme beruht, zuviel Arbeit machen würde oder technisch nicht herstellbar ist (z. B. würde ein Lochkartensystem dies leisten. Auch sogenannte „Randlochkarten" können diesem Zweck dienen. Aber nicht für jeden Bedarf sind diese geeignet. So greift man meist zu einfachen Karteikarten oder Inventurlisten). Wir erfinden dann ein „gemischtes System", das in sich in der Tat „unlogisch" ist. Jedoch helfen Gedächtnis und Denkvermögen aus.

Diskutieren sie unter dem Gesichtspunkt: Definitionen im Rahmen einer Pluralität von Klassifikationsprinzipien: 1. über die Ordnung eines Bücherschranks, 2. über Zettelkästen, 3. über Lochkartenkarteien, 3. über Inhaltsverzeichnisse von Büchern. Als Anreiz: Das Inhaltsverzeichnis eines Kochbuches hat folgende Gliederung:

1) Hors d'œuvre
2) Suppen
3) Fleischgerichte
4) Fischgerichte
5) Gemüse
6) Salate
7) Dessert
8) Einkochen und Konservieren
9) Kuchen und anderes Gebäck

Die Kapitelüberschriften verkörpern Oberbegriffe zu den einzelnen Rezepten. Versuchen sie die nächsthöheren Oberbegriffe zu finden und begründen sie dann, warum es so schwer ist, Thunfisch-Salat einzuordnen.

Untersuchen Sie unter der gleichen Fragestellung die Bibliothek Ihres Seminars. Ein soziologisches Seminar könnte folgende Grobeinteilung haben: Soziologische Theorie, Methodenlehre, Industriesoziologie, Gemeindesoziologie, Familiensoziologie, Organisationssoziologie, Politische Soziologie, Entwicklungsländersoziologie, sonstige spezielle Soziologien, Lehr- und Handbücher, Lexika, Zeitschriften.

Ein weiteres Beispiel: Die Soziologie pflegen wir in Deutschland häufig zu den Geisteswissenschaften zu rechnen. Manchmal haben wir dabei ein ungutes Gefühl und ordnen sie den „Sozialwissenschaften" zu. In angelsächsischen Ländern zählt sie zu den „Social Sciences", nicht zu den „Arts", die sonst einen Oberbegriff für die Disziplinen darstellen, die bei uns „Geisteswissenschaften" heißen. Als „Sciences" werden sonst im allgemeinen die Naturwissenschaften bezeichnet, einschließlich der Mathematik. Ist die unterschiedliche Zuordnung der Soziologie nur ein geschichtlicher Zufall?

c) Zu statistischen Kategorien

In der Bundesrepublik lebten 1964 18,3% der Bevölkerung in Städten mit mehr als 500000 Einwohnern. 1980 waren es nur noch 17,1%. Kann man aus diesen Zahlen auf ein Ende des Großstadtwachstums schließen, womöglich auf den Beginn eines „Entstädterungsprozesses"? Um ein solches Urteil fällen zu können, müßte man natürlich noch andere Zahlen berücksichtigen (z. B. Anteil der Bevölkerung in Städten zwischen 100000 und 500000). Hier interessiert nun die Frage: Welche Definition lag dem Statistiker zugrunde, wenn er von Städten über 500000 Einwohnern sprach? Entspricht diese den Vorstellungen eines Soziologen, der wissen will, wie sich unsere größeren Großstädte entwickeln?

d) Zu operationellen Begriffen

Angenommen, Sie wollen die These, in der Großstadt spiele Nachbarschaft eine geringere Rolle als auf dem Lande, empirisch überprüfen. Versuchen Sie zuerst zu klären, was Sie unter Nachbarschaft verstehen wollen, und bilden Sie dann einige operationelle Begriffe. Wie kann man Begriffe wie z. B. „benachbart wohnen" „nachbarschaftlicher Kontakt", „nachbarschaftliche Beziehung" und „Nachbarschaftshilfe" so bestimmen, daß sie für die Methoden der empirischen Sozialforschung anwendbar sind?

e) Zu idealtypsichen Begriffen

Im Rahmen dieses Buches empfiehlt es sich nicht, zum Thema „idealtypische" Begriffe „freischwebende Denksportaufgaben" zu entwerfen. Dies wäre vielleicht in Oberseminaren möglich. Will man das, was mit Idealtypen gemeint ist, genauer verstehen, so sollte man auf einige Originaltexte M. Webers zurückgreifen, vor allem auf „Wirtschaft und Gesellschaft", 1. Hlbbd., Tübingen ⁴1956, S. 1–6, ferner auf „Die ‚Objektivität' sozialwissenschaftlicher und sozialpolitischer Erkenntnis", in: Gesammelte Aufsätze zur Wissenschaftslehre, Tübingen ³1968, S. 146ff. In Übungen für „fortgeschrittene Anfänger" sollte man aus dem letzteren Aufsatz nur einige zentrale Partien herausgreifen, diese aber intensiv interpretieren und diskutieren.

Wer tiefer eindringen will, sollte an Hand eines komplexen Begriffs und der Auseinandersetzungen um ihn in die Methode idealtypischer Begriffsbildung eindringen. Der Begriff des „Feudalismus" bietet hierzu gute Möglichkeiten, zumal der Soziologe dabei auch Gelegenheit hat, die geschichtlichen Dimensionen seines Faches kennenzulernen. Empfohlen sei die Lektüre von O. Hintze: Feudalismus – Kapitalismus, hg. v. G. Oestreich, Göttingen 1970, S. 12ff.; O. Brunner: „‚Feudalismus', ein Beitrag zur Begriffsgeschichte", in: H. Wunder (Hg.): Feudalismus, München 1974. In diesem Band sind noch weitere Beiträge enthalten, die für die Frage der Begriffsbildung interessant sind, vor allem dazu, welchen Sinn es hat, für Phänomene wie „Feudalismus" weitere oder engere bzw. eindimensionale und mehrdimensionale Begriffe zu bilden. Eine Kritik an der theoretischen Begründung für die Bildung von „Idealtypen" findet sich bei C. A. Hempel: „Typologische Methoden in den Sozialwissenschaften", in: E. Topitsch (Hg.): Logik der Sozialwissenschaften, Köln ⁸1972, S. 85ff.

Die Frage, wie eng oder wie weit man einen Begriff wie „Feudalismus" (übrigens auch „Kapitalismus") bestimmt, ist übrigens unmittelbar bedeutsam, wenn man sich mit Sozial- und Wirtschaftsstrukturen in Entwicklungsländern befaßt. Sehr oft (z.B. bei lateinamerikanischen Agrarverhältnissen) könnte man in Streit geraten, ob wirklich „feudale" oder „quasifeudale" Verhältnisse vorliegen. Natürlich ist der Begriffsstreit kein Selbstzweck. Wenn man ihn führt, gerät man u.U. genau auf die Dinge, auf die es ankommt.

f) Zu analytischen Begriffen sollen hier keine Lehrbeispiele gegeben werden, da solche in den folgenden Kapiteln reichlich angeboten werden.

10. Literaturhinweise

1) H. Seiffert: Einführung in die Wissenschaftstheorie, Bd. 1, München 1969, insbes. S. 30ff. Leicht verständliche Ausführungen zu „Terminus", „Definition" und „Begriff" aus der Sicht der Philosophie.
2) M. Weber: Wirtschaft und Gesellschaft, 1. Hlbbd., Tübingen ⁴1956, S. 1–6. Kurzgefaßte Darstellung des „idealtypischen Begriffs"; als erster Einstieg geeignet.
3) Ders.: Die „Objektivität" sozialwissenschaftlicher und sozialpolitischer Erkenntnis, in: M. Weber: Gesammelte Aufsätze zur Wissenschaftslehre, Tübingen ³1968, S. 146ff. Ausführlichere Darstellung des Idealtypus. Der Aufsatz enthält auch weitere zentrale Thesen M. Webers, u. a. zum Thema der Werturteilsfreiheit.
4) Ders.: Über einige Kategorien der verstehenden Soziologie, in: Ges. Aufsätze zur Wissenschaftslehre, s. Nr. 3, S. 427ff.
5) C. A. Hempel: Typologische Methoden in den Sozialwissenschaften, in: E. Topitsch (Hg.): Logik der Sozialwissenschaften, Köln ⁸1972, S. 85ff. Versuch, die Theorie zum Idealtypus vom Standpunkt der modernen Logik zu kritisieren. Frage ist, ob die inhaltlichen Probleme, denen der Idealtypus gerecht werden soll, voll erkannt sind.
6) Wörterbuch der marxistisch-leninistischen Soziologie, hg. v. W. Eichhorn u. a., Opladen ²1971, Stichworte: „Idealtypus" und „Begriffsbildung". Kritik am idealtypischen Verfahren aus marxistischer Sicht. Fraglich, ob der Vorwurf einer „idealistischen" Denkweise M. Weber gerecht wird.
7) O. Hintze: Feudalismus – Kapitalismus, hg. v. G. Oestreich, Göttingen 1970, S. 12ff. Siehe Bemerkungen im Abschnitt „Lehrbeispiele".
8) O. Brunner: Feudalismus, ein Beitrag zur Begriffsgeschichte, in: H. Wunder (Hg.): Feudalismus, München 1974. Siehe Bemerkungen im Abschnitt „Lehrbeispiele".

II. Soziales Handeln
(Interaktion, ,,Strategisches" Handeln)

> Wer möchte nicht durch's Leben heiter wandeln?
> Die Welt ist schlecht. So muß ich weiter handeln.
> Doch wenn ich mich nicht straff am Bändel halt',
> entsteh'n aus meinem Handeln Händel bald.

1. Vorbemerkung

Wenn in diesem Buch als erster Begriff das Handeln von Menschen, insbesondere das soziale Handeln, zum Thema gemacht wird, so könnte dies den Eindruck erwecken, der Verfasser verfolge eine bestimmte systematische Absicht. Nun kann er in der Tat nicht leugnen, daß er letzten Endes eher ,,handlungstheoretisch" denkt. Ihm würde es widerstreben, an den Anfang einen Begriff wie ,,System" oder auch ,,Gruppe", ,,Gesellschaft" oder ,,Klasse" zu stellen. Was es mit dieser Prioritätensetzung auf sich hat, soll aber jetzt nicht erörtert werden. In späteren Kapiteln wird einiges davon deutlich werden.

Jedoch ist jetzt schon festzuhalten: Zwar stellt man immer wieder fest, daß komplexe soziale Zusammenhänge, z. B. auch soziale Gebilde, sich aus ineinander verschränkten menschlichen Handlungen zusammensetzen. Aber nicht alles ,,Soziale" läßt sich dadurch erklären, daß man den Sinn des sozialen Handelns der einzelnen Subjekte zu verstehen versucht. Erstens gibt es Verhaltensweisen, die soziale Auswirkungen haben, die man aber nicht im strengen Sinn ein ,,Handeln" nennen kann. Ferner kennen wir Handlungen, die Wirkungen, auch soziale Wirkungen hervorrufen, die der Handelnde nicht vorausgesehen hat, die eventuell sogar seiner Absicht widersprechen. Insofern sich diese unter bestimmten Umständen häufen und sich daraus Regelmäßigkeiten ergeben, interessiert dies selbstverständlich die Soziologie.

Ein frappierendes Beispiel hierfür ist der sogenannte ,,Schweinezyklus": In früheren Zeiten hat man öfter beobachtet, daß in Jahren, in denen die Bauern viele Schweine gezüchtet hatten, die Schweinepreise heruntergingen. Die einzelnen Bauern erzielten also wenig Gewinn. Deshalb entschlossen sich viele, im nächsten Jahr keine oder nur wenige Schweine zu züchten. Die Folge war, daß der Schweinepreis wieder in die Höhe kletterte. Schweine zu züchten, erschien wieder als lukrativ. Nunmehr begann das Spiel von vorn: Ein Überangebot an Schweinen verdarb die Preise.

Das Beispiel besagt für uns jetzt nur: Es ist möglich, daß das soziale Handeln vieler – selbstverständlich ist das Züchten von Schweinen, um sie auf dem Markt anzubieten, ein soziales Handeln – einen „Mechanismus" hervorbringen kann, den die einzelnen Subjekte nicht im Sinn gehabt haben. Jeder trug dazu bei, daß das Gegenteil von dem geschah, was er beabsichtigte.

„Mechanismen" dieser Art sind aber Thema nicht nur der Wirtschaftswissenschaften, sondern auch der Soziologie. Anders ausgedrückt: Es gibt soziale Erscheinungen, die sich zwar aus „sinnhaften" Handlungen zusammensetzen, die aber als ganze nicht aus dem „Sinn" der Einzelhandlungen zu erklären sind. Man kann sie nur kausal erklären (vgl. Lit. 2, vor allem S. 432 ff.).

2. Handeln

Handeln ist ein tätiges Verhalten von Menschen, das sich auf Objekte richtet, durch welches ein beabsichtigter Zustand dieser Objekte herbeigeführt oder erhalten werden soll.

Nicht jedes Verhalten ist ein Tun. Wünschen, Fürchten, Erblicken sind keine Tätigkeiten. Zum Tun gehört der verändernde (oder auch erhaltende) Eingriff in die Wirklichkeit.[1] Ein Tun transzendiert die Subjektsphäre. Aber auch nicht jedes Tun ist ein Handeln. Unsere Umgangssprache ist hier nicht immer deutlich. Wir reden z. B. von reinen „Affekthandlungen", aber auch von „bloßem Reagieren", von „Reflex-Bewegungen", von „Massenverhalten" (wie z. B. in einer Panik). All diese Verhaltensweisen verkörpern kein Handeln im hier gemeinten Sinn, obwohl sie sehr wohl Auswirkungen auf die Wirklichkeit haben.

Zum Handeln gehört, daß das Tun in der gegenwärtigen Situation vom Subjekt in eine sinnvolle Beziehung zu einem späteren Zustand gesetzt wird. „Sinnvoll" heißt hier: das jetzige Tun soll so sein, daß der beabsich-

---

[1] Was in diesem Zusammenhang unter Wirklichkeit zu verstehen ist, können wir hier nicht in einer Weise klären, die philosophischen Ansprüchen genügt. Ein Hinweis: Wirkliches hat immer eine Stelle im Zeitablauf. Die Frage, ob es Ewigkeit „in Wirklichkeit gibt", ist metaphysischer Art und wird deshalb in der Wissenschaft aus methodischen Gründen ausgeklammert. Außerdem: Von dem, was wir für wirklich ansehen, nehmen wir an, daß es im Prinzip „vorfindlich" sein soll, d. h. nicht erst jetzt von uns hervorgebracht worden ist bzw. – falls wir es selbst geschaffen haben – auch noch da ist, wenn wir uns von ihm abwenden. Wir sind gezwungen, so zu denken, daß wir stets manches in diesem Sinne für wirklich halten, anderes sicher nicht. All das kann man natürlich auch philosophisch ausdrücken; dann wird es viel schwieriger. Es ist auch schwieriger.

tigte Zustand verwirklicht wird (bzw. ein gefürchteter Zustand nicht eintritt).[2]

Zweitens sind die Subjekte natürlich abhängig von Sinnzuschreibungen, die in der Kultur, in der sie leben, schon längst vorgenommen worden sind und nunmehr Geltung haben. Irgendwann stößt man auf sie und erlernt sie. So erscheinen sie als „objektiv". (In einem ähnlichen Sinn spricht man in der Philosophie von „objektivem Geist".) Aber es gibt nicht ein „An-sich-Sein" von Sinndeutungen oder von „Sinn".

Ein Handeln ist sinnvoll, oder „sinnhaft orientiert", insofern das aktuelle Tun erlebt wird als eines, das über sich selbst hinausgreift, nämlich einen gesetzten Zweck zu erreichen geeignet erscheint. (Dies ist z. B. bei „panischen Reaktionen" typischerweise nicht der Fall.) Zum Handeln gehört also eine deutliche Subjekt-Objekt-Beziehung – es ist kein bloßes „Sich-Ausagieren" – und eine zeitliche Dimension: Es verbindet etwas Zukünftiges (was sein soll und sein kann oder könnte) mit dem, was in der Gegenwart getan wird und sonst noch geschieht.

3. Zweckrationalität des Handelns

Ist Handeln ein rationales Verhalten? Zweifellos zeichnet sich Handeln vor manchen anderen Verhaltensweisen, z. B. solchen des bloßen Reagierens, durch einen weiteren Umfang dessen, was bewußt ist, und durch deutlichere Unterschiedenheit der bewußten Bestände aus. Gegenwart und Zukunft sind deutlich getrennt. Das sich durchhaltende Subjekt weiß sich unterschieden von den wechselnden Tätigkeiten, von den Objekten, auf die sich die Tätigkeiten richten, und von dem Zielzustand, der durch

---

[2] Mit dem Wort „Sinn" wird viel Unfug getrieben. Sieht man einmal von der speziellen Bedeutung von Wörtern wie „Sinneswahrnehmung", „Sinnlichkeit", „fünf Sinne" etc. ab, so ist eigentlich nicht mehr damit gemeint, als daß ein Subjekt immer dann den „Sinn" eines zunächst isoliert gesehenen Sachverhaltes erkennt, wenn es ihn in einen übergreifenden Zusammenhang stellt und dadurch mit ihm mehr „anfangen" kann als vorher. Insofern hat er jetzt eine „Bedeutung", die er vorher noch nicht hatte. Es sind also immer Subjekte, die einer Sache einen „Sinn" zuschreiben oder eine „Bedeutung" verleihen. Freilich können sie hierbei nicht beliebig verfahren. Erstens müssen sie – wie bereits gesagt – auch etwas mit der „Überschreitung" des primären Eindrucks anfangen können, also entweder eine Erkenntnis (oder „Hypothese") gewinnen, oder – und dies interessiert hier – eine praktische Orientierung erhalten. Wer wissen will, warum eine Straßenbahn so voll ist, und danach feststellt, daß die Hälfte der Fahrgäste eine Kopfbedeckung trägt, kann damit nichts „anfangen". Bemerkt er aber, daß zahlreiche Mitfahrer eine Aktentasche bei sich haben, so ergibt sich ein Sinn: „Aha, Büroschluß".

3. Zweckrationalität des Handelns

die Tätigkeiten erreicht werden soll, aber nicht mit ihm identisch ist. Das handelnde Subjekt unterscheidet zwischen Zweck und Mittel.

So könnte man sagen, im Handeln, falls es diesen Namen verdient, stecke ein Element von „Zweckrationalität". Dieser seit Max Weber üblich gewordene Begriff wird nun freilich nicht auf jedes Handeln angewendet.[3] Von „zweckrationalem Handeln" redet man nur dann, wenn erstens Zweck und Mittel deutlich voneinander getrennt gedacht werden, wenn zweitens erwogen wird, ob verschiedene Mittel zur Erreichung eines Zweckes in Betracht kommen, und drittens die optimale Mittelkombination ausgewählt wird, nämlich diejenige, die den Zweck am sichersten oder am leichtesten erreichen hilft. Diese Erwägung kann natürlich auch zu dem Ergebnis führen, daß nur eine einzige Mittelkombination ernsthaft Erfolg verspricht.

Nun handeln wir natürlich häufig auch im Alltag so. Aber wir scheuen uns, die anspruchsvolle Vokabel „zweckrational" zu verwenden, z. B. wenn wir uns eine günstige Zugverbindung für eine Reise aussuchen. Genaugenommen gibt es viele Grade der Zweckrationalität. Es gibt kein Handeln im engeren Sinn, das völlig irrational ist, und wahrscheinlich auch keines, das (auch in seinen tiefsten Motivationshintergründen) völlig rational ist.

„Zweckrationalität" ist ein sinnvolles Kriterium für typische Unterscheidungen komplexer Handlungsfolgen. Wo die bewußte Kalkulation dauerhafter Absatzchancen an die Stelle des Wagnisses des „merchant adventurer" des Entdeckungszeitalters tritt oder wo eine lange geplante Produktionstechnik mit Maschineneinsatz die traditionale Handwerkstechnik ablöst, hat es Sinn, von einem höheren Grad von Zweckrationalität zu sprechen, obwohl natürlich auch der mittelalterliche Handwerker sich überlegte, ob er zum Einschlagen eines größeren Nagels nicht doch einen größeren Hammer benutzen sollte, und der Bauer zu allen Zeiten gelegentlich darüber nachgedacht hat, ob es nicht besser wäre, mit der Aussaat wegen des ungünstigen Wetters noch etwas zu warten, oder ob dadurch die Ernte in eine schon wieder ungünstige Jahreszeit geraten würde.

Von „Zweckrationalität" sprechen wir vor allem dann, wenn wir ein Handeln an bestimmten Rationalitätsstandards messen, die in einer Kultur für einen bestimmten Handlungsbereich gelten, oder wenn wir typisches Handeln in verschiedenen Epochen vergleichen wollen. Insbesondere verwenden wir den Begriff, wenn ein neuartiges Verfahren bewußt im Gegensatz zu bisher üblichen Gewohnheiten oder Traditionen einge-

---

[3] Vgl. hierzu: M. Weber: Wirtschaft und Gesellschaft, 1. Hlbbd., Tübingen 41956, S. 12f. – Über Zweckrationalität hat sich M. Weber natürlich auch an zahlreichen anderen Stellen geäußert.

führt wird und zur Veränderung typischen gesellschaftlichen Verhaltens oder gesellschaftlicher Verhältnisse beiträgt.

Viele unserer Handlungen sind komplex und setzen sich aus Elementen verschiedenen Rationalitätsgrades zusammen. So kennen wir Arbeitsvollzüge, die uns so erscheinen, als ob in ihnen alle Schritte hinsichtlich ihrer Zweckmäßigkeit bewußt ausgewählt worden wären. Blicken wir genauer hin, so entdecken wir erstens, daß viele Einzelvollzüge dem Arbeitenden in „Fleisch und Blut" übergegangen sind, daß er sie gleichsam „wie im Schlafe" tut. Aber auch auf der Ebene, auf der ausdrücklich Entschlüsse gefaßt werden, entdecken wir schon wieder Routine-Elemente, vereinfachende „Analogieschlüsse", die sich an „Symptome" halten. Dem Philosophen könnte sich der Magen umdrehen, wenn er die „Kurzformeln", aus denen wichtige Entschlüsse entstehen, genauer unter die Lupe nähme. Aber kein Mensch könnte existieren oder arbeiten, wenn sein Handeln durch und durch von den Maximen der Zweckrationalität gesteuert würde. Jeder verfügt über Routinen, über die er nicht mehr nachdenkt, obwohl ihr Sinn ursprünglich, bei ihrem Erlernen, im Hinblick auf ihre Zweckmäßigkeit vergegenwärtigt wurde. Manchmal ist allerdings selbst dies nicht der Fall. Manches ist uns eingebleut und andressiert worden und hat sich schließlich eingeschliffen.

Dieser eigentlich triviale Sachverhalt wird soziologisch interessant, wenn Handlungen, die früher von einer einzigen Person vollzogen wurden, auf mehrere Menschen aufgeteilt werden. „Arbeitsteilung" in der Form der Zerstückelung eines ganzheitlichen Arbeitsvollzuges in jeweils gleichförmige Teilverrichtungen gilt als Ergebnis von „Rationalisierung", Was ist hieran eigentlich „rational"? Wessen „Ratio" wird beansprucht? Wenn der Organisator kalkuliert, daß eine weitgehende Arbeitsteilung den Grad der Routinisierung bei denjenigen, die jetzt repetitive Teilarbeit leisten, erhöht und daß dadurch die Effektivität der Arbeit bei gleichen Lohnkosten steigt und dies Gewinne bringt, so hat sich der Organisator „zweckrational" verhalten. Für die Arbeitenden hat die „Rationalisierung" freilich die Folge gehabt, daß das bißchen „Ratio", das ihre Arbeit früher gekennzeichnet hat, herausoperiert worden ist. Sollte die Arbeit hierdurch „monoton" werden, verliert sie möglicherweise zeitweilig sogar das Minimum an Rationalität, das jedes Handeln kennzeichnet. Wenn die zeitliche Struktur der Arbeitssituation zu einem Gefühl bloßer Dauer verkümmert und wenn dadurch auch die Subjekt-Objekt-Beziehung verschwimmt, d. h. wenn der Arbeitende sich als Teil eines Prozesses erlebt und ihm nicht mehr gegenübersteht, dann verliert die Arbeit den Charakter des Handelns.[4]

---

[4] Vgl. H. Popitz, H. P. Bahrdt, H. Kesting, E. A. Jüres: Technik und Industriearbeit, Tübingen 1957, S. 156ff.

4. Soziales Handeln

M. Weber definiert „soziales Handeln" folgendermaßen: „Soziales Handeln ... soll ein solches Handeln heißen, welches seinem von dem oder den Handelnden gemeinten Sinn nach auf das Verhalten anderer bezogen wird und daran in seinem Ablauf orientiert ist." (Lit. 1, S. 1) Diese Definition können wir unbesehen übernehmen. Freilich sind einige Erklärungen nötig, die sich aber im großen und ganzen ebenfalls an M. Weber halten. Nicht jedes Handeln, das uns in Berührung mit anderen Menschen bringt und Auswirkungen auf sie hat, ist bereits soziales Handeln. M. Weber bringt das Beispiel eines Radfahrers, der einen anderen Radfahrer aus Versehen anfährt und diesen zu Fall bringt. Dieses Anfahren ist kein soziales Handeln, wohl aber der Streit, der sich nach dem Unfall entwickelt.

Ein Dachdecker, der auf einem Dach arbeitet, dürfte sicherlich sozial handeln. Er führt einen Auftrag aus, kooperiert möglicherweise mit Kollegen, stellt etwas her, was anderen Menschen Nutzen bringt, und handelt in Erwartung einer Entlohnung. Rutscht ihm aber ein Dachziegel aus der Hand, fällt vom Dach und verletzt einen Passanten, so ist dieser Vorgang kein soziales Handeln, obwohl er zweifellos soziale Auswirkungen hat, ähnlich wie bei den vorher erwähnten Radfahrern.

Hierbei kommt es nicht darauf an, ob wir die Art, wie hier Menschen in Berührung kommen, positiv oder negativ beurteilen. Ein gezielter Steinwurf auf einen anderen Menschen ist ein soziales Handeln. Wenn ein Bauer bei der Ernte Ähren auf dem Felde liegen ließ, weil es ihm zu unbequem war, sie zusammenzuharken, so war das kein soziales Handeln, auch wenn andere Leute, die nachher zum Ährenlesen aufs Feld kamen, dadurch sich ein mageres Brot sicherten – es sei denn, der erntende Bauer hat seine Arbeit bewußt abgebrochen mit der Begründung, für die Dorfarmen solle auch etwas übrig bleiben.

Worauf es ankommt ist, daß der Sinn des Tuns, den sich ein Handelnder bei seinem Tun in aller Regel vergegenwärtigt, mit einschließt, daß andere Menschen durch dieses Tun betroffen sind. Es ist nicht nötig, daß das Hauptziel des Handelns ein Nutzen oder Schaden für andere Menschen ist. Das zentrale Ziel kann eigennützig sein. Insofern aber das Handeln in seiner Anlage und Durchführung berücksichtigt, daß andere Menschen durch es betroffen sind, und sofern es anders verliefe, wenn dies nicht der Fall wäre, können wir von sozialem Handeln sprechen.

Freilich entstehen schwierige Grenzfälle: Wie steht es, wenn der erwähnte Dachdecker, möglicherweise sogar bewußt – er hatte es eilig oder dachte an den Akkord –, Sicherheitsvorkehrungen außer acht gelassen hat? Ist rücksichtsloses Handeln ein „soziales" Handeln? (Das Wort

„sozial" ist hier ja völlig wertneutral gemeint.) Solchen Spitzfindigkeiten nachzugehen, ist nicht ganz sinnlos.

Wir kennen vieles „soziale Handeln", das deutlich bezogen ist auf das Wohl oder Wehe anderer Menschen. Wir wissen aber nicht, wer von diesem Handeln betroffen sein könnte, erfahren es vielleicht auch nie. Und auch der andere erfährt nie, daß wir an ihm ein gutes Werk getan haben: Ein Autofahrer biegt auf der Landstraße um eine Kurve und sieht einen großen Stein auf der Fahrbahn liegen. Es gelingt ihm auszuweichen. Danach hält er an und räumt ihn beiseite. Die nachfolgenden Autofahrer erfahren nie, daß ein anständiger Mensch sie vor einer Gefahr bewahrt hat. Zweifellos war es ein „soziales Handeln".

Als „soziales Handeln" bezeichnen wir also auch viele Handlungen, bei denen diejenigen Menschen, an denen es sich orientiert, auf die es gerichtet ist bzw. die berücksichtigt werden, keinerlei gerichtetes Antwortverhalten zeigen und u. U. gar nicht wissen, daß sie durch ein bestimmtes Handeln betroffen sind. Ein Handeln bleibt auch ein soziales Handeln, wenn der erwünschte Erfolg ausbleibt. Viele soziale Handlungen sind ohnehin vorsorglich. Es bleibt von vornherein offen, ob sie praktische Bedeutung erlangen.

Auf jeden Fall ist aber mit „Bezogenheit" und „Orientierung" das Bewußtsein des Handelnden gemeint, daß Menschen durch dieses aktuelle Handeln betroffen sind oder sein könnten. Nicht ist gemeint, daß ein Handeln seinen speziellen Charakter Orientierungen verdankt, die in soziokulturellen Prozessen erworben worden sind. Letzteres ist übrigens wohl bei allen Handlungen der Fall.

Robinson Crusoe handelt auf seiner einsamen Insel, bevor dort die ersten Wilden erscheinen, nicht sozial. Dazu hat er keine Gelegenheit. Gleichwohl ist sein Handeln in stärkstem Maß durch Orientierungen und Normierungen einer ganz bestimmten Kultur und Gesellschaft geprägt. In der Originalausgabe des „Robinson Crusoe" von Daniel Defoe begegnet uns ein typisches Produkt calvinistischer Erziehung, die der zu Beginn des Buches als leichtlebig geschilderte Robinson freilich erst jetzt aktiviert. Ohne die erlernte „methodische Lebensführung" könnte er nicht überleben. Jedoch sind die Handlungen, die gemäß soziokulturellen Mustern ablaufen und die früher in sozialen Lernprozessen angeeignet worden sind, selbst zunächst keine sozialen Handlungen. Höchstens könnte Robinson beim Schreiben seines Tagebuches daran gedacht haben, dieses würde vielleicht später gefunden werden und diene dann der Nachwelt zur Belehrung und Erbauung.

5. Interaktion

Nicht jedes soziale Handeln führt zu einer Interaktion oder ist in eine Interaktion eingebettet. Als Interaktion bezeichnen wir ein wechselseitiges soziales Handeln von zwei oder mehr Personen, wobei jeder der Partner sich in seinem Handeln daran orientiert, daß der andere sich in seinem Handeln auf das vergangene, gegenwärtige oder zukünftige Handeln des ersteren bezieht. Zur Interaktion gehört ferner ein Konsens über ein gemeinsames unmittelbares Handlungsziel. Interaktion bedarf des Informiertseins über die Intentionen des jeweils anderen. Deswegen findet in der Regel Kommunikation statt. Auf sie kann aber verzichtet werden, wenn alle Partner hinlänglich über die jeweiligen Intentionen des anderen Bescheid wissen.

Der Sinn einer interaktiven Handlung besteht nicht nur darin, daß ein anderer durch sie irgendwie (positiv oder negativ) betroffen ist. Vielmehr ist eine interaktive Handlung so angelegt, daß sie ihr Ziel nur dann erreichen kann, wenn der Partner sie versteht und durch eigenes ergänzendes Handeln zur Erreichung des Zieles beiträgt. Insofern ist das Verhalten des Autofahrers, der den Stein von der Landstraße wegräumt, obschon es ein soziales Handeln ist, nicht Interaktion.

Etwas schwieriger scheint folgender Fall zu liegen: Ein Mensch findet im Park einen Kinderhandschuh im Schmutz liegend. Er hebt ihn auf und stülpt ihn gut sichtbar über den Zweig eines am Wege stehenden Busches. In diesem Fall wird es der Mutter oder dem Kind, die den Handschuh suchen, nicht nur erleichtert, ihn zu finden. Sie werden zugleich sagen: Das war aber ein freundlicher Mensch. Sie registrieren, daß ein Mensch an sie gedacht hat. Jedoch sind sie nicht in der Lage, durch ein soziales Handeln, z. B. durch eine Danksagung, auf das Verhalten des ersteren zu antworten, d. h. durch Handeln wieder bei ihm anzukommen. Insofern liegt gemäß unserer Definition keine vollständige Interaktion vor.

Von Interaktion soll wie gesagt außerdem nur dann die Rede sein, wenn unter den Partnern Konsens über das unmittelbare Handlungsziel besteht. Dies schließt nicht aus, daß sie verschiedene, eventuell sogar einander widersprechende Fernziele verfolgen. Bei einem Tausch sind sich die Partner darüber einig, daß hic et nunc bestimmte Güter (bzw. Geld) den Besitzer wechseln. Hierbei mag jeder unterschiedliche eigennützige Ziele hinsichtlich der Verwendung des Ertauschten verfolgen. Er mag auch der Meinung sein, der gezahlte Preis sei zu hoch. Insofern aktuell ein Einverständnis darüber erzielt war, daß dieser Tausch jetzt stattfinden soll, wurde eine Interaktion ausgelöst. Dies unterscheidet Interaktion vom Kampf und von anderen Fällen strategischen Handelns, die sonst große Ähnlichkeit mit Interaktion haben. Davon später. Ebenso wird später noch von komplexen Handlungsgebilden die Rede sein, die sowohl Elemente von Kampf wie auch solche von Interaktion enthalten. Unsere Unterscheidung von Kampf und Interaktion dürfte freilich nicht alle Soziologen überzeugen. Manche von ihnen halten Kampf für Interaktion.

Man kann sich einfache Interaktionen vorstellen, die ohne ausdrückliche Kommunikation ablaufen. An einer Unfallstelle eilen von verschiedenen Seiten zwei Straßenpassanten herbei und versuchen – zunächst jeder für sich – zu helfen. Hierbei sieht jeder, wo sich der jeweils andere befindet und mit welcher Hilfeleistung er befaßt ist. Darauf stellen sich beide ein. Der eine unterläßt eine dringende Hilfeleistung, weil er sieht, daß der andere sie in Angriff nimmt, und tut etwas anderes ebenfalls Wichtiges. Dann fassen sie spontan und gleichzeitig, ohne sich weiter zu verständigen, gemeinsam zu, etwa um die verklemmte Tür des verunglückten Wagens zu öffnen. Aber dies ist fast schon ein spitzfindig konstruierter Grenzfall. In dem Augenblick, in dem sie beim Versuch, die Tür zu öffnen, „Hau-ruck" sagen, haben sie schon kommuniziert. Über Interaktion kann man nur sinnvoll sprechen, wenn man auf die kommunikativen Prozesse eingeht, die sie in aller Regel begleiten.

6. Kommunikation

Interaktion wird also fast stets von Kommunikation begleitet. Ausdrücklich vollzogene Kommunikation ist auch stets Interaktion, auch dann, wenn sie sich auf den Austausch von Informationen beschränkt. Auch wenn sonst kein gezielter Eingriff in die außersubjektive Wirklichkeit stattfindet, so wird doch jeweils gezielt wechselseitig der Bewußtseinszustand des anderen Subjekts verändert. Der reale Bewußtseinszustand des anderen Subjekts ist Objekt meines Eingriffs. Das andere Subjekt greift diesen Eingriff auf und beeinflußt durch seine Äußerung meinen Bewußtseinszustand. Ziel ist die Herstellung eines gemeinsamen Wissens, das zum mindesten bei einem der Kommunikationspartner anders sein soll, als es vorher war. Vielleicht wissen am Ende beide mehr. Dies ist ohne Zweifel Interaktion.

Oft wird freilich im Verlauf von Interaktionen nur beiläufig kommuniziert. Es gibt dann keine ausdrücklichen Kommunikationsakte. Es genügt, jeweils so zu handeln, daß der andere erkennt, was man gerade vorhat, und damit in die Lage kommt, seinerseits – wiederum deutlich – das Seine zu tun.

Wenn wir hier ausdrücklich die Begriffe von Kommunikation und Interaktion voneinander absetzen, obwohl beides in aller Regel an denselben Sachverhalten auftaucht, dann deshalb, weil die Begriffe auf verschiedenen Ebenen liegen und jeweils andere Aspekte in den Vordergrund stellen.

Kommunikation ist ein wechselseitiger Austausch von Informationen, wobei das Kundgeben eines Bewußtseinsinhalts durch den einen mit einem Antwortverhalten des anderen rechnet. Die bewußte Kundgabe eines Bewußtseinsinhalts nennen wir „Signal". Wird das Signal von einem Partner verstanden, so sprechen wir von einer „Nachricht". Vermittelt die Nachricht ein Wissen, das der Partner noch nicht hatte, so liegt eine „Information" vor.

Spricht mich ein Straßenpassant in einer Fremdsprache an, die ich nicht verstehe, so erlebe ich ein „Signal", erhalte aber keine Nachricht. Natürlich findet dann auch keine Information und Kommunikation statt. Teilt mir ein Gesprächspartner ein Ereignis mit, das ich schon kenne, so erhalte ich eine Nachricht, jedoch noch keine Information. Erst wenn die Nachricht mein Wissen vermehrt, findet eine Information statt. Wenn die wiederholte Mitteilung eines Ereignisses bestätigenden Charakter hat, liegt selbstverständlich bei der zweiten Nachricht auch eine Information vor.

Salopp ausgedrückt: Eine Information als solche gibt es nicht. Information ist, wenn jemand über etwas informiert wird.

Kommunikation ist wechselseitige Information, wobei die einzelnen Informationen rückgekoppelt werden. Sogenannte „einlinige" Kommunikation, d. h. solche ohne Rückkoppelung, wie es überwiegend bei Massenmedien der Fall ist, ist strenggenommen nicht Kommunikation, auf jeden Fall unvollständige Kommunikation.

Information und Kommunikation können *symbolisch* (z. B. sprachlich) vermittelt sein, müssen es aber nicht. So ist z. B. eine einfache Interaktion wie das gemeinsame Zersägen eines Baumstammes u. U. von einer Kommunikation begleitet, die lediglich daraus besteht, daß jeder durch Anblick des jeweiligen Tuns des anderen erfährt, was dieser gerade tut und zu tun beabsichtigt, so daß er sich mit seinem Tun darauf einstellen kann. Das kommunikative Element solchen Tuns erkennt man daran, daß jeder „deutlich" handeln muß, sonst kann es leicht zu einem Unfall kommen. Die Kommunikation wird aber nicht ausdrücklich vollzogen, sondern ist in den Handlungsvollzug eingebettet.

Interaktionen begleitende Kommunikation geschieht aber sehr häufig durch ausdrücklich vollzogenes kommunikatives Verhalten. Hierbei kann auch eine nichtverbale Zeichengebung genügen, z. B. ein auffordernder Blick oder Zeigen mit dem Finger. Es handelt sich um Gesten. Gesten symbolisieren etwas, wenn auch nicht verbal; sie sind also Zeichen.

Von Gesten ist das bloße – meist unbeabsichtigte – Ausdrucksverhalten zu unterscheiden (Lächeln, sonniges Gesicht etc.). Das bloße Ausdrucksverhalten informiert einen Partner zwar ebenfalls, es fungiert aber als Anzeichen, nicht als Zeichen.[5]

Zu beachten ist, daß Gesten ihrer äußeren Form nach oft an bekanntes Ausdrucksverhalten anknüpfen. Trotzdem dürfen sie nicht mit ihm verwechselt werden. Es liegt natürlich nahe, ein Ausdrucksverhalten, das der andere längst kennt und oft schon als „Anzeichen" verstanden hat, bewußt als „Zeichen" zu verwenden. So dürften viele Gesten entstanden sein. Sogar Wörter, die explizit Symbole sind, entstehen manchmal durch Lautmalerei. Trotzdem wird dabei ein Sprung in eine andere Qualität vollzogen. Zeichensprache ist eine Sprache durch Zeichen, auch wenn sie in der Weise eingeführt wird, daß reale Vorgänge imitiert werden. Wer in einem fremden Land, dessen Sprache er nicht versteht, die Bewegungen des Essens imitiert, um mitzuteilen, daß er Hunger hat, der verständigt sich durch Zeichen. Er ißt ja nicht wirklich.

Unter *Sprache* soll ein Symbolsystem verstanden werden, das in der

---

[5] Zur Unterscheidung von Zeichen und Anzeichen vgl. A. Schütz: Gesammelte Aufsätze, Bd. I, Den Haag 1971, S. 331ff., 357ff. Wichtig ist, daß ein „Anzeichen" stets in einen Wirklichkeitszusammenhang eingebettet ist. Über ihn teilt es etwas mit. Es ist nicht von ihm ablösbar. Die Spur im Winterwald, die mich darauf hinweist, daß hier ein Reh gegangen ist, wäre nicht da, wenn hier nicht tatsächlich ein Reh gegangen wäre. Der zornige Gesichtsausdruck ist Folge eines Zorns. Beides kann als Anzeichen fungieren.

Dagegen haben Zeichen nicht Anteil an dem Wirklichkeitszusammenhang, über den sie etwas kundgeben. Ein Zeichen verweist auf etwas, was es selbst nicht ist und mit dem es auch nicht in einem kausalen Zusammenhang steht. Daß es gleichwohl auf etwas verweist, verdankt es einem Konsens der Kommunizierenden über seine Bedeutung, der entweder ausdrücklich hergestellt worden ist oder sich eingespielt hat. Zeichen sind deshalb auch austauschbar. Freilich muß über die Bedeutung eines neuen Zeichens wiederum ein Konsens hergestellt werden. Sonst informiert es über nichts.

Natürlich kann man Anzeichen mißverstehen. Ein Mensch, der abends auf einem Berggipfel stehend eine besonders gute Fernsicht feststellt, könnte auf den Gedanken kommen, dies deute auf gutes Wetter am nächsten Tag. Der Kenner weiß, daß dies gerade auf Wetterverschlechterung deutet. Mit Zeichen kann man lügen. Mit Anzeichen kann man nicht lügen. Natürlich kann man einen täuschenden Gesichtsausdruck zeigen oder ein Arrangement treffen, das einen anderen dazu veranlaßt, darin ein Anzeichen zu sehen: Ein betrügerischer Antiquitätenhändler bohrt mit dem Drillbohrer Löcher in einen imitierten Biedermeier-Stuhl, um Holzwurmlöcher vorzutäuschen und gibt so dem Stuhl ein antikes Aussehen.

Wir benutzen die Begriffe „Zeichen" und „Symbol" hier synonym und folgen damit einem verbreiteten Sprachgebrauch in der Wissenschaft. A. Schütz, an den wir uns hier sonst weitgehend halten, reserviert für „Symbol" noch eine besondere Bedeutung (vgl. a.a.O., S. 381ff.). Darauf können wir aber hier nicht weiter eingehen.

Lage ist, über beliebige Gegenstände zu informieren, unabhängig davon, ob diese in der Sprechsituation anschaulich gegeben sind oder nicht. Selbstverständlich beziehen viele sprachliche Äußerungen Präsentes mit ein und verweisen darauf (vgl. die Verwendung von Wörtern wie „hier", „dort", „jetzt", „ich", „du" usw.).

„*Symbolische Interaktion*" ist ein sehr verkürzter und deshalb etwas undeutlicher Begriff. Er ist jedoch unentbehrlich. Gemeint ist: eine Interaktion, deren Zustandekommen auf symbolisch vermittelter Kommunikation beruht.

Als „Symbolischer Interaktionismus" bezeichnet sich eine bekannte theoretische Schule in der Soziologie. Diese Bezeichnung ist sprachlich unglücklich. Denn der -ismus ist nicht selbst symbolisch und auch nicht aktionistisch. Vielmehr stellt er in seinem Ansatz symbolisch vermittelte Interaktionen in den Vordergrund. Gleichwohl kann man von diesem theoretischen Ansatz viel lernen.[6]

7. „Strategisches" Handeln und Kampf

Die Wörter „Strategie" und „strategisch" haben in den letzten Jahrzehnten eine Inflation erlebt.[7] Mittlerweile hat sich aber der Bedeutungsgehalt so ausgeweitet, daß der Begriff nichts mehr leistet. Vielfach wird jedes Handeln, das in einer bestimmten Weise geplant ist, als eine „Strategie" bezeichnet.

Auch wir befürworten eine gegenüber dem ursprünglichen Sinn erweiterte Begriffsfassung. Jedoch soll nur bestimmtes soziales Handeln „strategisch" genannt werden, und zwar eines, das erstens einen hohen Grad an Zweckrationalität aufweist, das zweitens sich durch umfangreiche Geplantheit in einzelnen Schritten auf lange Sicht auszeichnet und das drittens bei der Planung der Handlungsschritte einkalkuliert, daß in dem Handlungsfeld, auf dem man agiert, andere Menschen auftreten, die andere, – und eventuell aber nicht notwendigerweise – entgegengesetzte Ziele verfolgen.

---

[6] Für ein erstes Sich-Einlesen empfiehlt sich: Arbeitsgruppe Bielefelder Soziologen (Hg.): Alltagswissen, Interaktion und gesellschaftliche Wirklichkeit, rororo Studium 55, Reinbek 1973.

[7] Es wäre interessant festzustellen, wie das Wort „Strategie", das ursprünglich „Feldherrnkunst" bedeutete, in den Sprachschatz der Intellektuellen und Möchtegern-Intellektuellen geraten ist und mittlerweile für zahlreiche nichtmilitärische Sachverhalte verwendet wird. Mein Verdacht ist, daß seinerzeit die Erfinder der modernen Spieltheorie, die selbst Zivilisten waren, aber sich mit militärischen Problemen zu beschäftigen hatten, sich diesen Begriff aneigneten und ihn dann auch auf vergleichbare zivile Handlungen anwendeten.

Strategisches Handeln setzt also voraus, daß ein Konsens über ein gemeinsames Handlungsziel nicht besteht (mindestens zunächst nicht) und daß versucht wird, das eigene Handlungsziel trotzdem zu erreichen. Dies unterscheidet strategisches Handeln prinzipiell von Interaktion.

Die Zweckrationalität zeigt sich vor allem in der Ökonomie der Mittelverwendung (hoher Effekt bei großer Sicherheit mit geringem Mitteleinsatz). Da in Situationen, in denen strategisches Handeln am Platze ist, stets mit nicht voraussehbaren Eventualitäten zu rechnen ist, besteht die Rationalität erstens im Bemühen, das Handeln anderer soweit wie möglich doch voraussehbar zu machen, und zweitens in der Vorsorge für überraschende Entwicklungen, d. h. auch in der Sicherung einer gewissen Elastizität. Man plant u. a. Spielräume für Entscheidungsalternativen. Nichtstrategische Planung tendiert eher zur Starrheit.

Vor allem zeichnet sich strategisches Handeln durch einen besonderen Umgang mit Informationen aus. Zwar spielen Informationen eine ganz bedeutende Rolle. Während jedoch Interaktionen immer wieder als ein „Aushandeln" von Zielen, Situationsdefinitionen und als Austausch von praktischem Wissen beschrieben werden – kurz als symbolisch vermittelte Interaktion –, ist der strategisch Handelnde einerseits gezwungen, Informationen in hohem Maß zurückzuhalten, andererseits sich über das Handeln anderer zu informieren, die hierüber nicht (bzw. noch nicht oder nicht vollständig) Auskunft geben. Da nicht alle über alles reden, entsteht Informiertheit vielfach durch „Anzeichen" oder durch Ausdeutung von symbolisch vermittelten Äußerungen, aus denen mehr „herausgeholt" wird, als der andere eigentlich mitteilen wollte.

Nach unserer Definition ist nicht jedes strategische Handeln Kampf. Eine Strategie kann darin bestehen, einen Kampf zu vermeiden, Kampfanlässe vorsorglich zu beseitigen oder auch Kompromisse zu erzielen. Im letzteren Fall mündet sie in eine Interaktion ein. Freilich kann man einen Kompromiß auch mit „Hintergedanken" schließen, die man wohlweislich nicht zu erkennen gibt. Im Einzelfall ist oft schwer zu entscheiden, ob die Bereitschaft zu einem Kompromiß, dessen Abschluß zweifellos eine Interaktion und Kommunikation darstellt, in größerem Zusammenhang betrachtet nicht ein Ausweichen vor der größeren Macht eines Gegners oder ein „Übervorteilen" ist.

Strategisches Handeln hat es immer mit Macht zu tun, mit Machtgewinnung, Machtbehauptung, vor allem mit ökonomischer Disposition über knappe Machtmittel. Ist ein Kampf unvermeidlich, kommt es oft darauf an, ihn zum richtigen Zeitpunkt ausbrechen zu lassen, nämlich dann, wenn die Machtmittel reichlich zur Verfügung stehen.

Soziologisch interessant ist vor allem, daß größere Handlungszusammenhänge in aller Regel sich aus interaktiven und strategischen Elementen zusammensetzen.

Auch im Krieg versucht eine Partei oft, den Feind nicht sofort und um jeden Preis zu vernichten, und gibt durch Zeichen oder Anzeichen (z. B. deutliche Truppenbewegungen) die Begrenztheit eigener Kampfabsichten zu erkennen. Eine „Abschreckungsstrategie" besteht nicht nur darin, stark zu sein, sondern zugleich den potentiellen Feind über die eigene Stärke zu informieren.[8]

Politische Kämpfe, z. B. Parteikämpfe in einer Demokratie, gehen in aller Regel in einem Rahmen vor sich, der zugleich Interaktion einschließt. Auch Parlamentssitzungen, in denen es heiß hergeht, sind unter einem bestimmten Aspekt natürlich zugleich Interaktionsvorgänge.

Hinsichtlich der jeweiligen Handlungsziele unterschiedlicher Reichweite kann es sehr verschiedene und komplizierte Überlagerungen von Konsens und Dissens geben. Entsprechend kompliziert ist auch das kommunikative Verhalten zwischen den Gegnern. Viele Äußerungen sind zugleich informativ und verhüllend.

Wer sich mit den Schriften von Habermas befaßt hat, wird leicht erkennen, daß unsere Betrachtungen sich stark berühren mit seinen Aussagen über „Arbeit" (bzw. instrumentelles Handeln) und Interaktion oder „herrschaftsfreien Diskurs" und „verzerrte Kommunikation". Zu diesen Theoremen kann hier jedoch nicht Stellung genommen werden.[9]

8. Schlußbemerkung

Eine Frage ist offengeblieben und kann auch nicht befriedigend beantwortet werden: Wie komplex und andauernd kann ein Handeln sein, daß wir noch von *einer* Handlung sprechen können?

Auch einfache Handlungen, die in wenigen Augenblicken beendet sind, setzen sich bei näherem Hinsehen aus vielen Detailvollzügen zusammen. Allerdings sind sie meistens zu einer Handlungseinheit – deutlich für das Bewußtsein – verschmolzen. Schwieriger wird es, wenn wir es mit längeren Handlungen zu tun haben, die sich über eine Vielzahl von

---

[8] Man fragt sich mitunter, warum im Zeitalter der Nuklearwaffen soviel Aufhebens um militärische Geheimnisse und Spionage gemacht wird. Eigentlich kann der Gegner gar nicht gut genug über die eigene Stärke informiert sein.

[9] Es soll hier nur angedeutet werden, daß die von uns vorgenommenen Begriffsfassungen möglicherweise geeignet sind, die für das Habermassche Denken kennzeichnenden kulturkritischen und letztenendes doch geschichtsmetaphysischen Dichotomien, die m. E. bereits in seinen Begriffsfassungen angelegt sind, zu vermeiden. Diese – natürlich polemische – Anmerkung kann hier aber nicht näher begründet werden. Vgl. hierzu u. a.: J. Habermas: Technik und Wissenschaft als Ideologie, Frankfurt/M. 1968, insbes. S. 48 ff.

Situationen erstrecken. Handeln ist ja stets situationsübergreifend. Aber über wieviele Situationen kann eine Handlung andauern? Wann müßte man von einer Handlungskette sprechen? Etwas mehr Klarheit in dieser Frage würde man gewinnen, wenn man mit dem Instrumentarium der Phänomenologie eine neue Situationstheorie ausarbeiten würde. Dies einmal zu leisten, ist der Traum des Verfassers. Aber gelöst wäre das Problem auch dann noch nicht. Man könnte dann zwar sagen: Als eine Handlung gilt das, was dem Handelnden in der jeweiligen Situation als eine Handlung gemäß seiner Situationsdefinition gegeben ist. Aber wie steht es bei Interaktionen, wenn die Interaktionspartner trotz des Versuchs, zu einer gemeinsamen Situationsdefinition zu gelangen, hierüber verschiedene Vorstellungen haben? Oder wie steht es mit einer wechselseitigen brieflichen Verabredung? Dies ist doch auch eine Interaktion? Ist sie schon eine, wenn der eine Partner einen Brief geschrieben und in den Kasten gesteckt hat, der andere aber noch nichts von dem Brief weiß?

Vielleicht sind solche Fragen nicht nur spitzfindig und überflüssig. Der Verfasser hat sich jedenfalls aus didaktischen Gründen das Ziel gesetzt, am Ende jedes Kapitels ein ungelöstes Problem zu erwähnen, um den Leser zu verunsichern. Ein allzu geradliniges Begriffe-Kloppen könnte ihn leicht in falscher Sicherheit wiegen.

9. Lehrbeispiele

Die folgenden Beispiele sind als Diskussionsanreize zu verstehen, wobei man eine Diskussion auch mit sich selber führen kann. Es handelt sich nicht um standardisierte Fragen eines Multiple-Choice-Tests.

a. Ein Hochschullehrer geht allein durch den Wald und überlegt sich, wie er seine Vorlesung für den nächsten Tag aufbauen will. Wenn er nach Hause kommt, hat er die Disposition im Kopf, dazu auch einige Formulierungen für seine Thesen. War diese Tätigkeit ein Handeln? War sie ein soziales Handeln? War sie Teil einer Interaktion?

b. Der Besucher eines Museums rutscht aus. Er fuchtelt mit den Armen und reißt eine wertvolle Vase („Ming-Dynastie") um. Im letzten Augenblick gelingt es ihm, die rollende Vase zu greifen und vor dem Fall auf die Erde zu bewahren. Ein Begleiter sagt zu ihm: „Da haben Sie aber mehr Glück als Verstand gehabt." Er antwortet: „Wenn ich nicht wüßte, wie wertvoll die Vase ist, hätte ich wohl auch nicht die Geistesgegenwart gehabt, sie aufzufangen."

Welche Vorgänge an diesem Vorfall deuten auf „Handeln", „soziales Handeln" und „Interaktion"?

9. Lehrbeispiele

c. Auf dem sogenannten „Königsweg" in Nordschweden gibt es Hütten, in den jeder Wanderer gespaltenes Brennholz vorfindet. Es gilt die Regel, daß jeder vor Verlassen der Hütte so viel Holz spaltet, wie er selbst verbraucht hat. Ist dies Interaktion?

d. Eine Mutter, die ihren Säugling wickelt, „spricht" fortlaufend mit dem Kind. Dieses lächelt. Liegt hier Kommunikation vor? Wenn ja, was für eine?

e. Ein Jäger veranlaßt durch einen verbal gegebenen Befehl einen Jagdhund dazu, einen geschossenen Vogel zu suchen. Der Hund findet ihn, bleibt stehen und bellt. Liegt hier symbolische Kommunikation und symbolische Interaktion vor?

f. Ein gläubiger Christ betet zu Gott, er möge ihm einen bestimmten Wunsch erfüllen. Am Ende des Gebets hat er das Gefühl, erhört zu sein. Würde ein Soziologe diesen Vorgang als Interaktion bezeichnen? Würde die Antwort unterschiedlich ausfallen, je nachdem, ob der Soziologe selbst ein Christ ist oder ein Agnostiker?

g. Ein jüngerer Wissenschaftler sitzt bei einem Festessen, das anläßlich eines Kongresses stattfindet, neben einer jungen Dame. Ein älterer Kollege hält eine Rede. Da der Redner einige komische Spracheigentümlichkeiten hat, schmunzelt der jüngere Wissenschaftler, spitzt die Lippen und wendet sich der Dame zu. Da trifft ihn der „Adlerblick" eines anderen Kollegen, der ihm gegenübersitzt. Er zuckt zurück und behält seine spöttische Bemerkung für sich. Nach dem Essen erfährt er, daß seine Nachbarin die Tochter des Redners war. Charakterisieren sie die Kommunikation, die während des Essens stattfand, und diejenige nach dem Essen.

h. Viele Menschen haben große Angst, vor einer großen Menschenmenge einen Vortrag zu halten, selbst dann, wenn sie ein Manuskript dabei haben, in das sie jederzeit blicken können. Es besteht keine Gefahr, daß sie steckenbleiben. Wenn sie im kleinen Kreis beieinander sitzen, sind sie völlig unbefangen und können ohne Manuskript in langer Rede einen komplizierten Sachverhalt darstellen. Auch Zwischenfragen, auf die sie nicht vorbereitet sind, irritieren sie nicht. Sie beantworten sie ad hoc und nehmen dann ihren Faden wieder auf. Haben sie nur Angst vor der Vielzahl der Menschen? Fürchten sie die kleinere Zahl weniger? Unter ihnen könnten sich ja gerade besonders kompetente und kritische Zuhörer befinden. Oder könnte die unterschiedliche Art der Kommunikation von Bedeutung sein? (Ein Tip: Ist ein konkreter Kommunikationsvorgang immer *entweder* symbolisch *oder* nicht symbolisch vermittelt?)

i. Erfinden sie eine Geschichte, in der ein Politiker es für richtig hält, seinem unterlegenen Gegner die Chance zu lassen, sein Gesicht zu wahren. Deuten sie dann den Vorgang auf einer abstrakteren Ebene unter Verwendung der Begriffe „Kommunikation", „Information", „Interaktion", „strategisches Handeln" und „Zweckrationalität".

10. Literaturhinweise

a) Handeln, soziales Handeln

Zuerst sollte man sich in die bereits erwähnten Texte von M. Weber vertiefen:
1) M. Weber: Wirtschaft und Gesellschaft, 1. Hlbbd., Tübingen ⁴1956, S. 1 ff.
2) Ders.: Einige Kategorien der verstehenden Soziologie, in: M. Weber: Gesammelte Aufsätze zur Wissenschaftslehre, Tübingen ³1968, S. 427 ff.

Zur Vertiefung sei empfohlen:
3) A. Schütz: Der sinnhafte Aufbau der sozialen Welt (1932), Wien ²1962. In diesem frühen Werk setzt sich A. Schütz ausführlich mit der Handlungstheorie von M. Weber auseinander. Zugleich findet man von hier einen Zugang zu späteren Werken von A. Schütz, die ebenfalls für unseren Zusammenhang wichtig sind.

b) Zweckrationalität

4) M. Weber: Wirtschaft und Gesellschaft, 1. Hlbbd., a. a. O., S. 12 ff. Um eine konkrete Vorstellung von der Anwendung dieses Begriffs zu gewinnen, empfehlen sich M. Webers Ausführungen zum kapitalistischen Wirtschaften, zur Rechtssoziologie und zur bürokratischen Herrschaft, vor allem im 2. Halbband von „Wirtschaft und Gesellschaft".

c) Interaktion, Interaktionismus

5) Th. Luckmann, P. Berger: Die gesellschaftliche Konstruktion der Wirklichkeit (1966), Frankfurt/M. 1969.

Einen Überblick über den sog. „Symbolischen Interaktionismus" vermitteln die Aufsatzsammlungen:
6) Arbeitsgruppe Bielefelder Soziologen (Hg.): Alltagswissen, Interaktion und Gesellschaft, rororo-Studium 55, Reinbek 1973.
7) H. Steinert (Hg.): Symbolische Interaktion. Arbeiten zu einer reflexiven Soziologie, Stuttgart 1973.

d) Zeichen, Symbole

8) A. Schütz: Gesammelte Aufsätze, Bd. I, Den Haag 1971, S. 331 ff. Vgl. auch Nr. 5, S. 36 ff.

e) Strategisches Handeln, instrumentelles Handeln und Interaktion

9) J. Habermas: Technik und Wissenschaft als ,,Ideologie", Frankfurt/M. 1968.

f) Zur Gesamtthematik dieses Kapitels

10) J. Habermas: Theorie des kommunikativen Handelns, 2. Bde., Frankfurt/M. 1981, vor allem Bd. I.
11) A. Schütz, Th. Luckmann: Strukturen der Lebenswelt, Neuwied 1975. Es handelt sich um eine überarbeitete und ergänzte Ausgabe von nachgelassenen Texten von A. Schütz, die sich zum Einstieg in dessen Theorien eignet.

III. Soziale Normen
(Wertvorstellungen, Verhaltensregelmäßigkeiten, Verhaltenserwartungen, Normenkonflikte und Normenwandel)

*Man schwatzt vom Wert- und Normgefüge
und tut der äuß'ren Form genüge.*

1. Vorbemerkung

Der Begriff „Norm" gehört zu den in Kapitel I erwähnten analytischen Begriffen der Soziologie, d. h. zu jenen inhaltsarmen, ungeschichtlichen Begriffen. Normen gibt es in jeder Gesellschaft. Bedeutung erlangt der Begriff „Norm" vor allem dann, wenn er inhaltlich gefüllt wird, d. h. wenn davon die Rede ist, welche Normen für wen gelten, in welcher Weise jeweils die Geltung von Normen durchgesetzt wird, und wie sich ein Normenwandel vollzieht. Allgemeine Betrachtungen über „Norm überhaupt" sind für den Soziologen allerdings auch von Interesse, wenn er sich über die anthropologischen Grundlagen seiner Disziplin Gedanken macht. Wie noch zu erörtern ist, verfügen nur Menschen über Normen. Tierisches Sozialverhalten regelt sich auf andere Weise.

Normen haben in jeder menschlichen Gesellschaft eine so zentrale Bedeutung, daß man auf den Gedanken kommen kann, von dem Begriff der Norm her die ganze theoretische Soziologie aufzubauen. Dies geschieht gelegentlich. Dieser Versuchung sollte man aber nicht nachgeben. Sie kann dazu führen, daß wichtige Sachverhalte aus dem Blick geraten.

Normen dienen ja nicht nur der Realisierung bestimmter wünschenswerter Zustände, sie tragen überhaupt dazu bei, menschlichem Handeln eine gewisse Regelmäßigkeit zu geben. Damit wird es für andere Menschen erwartbar und kalkulierbar. Wenn wir uns nicht bis zu einem gewissen Grad darauf verlassen könnten, wie andere Menschen ihrerseits handeln, könnten wir selbst weder zügig noch konsistent handeln. H. Popitz erwägt, wie es in einer Gesellschaft zuginge, in der alle Menschen immer erst dann sinnvoll handeln könnten, wenn irgendein anderer Mensch durch sein tatsächliches Handeln hierfür die Voraussetzung geschaffen habe, in einer Gesellschaft also, in der wir uns mit unserem Tun nicht auf eine Antizipation zukünftigen Handelns anderer einstellen könnten. „Das wäre eine schlangestehende Gesellschaft. Agiert wird jeweils nur am Kopf der Schlange. . . . Offensichtlich wäre dies eine außerordentlich langsame Gesellschaft." (Lit. 3, S. 2) Aber solche Erwartbarkeiten, ohne die ein Zusammenleben von Menschen in der Tat nicht vorstellbar ist, entstehen nicht nur durch das Walten von Normen, sondern, wie wir noch sehen werden, auch durch physische Determinanten, Gewohnheiten, Bräuche und dauerhafte und daher einschätzbare Interessenlagen und Machtverhältnisse.

2. Begriffsbestimmung

Normen sind allgemein geltende und in ihrer Allgemeinheit verständlich mitteilbare Vorschriften für menschliches Handeln, die sich direkt oder indirekt an weitverbreiteten Wertvorstellungen orientieren und diese in die Wirklichkeit umzusetzen beabsichtigen. Normen suchen menschliches Verhalten in Situationen festzulegen, in denen es nicht schon auf andere Weise festgelegt ist. Damit schaffen sie Erwartbarkeiten. Sie werden durch Sanktionen abgesichert.

3. Wertvorstellungen

Man sagt vielfach, Normen bezögen sich auf „Werte". Diese Redeweise kann irreführen, weil sie so verstanden werden könnte, als ob „Werte" ein eigenes Sein hätten, z. B. ein „ideales Sein", wie in der Ethik N. Hartmanns behauptet wird. Dies wäre aber eine unzulässige metaphysische Behauptung. Normen beziehen sich jedoch stets auf Wertvorstellungen, die in den Köpfen der Menschen existieren. Insofern es sich hier nicht um private Wertvorstellungen handelt, sondern um solche, die allgemeine Geltung in einem Kollektiv haben – sonst könnten sie nicht zur Grundlage einer allgemein geltenden Norm werden –, haben sie für das Individuum einen „objektiven" Charakter und damit den Schein des „An-sich-seins".

Freilich münden nicht alle Wertvorstellungen in Normen ein. Manche beziehen sich überhaupt nicht auf ein Handeln. Z. B. läßt sich keine Norm aus unserer positiven Bewertung von „schönem Wetter" entwickeln, es sei denn, die Menschen hätten das Wettermachen gelernt. Es gibt auch positive Bewertungen bestimmten Handelns, aus denen keine allgemein geltende Norm entsteht. „Heilige" und „Helden" werden in vielen Gesellschaften hoch geschätzt. Sie gelten mitunter auch als Vorbilder, aber man weiß, daß die meisten Menschen hinter diesen Vorbildern zurückbleiben. Es gibt keine allgemeine Norm, die besagt „Sei heilig!" oder „Sei ein Held!" Vor allem fehlt eine Sanktionsandrohung für den

Fall, daß jemand solchen Idealen nicht entspricht. Vielmehr ist von vornherein klar, daß Helden und Heilige Ausnahmen von der Regel sind. Allerdings haben Normen nur einen Sinn, wenn es nicht selbstverständlich ist, daß alle ihrer Forderung nachkommen, wenn also auch ein Zuwiderhandeln möglich ist und ernsthaft in Betracht kommt. (Eine Norm: „Du sollst atmen", ist sinnlos.) Ebenso gehört aber zur Norm, daß ihre Befolgung auch faktisch zum Regelfall wird. Normen begründen Normalität. Dieser Satz ist nicht so trivial, wie er klingt.

4. Normen beeinflussen das Handeln in Situationen

Normen beziehen sich auf Handeln, Handeln vollzieht sich in Situationen, greift aber über die aktuelle Situation hinaus. Es erhält seinen Sinn durch seine Bezogenheit auf zukünftige Situationen und knüpft an Geschehnisse und Orientierungen an, die in der Vergangenheit erlebt bzw. erworben wurden und für die Gegenwart relevant sind. Zu den letzteren gehören die Normen. Sie sind den einzelnen Situationen vorgegeben. Sie sind also situationsübergreifende Elemente der Definition von Situationen, neben anderen Elementen. Normen legen ein typisches Handeln fest, das in Situationen eines bestimmten Typs erfolgen soll. Damit entlasten sie das Individuum von der Notwendigkeit, ständig neue situationsgerechte Handlungsweisen zu entwerfen, und tragen zur Entwicklung konsistenter Handlungssequenzen bei. Eine wichtige soziale Funktion, die allen Normen – unabhängig von ihrem jeweiligen Inhalt – zukommt, ist wie gesagt die Ermöglichung von Verhaltenserwartungen anderen Menschen gegenüber. Nur wenn Menschen regelmäßiges Verhalten von ihren Mitmenschen erwarten und sich darauf einstellen können, vermögen sie selbst konsistent zu handeln und soziale Beziehungen anzuknüpfen. (Konsistent: das Handeln in einer Situation ist sinnvoll mit dem Handeln in früheren und späteren Situationen verknüpft. Soziale Beziehung: Interaktionskontakte mit demselben Partner finden nicht nur in einer Situation statt, sondern in einer Mehrzahl von Situationen, die als eine Einheit gedeutet werden.)

Nur der Mensch als instinktreduziertes, nicht festgelegtes und weltoffenes Wesen kann Normen kennen und sich an ihnen orientieren. Nur er freilich braucht auch Normen. Nicht festgelegt heißt: Sein Verhalten ist nicht ausreichend durch Instinkte und durch zu Reflexen verhärtete Lernergebnisse determiniert. Solche Lernerfolge finden wir allerdings sehr oft auch bei höheren Tieren. Man kann beobachten, daß Tiere, die offenbar durch Instinkt zu einem bestimmten Verhalten veranlaßt werden (z. B. Vögel zum Nestbauen), zunächst ungeschickt sind. Gelegentlich verfallen sie aber auf effektivere Bewegungen, die sich dann fixieren.

Festlegungen dieser Art würden jedoch nicht ausreichen, um einem Menschen in einer Umwelt, die ständig durch Menschen verändert wird, Überlebenschancen zu sichern. Weltoffenheit bedeutet: Der Mensch ist nicht völlig der Aktualität der Situation verhaftet. Seine Situationen sind offen, haben einen zeitlichen Horizont und einen Horizont von Mitgegebenheiten, die nicht auf die momentane Intention bezogen zu sein brauchen.[1] In der Situation ist stets mehr präsent, als zum unmittelbaren Handeln benötigt wird. A. Gehlen beschreibt dies mit dem Ausdruck ,,Reizüberflutung". Dieser Begriff bezeichnet eine anthropologische Konstante, mit der jeder Mensch in zahllosen Situationen fertig werden muß, nicht eine spezielle Belastung, wie sie etwa das Leben in der modernen Großstadt mit sich bringt. Sie zwingt den Menschen dazu, das, was für ihn jeweils wichtig ist, auszuwählen und anderes beiseite zu schieben. Zugleich freilich vermag er, in der aktuellen Situation sich das zu vergegenwärtigen, was im Augenblick nicht Gegenwart ist, sondern Vergangenheit oder Zukunft oder Möglichkeit. So ist er in der Lage, sich von der aktuellen Situation zu distanzieren und über der Situation zu stehen. Er kann auch eine Vielzahl von Situationen unter einem Gesichtspunkt einander zuordnen, sie und damit sich selbst objektivieren und typisieren, d. h. auch höhere Abstraktionsstufen erklimmen. Das alles hat M. Scheler gemeint, wenn er sagte, der Mensch habe nicht eine Umwelt wie das Tier, sondern ,,Welt". Besser sollte man sagen: Die Umwelt des Menschen ist zur Welt geöffnet, oder: sie hat ,,Weltcharakter". Denn ohne Zweifel gibt es auch für den Menschen immer wieder Umweltbedingungen, die seinem Tun und seiner Orientierung zunächst Grenzen setzen und die er entweder überhaupt nicht oder erst in einem zweiten Akt überschreiten kann.

Zu dieser Weltoffenheit der Existenz ist der Mensch, und nur der Mensch, fähig, weil er über das Symbolsystem der Sprache verfügt. Dieses ermöglicht es ihm auch, Normen zu kreieren, zu rezipieren und weiterzugeben. Tiere haben keine Normen. Ein Hund der gehorcht, folgt nicht einer Norm.

5. Verhaltensregelmäßigkeiten

Nicht alle Verhaltensregelmäßigkeiten bei Menschen (bzw. nicht alle Einschränkungen des Verhaltensspielraums), auf denen sich Verhaltenserwartungen begründen, beruhen auf Normen. Es gibt außerdem:

a) *Biologische Konstanten*, denen das Individuum unterworfen ist und die es bei anderen Individuen voraussetzt. (Menschen können nicht wie Vögel durch die Luft fliegen und nicht längere Zeit auf Nahrung verzich-

---

[1] Zum Begriff der ,,Weltoffenheit" vgl. M. Scheler: Die Stellung des Menschen im Kosmos, München 1947, S. 37ff.

ten.) Begrenzungen ihrer Verhaltensmöglichkeiten ergeben sich auch aus Alter und Geschlecht, wobei freilich zu beachten ist, daß unser Verständnis der zweifellos vorhandenen, biologisch erklärbaren Eigenschaften durch kulturell bestimmte Interpretationen (darunter auch Wertvorstellungen und normative Strukturen) so stark überformt ist, daß es schwer ist, sie im Bewußtsein zu isolieren. (Darüber, was von „Natur" aus „weiblich" oder „männlich" ist, herrschen in jeder Kultur andere Vorstellungen.)

Der Soziologie ist in der Vergangenheit immer wieder die Aufgabe zugefallen, vor „biologistischen" Deutungen menschlichen gesellschaftlichen Verhaltens zu warnen. Aber natürlich darf der Soziologe nicht verdrängen, daß der Mensch auch ein Säugetier ist und daß die Tatsache, daß Frauen und nicht Männer es sind, die Kinder bekommen, und daß Jugend und Alter auch „natürliche" Gegebenheiten sind. Freilich determinieren diese Tatsachen nur partiell die gesellschaftlichen Tatsachen. Sie sind vor allem „Herausforderungen", auf die eine Gesellschaft mit ihrer Ordnung und Kultur „Antworten" finden muß. (Die Begriffe „challenge" und „response" sind durch den englischen Historiker Toynbee bekannt geworden.)

b) *Gewohnheiten* sind ebenfalls Verhaltensregelmäßigkeiten, an denen sich das Verhalten anderer Menschen orientiert. Sie basieren nicht auf allgemein geltenden Sollensvorschriften. Eine Abweichung von Gewohnheiten hat auch keine Sanktion zur Folge. Sie entstehen durch einen Prozeß der „Gewöhnung", der hier nicht näher betrachtet werden soll. Nur so viel: Das weitere Festhalten an einer einmal oder mehrfach geübten Verhaltensweise entspricht der Ökonomie der Kräfte: es verringert den Aufwand für Interpretationsleistungen und Handlungsentwürfe bei der Bewältigung vieler Situationen.

Gewohnheiten können zu quasi automatischen Abläufen erstarren, deren Details nicht mehr vom Bewußtsein registriert werden. Dann sprechen wir von „Habitualisierungen". Habitualisierte Tätigkeiten als solche sind streng genommen keine Handlungen mehr, gehen aber sehr wohl als Elemente in komplexe Handlungen ein. (Der Gang zum Briefkasten, mit dem Ziel einen Brief einzuwerfen, ist eine Handlung. Das Gehen eines gesunden und ausgeruhten Menschen ist völlig habitualisiert, also keine Handlung, ist aber beim Gang zum Briefkasten ein Element dieser Handlung.)

c) Gewohnheiten, die in einem Kollektiv verbreitet sind und Anerkennung genießen, nennen wir *Bräuche*. Auch bei ihnen hat eine Abweichung keine Sanktion zur Folge. So jedenfalls pflegt man Bräuche zu definieren. Freilich ist der Übergang vom Brauch zur Norm oft fließend. Da Bräuche sich nicht nur einfach eingespielt haben, sondern auch anerkannt sind, verlangen wir oft eine Begründung, wenn jemand von einem

Brauch abweicht. In vielen Fällen konzedieren wir zwar Abweichungen; wenn freilich ein Mensch immer wieder von herrschenden Bräuchen abweicht, so werden wir möglicherweise mißtrauisch oder halten ihn für einen Sonderling. In manchen Gesellschaften herrscht ein großer Konformitätsdruck. Eigenbrötler sind unbeliebt. Vielleicht kann man dann von einer (sehr allgemeinen und unspezifischen) ,,Konformitätsnorm" reden, deren Inhalt aber nicht ist, allen Bräuchen zu folgen, sondern sich nur in etwa an ,,Brauch" und ,,Sitte" zu halten.

Das Wort ,,Sitte" wird manchmal gleichbedeutend mit ,,Brauch" verwendet (übrigens auch bei M. Weber). Wir wollen aber das Wort ,,Sitte" für normative Regelungen reservieren. Von ,,Sitte" bzw. ,,sittlichen Normen" redet man insbesondere dort, wo strafrechtlich sanktionierten Normen (also Strafgesetzen) andere, strafrechtlich nicht abgesicherte, aber gleichfalls in der Gesellschaft geltende Normen gegenübergestellt werden. Auch diese sind sanktioniert. (Ein Hausbewohner, der sich oft betrinkt und lärmt, macht sich nicht strafbar, aber wird von den Mitbewohnern ,,geschnitten", weil er sich nicht an die ,,Sitte" hält.)

Abweichungen von Bräuchen haben wie gesagt keine Sanktionen zur Folge. Aber es können ,,sanktionsähnliche Wirkungen" auftreten, die im Einzelfall manchmal von Sanktionen schwer zu unterscheiden sind. So wird niemand einem Schichtarbeiter vorwerfen, daß er eine andere Tageseinteilung hat als andere Menschen. Trotzdem kann diese, weil sie zur Tageseinteilung seiner Verwandten, Freunde und Nachbarn nicht paßt und schwer für sie kalkulierbar ist, zur Verringerung von Kontakten führen. Er wird zwar von ihnen nicht ,,geschnitten", aber es entsteht für ihn ein ähnlicher Effekt.

d) Erwartbare Verhaltensregelmäßigkeiten entstehen auch durch *dauerhafte Interessenlagen*. Auch die Erwartung, daß andere Menschen aufgrund der bekannten eigenen Interessen sich in bestimmten Situationen vermutlich immer in der gleichen Weise verhalten werden, verhilft zu Orientierung und Handlungsstabilität. (Gedankenexperiment: Was würde sich in einer Gewerkschaftsleitung abspielen, wenn plötzlich ein Unternehmen eine Mitbestimmungsregelung anbietet, die weit über die gewerkschaftliche Konzeption hinausgeht?)

6. Allgemeine Geltung

Normen existieren nicht ,,an sich", sondern indem sie allgemein gelten. Allgemeine Geltung heißt hier: ein Kollektiv, an das sich die Sollensvorschriften richten, kennt sie, akzeptiert sie, befolgt sie in der Mehrzahl der Fälle, für die sie bestimmt sind, und jeder richtet sich darauf ein, daß auch die jeweiligen Interaktionspartner sie in der Regel befolgen. Die gleichwohl vorkommende Verletzung der Norm ist meist ein Handeln, das in seiner Struktur Merkmale der Übertretung zeigt. Sollensvorschriften, die keine Geltung in diesem Sinne erlangen, sind auch keine sozialen Normen. Befehle, die nur für einen ganz speziellen Fall gegeben werden, sind keine Normen (obwohl sie auf Normen beruhen können), ebenso auch nicht private Forderungen, die Individuen als Maßstäbe für sich selbst setzen. Manche sittlichen Forderungen, die an die Allgemeinheit gerichtet werden, erheben zwar normativen Anspruch, sie sind jedoch keine sozialen Normen, solange sie keine Geltung im o. a. Sinne erlangt haben.

Verschiedene Forderungen aus der Bergpredigt richten sich zwar an alle Gläubigen, werden von der Mehrheit anerkannt, erreichen aber niemals jene Geltung, die auch Verhaltenserwartungen begründet. Ich kann nicht damit rechnen, daß mein Feind mich liebt, allenfalls – wenn er sich bemüht, ein Christ zu sein –, daß er seine Haßgefühle bekämpft.

„Allgemeine Geltung" von Normen besagt nicht, daß jeder in die Lage kommt, jede geltende Norm zu befolgen. Für den Ledigen ist es unmöglich, seine Ehe zu brechen, freilich kann er in andere Ehen einbrechen. Einem kleineren Kind billigen wir zu, daß es das Gebot „Du sollst nicht stehlen" noch nicht begreifen kann, weil es noch nicht versteht, was Eigentum ist. Es kann eigentlich noch nicht „stehlen". Deshalb ist das Gebot für es irrelevant. Von einem Invaliden erwarten wir nicht, daß er in einen Fluß springt, um einen Ertrinkenden zu retten; allenfalls verlangen wir von ihm den Versuch, Hilfe herbeizuholen. Viele Normen richten sich überhaupt nur an Inhaber bestimmter sozialer Positionen. Dies sind sogenannte Rollen-Normen (vgl. Kap. IV, S. 66 ff.). Von Normen-Konflikten, d. h. von Situationen, in denen eine Norm nur zu erfüllen ist, wenn zugleich eine andere verletzt wird, wird noch die Rede sein.

„Allgemeine Geltung" von Normen heißt aber, daß zum mindesten die erwachsenen und mündigen Mitglieder einer Gesellschaft in ihrer ausschlaggebenden Mehrheit die Norm anerkennen und ihren praktischen Beitrag zu ihrer Durchsetzung leisten, z. B. durch Erziehung ihrer Kinder, Ermahnung ihrer Bekannten und durch Beteiligung an der Sanktionierung. Zwar beansprucht der moderne Rechtsstaat für strafrechtlich relevante Normen das Sanktionsmonopol und verbietet Duelle, Blutrache und Lynch-Justiz. Jedoch verlangt er vom Bürger, dem Staat bei der Ingangsetzung und Durchführung von Strafrechtsverfahren zu helfen (Anzeigepflicht, Aussagepflicht vor Gericht).

7. Die Tradierung von Normen

Die Kenntnis von Normen (ohne die diese nicht gelten können) setzt Kommunikation voraus, d. h. auch Formen, in denen die Normen mitgeteilt werden. Diese sind sehr unterschiedlich: Wir werden mit Normen vertraut gemacht durch abstrakte allgemeine Sätze („Du sollst nicht stehlen"), durch allmähliche Ansammlung anschaulicher Erfahrungen mit viel „trial and error" (Normen der Eleganz, der Gewandtheit), durch systematische Lernprozesse (Normen der Berufsausübung), durch Vorbilder, durch Mythen (die Erzählung, daß Gott in letzter Minute die befohlene Opferung Isaaks durch Abraham verhindert hat, besagt: Menschenopfer sind in Zukunft nicht erwünscht), durch Appell an die Einsicht („Stelle dir vor, daß dies alle täten!"). Nicht nur der Inhalt der Normen ist je nach Kultur verschieden, sondern auch die Form, in der sie mitgeteilt werden. Selbstverständlich treten meist verschiedene Mitteilungsformen von Normen gleichzeitig auf. Das Alte Testament kennt neben mythischen Normbegründungen auch Sammlungen von Einzelgesetzen und Reflexionen, in denen einzelne Normen eine tiefere Begründung erfahren.

Je nach Kulturtypus gibt es Präferenzen bestimmter Mitteilungsformen. In archaischen Kulturen ist die des Mythos sicher sehr häufig. Hochkulturen entwickeln einerseits eine Kasuistik mit zahllosen Einzelgesetzen, andererseits aber auch eine abstrakte Ethik, welche die Systematisierung und Fundierung der Einzelnormen vorantreibt.

8. Normative Strukturen, Normensysteme

Die einzelnen Normen dürfen, wie schon angedeutet, nicht isoliert betrachtet werden. Die verschiedenen in einer Gesellschaft geltenden Normen stehen in vielfältiger Beziehung zueinander, z. B. in *hierarchischer Beziehung*. Viele sind Einzelvorschriften, die einen ganz pragmatischen Inhalt haben. Gleichwohl sind sie wirkliche Normen. Keineswegs muß eine Norm, so wie sie gefaßt ist, bereits einen tieferen Sinn zeigen. Bekanntlich gibt es viele Normen (z. B. Verkehrsregeln), deren Inhalt beliebig ist. Indem sie aber eine bestimmte Erwartbarkeit schaffen, beseitigen sie lebensbedrohende Gefahren. Wenn in England das Linksfahrgebot gilt, auf dem Kontinent aber das Rechtsfahrgebot, so verweist dieser Unterschied nicht auf eine unterschiedliche Kultur oder Wertordnung. Es kommt allein darauf an, daß in einem Land (besser wäre es: in der ganzen Welt) alle Menschen entweder links oder rechts fahren. Daß das jeweilige Gebot eingehalten wird, ist freilich sehr wichtig und wird durch Androhung schwerer Strafen abgesichert. Das Rechts- wie das Linksfahrgebot ist jeweils bezogen auf übergeordnete Normen, nämlich auf die Forderung, andere Verkehrsteilnehmer nicht zu gefährden und nicht mehr als unvermeidbar zu behindern. Außerdem stehen sie in systematischem Zusammenhang mit jeweils spiegelbildlich ausgeformten anderen Regeln (Linksüberholen, Rechtsüberholen, Rechtskreisverkehr, Linkskreisverkehr usw.), die ebenfalls zwar abgeleitete, aber echte Normen sind.

9. Normendifferenzierungen, Normenkonflikte

Es hat aber auch durchaus Sinn, von unterschiedlichen *Normensystemen* zu sprechen, die jeweils Gesellschaftssystemen zugeordnet sind. Nur ist dann *zweierlei* zu beachten.

Erstens: Ganz einheitlich und durchsystematisiert sind die *normativen Strukturen* einer Gesellschaft in aller Regel nicht. Vielmehr treten regelmäßig *Normenkonflikte* auf, die nicht nur aus der Widersprüchlichkeit von Einzelvorschriften rühren, sondern auch grundsätzlicher Natur sein können (z. B. Gerechtigkeitsnormen versus Gebot der Nächstenliebe, Solidaritätsnormen versus Normen, welche die Freiheit sichern sollen). In solchen grundsätzlichen Widersprüchlichkeiten spiegelt sich die Geschichte einer Gesellschaft, in der unterschiedliche kulturelle Traditionen zusammengeflossen sind, bei uns z. B. jüdisch-christliche und humanistische Traditionen aus der späteren Antike. Ebenso können die verschiedenen Epochen der Vergangenheit oder die Teilkulturen sozialer Schichten, Klassen und Stände ihre Spuren hinterlassen haben.

Manche Normenkonflikte werden freilich durch eindeutig geltende Prioritätensetzungen entschärft oder gelöst. So hat die Achtung vor dem Leben anderer Menschen im Zweifelsfall den Vorrang vor der Achtung vor Eigentum.

Zweitens: Die Normensysteme verschiedener Gesellschaften unterscheiden sich nicht so sehr dadurch, daß in ihnen völlig verschiedene Normen gelten (obwohl dies durchaus vorkommt – bei uns gibt es z. B. nicht die Norm, daß ein junger Mann erst einen Feind getötet haben muß, bevor er ein Mädchen heiraten darf), sondern eher dadurch, daß die Prioritäten unterschiedlich gesetzt werden. Dem entspricht dann in aller Regel auch eine unterschiedliche Schärfe und Handhabung der Sanktionen bei Normenverstößen (vgl. z. B. die unterschiedlichen Sanktionen bei Ehebruch: Ehebrecherinnen werden bei uns nicht mehr wie bei den alten Germanen ins Moor gestoßen).

Dies gilt sinngemäß auch für den *Normenwandel*. Der Typus „bürgerliche Moral" unterscheidet sich von älteren europäischen Moral-Systemen kaum im Bestand der Grundnormen: es ist im Grunde immer noch dieselbe Mischung aus christlicher und antiker Ethik. Die Prioritätensetzung hat sich aber gewandelt. Die Eigentumsmoral in einer Gesellschaft mit stark ausgebildeter Verkehrswirtschaft ist typischerweise in mancher Hinsicht differenzierter und rigider als in älteren Gesellschaftssystemen, in denen Rechtgläubigkeit und Kriegertugenden höher rangierten und deshalb ,,Ehre" nicht unbedingt dasselbe bedeutete wie ,,Ehrlichkeit".

10. Sanktionen

In der Soziologie wird oft von ,,positiven" (belohnenden) und ,,negativen" (bestrafenden) Sanktionen geredet. Wir möchten lieber den Begriff ,,Sanktion" einengen und ihn erstens nur dort verwenden, wo man sonst von ,,negativen Sanktionen" redet, und zweitens auch nur da, wo wirklich von ,,Strafe" gesprochen werden kann. Als ,,Sanktionen" sollen Handlungen gelten, deren beabsichtigte Wirkung für den Betroffenen zumindestens zunächst von negativer Bedeutung ist, d.h. Leiden verursacht. (Langfristig kann sie u.U. zur Besserung, Reintegration und größerem Wohlbefinden führen.) Sanktionen in diesem Sinne sind bewußte Abweichungen von sonst geübtem sozialem Verhalten, freilich solche, die nicht nur erlaubt, sondern geboten sind. Die Sanktionshandlung rechtfertigt sich aus ihrem Sinn als Strafe. Unter anderen Umständen wäre diese Handlung entweder verboten oder erführe Mißbilligung.

Wie schon erwähnt, sollte man Sanktionen von ,,sanktionsähnlichen Folgen", wie sie bei Abweichungen von Bräuchen häufig sind, unterscheiden. Eine vergleichbare Unterscheidung ist aber bei den sogenannten ,,positiven Sanktionen" (Belohnungen) kaum durchzuführen. Belohnungssysteme haben eine andere Struktur als Bestrafungssysteme; sie sind z.B. viel weniger reguliert. Wer wem wann eine Belohnung zuteil werden läßt, hängt davon ab, ob die geeigneten Belohnungsmittel zur Verfügung stehen. Oft ist es eine Ermessensentscheidung, ob eine Handlung wirklich belohnungswürdig ist (vgl. z.B. Preisverleihungen, Verleihung von Rettungsmedaillen, Beförderungen).

So groß die soziale Bedeutung der negativen Sanktionen ist, eine ungewöhnlich große Zahl von Verletzungen strafrechtlicher Normen und erst recht anderer Normen wird faktisch nicht mit Sanktionen beantwortet. Eine Gesellschaft, die alle Vergehen tatsächlich bestraft, ist undenkbar (vgl. hierzu Lit. 6).

11. Normenwandel

Veränderungen im Normensystem einer Gesellschaft sind durch verschiedene Phasen charakterisiert. Häufig macht sich zuerst ein Ausbleiben von Sanktionen bemerkbar (vgl. Lit. 1).

Zuerst verschwinden häufig die sogenannten gesellschaftlichen Sanktionen, während strafrechtliche Sanktionen noch bestehen bleiben. Denkbar ist jedoch auch ein anderer Verlauf: Der Staat versucht eine neue Norm durch Strafgesetze durchzusetzen, findet aber erst allmählich die Anerkennung durch die Gesellschaft und damit auch die Bereitschaft, die strafrechtlichen Sanktionen durch gesellschaftliche zu ergänzen, durch welche erstere in Ländern mit humanem Strafvollzug oft erst wirksam werden. Ein paar Wochen in einem humanen Gefängnis zu sitzen ist „an sich" nicht unangenehmer als ein längerer Krankenhausaufenthalt nach einem Unfall. Schlimmer ist es jedoch, nach der Strafe als „Vorbestrafter" durchs Leben kommen zu müssen. (Zu diskutieren wären hier verschiedene Wirtschaftsvergehen und andere sog. „Kavaliersdelikte" aller Art, ferner Wandlungen in der geltenden Sexualmoral und in der entsprechenden Gesetzgebung.)

Erklärbar ist ein Normenwandel im allgemeinen aus tiefgreifenden Wandlungen der Struktur einer Gesellschaft. Es kann sich hierbei um Umschichtungen handeln, z. B. um Aufstiege oder Abstiege sozialer Schichten und anderer Gruppen. Ohnehin müssen wir ja mit einer recht großen Variationsbreite des Normensystems innerhalb einer Gesellschaft rechnen; in den verschiedenen Teilkulturen schichtspezifischer oder regionaler Art wechseln zumindest auch die Prioritätensetzungen im normativen System. Setzt sich eine Gruppe durch und erlangt einen höheren Rang, so nimmt sie auch Einfluß auf die Wertvorstellungen und Normen der Gesamtgesellschaft.

Freilich kennen wir auch stabile ständische Gesellschaften und Gesellschaften mit unterschiedlicher ethnischer und religiöser Struktur, in denen geschichtlich entstandene, partiell heterogene normative Strukturen nebeneinander existieren. Sie werden nicht nur toleriert. Man ist an sie gewöhnt und weiß sich gegenseitig einzuschätzen und zu schätzen. Der mittelalterliche Bauer erwartete vom Edelmann andere Tugenden als der Edelmann vom Bauern. Es gab Zeiten, in denen im Orient Christen, Juden und Mohammedaner relativ friedlich zusammenlebten und sich gegenseitig bestimmte Berufsfelder zubilligten, u. a. wohl auch, weil man die spezielle Moral des anderen, der man selbst nicht so streng folgte, hochschätzte.

12. Herrschaft und Normen

Die Herrschaftsstruktur einer Gesellschaft zeigt sich an ihren normativen Strukturen und der Verteilung der Sanktionsgewalt. Im allgemeinen sind die „herrschenden" Normen auch die „Normen der Herrschenden". Die Herrschenden behalten sich nicht nur vor, Normen zu setzen, andersartige Normen zu diskriminieren, sondern auch negative Sanktionen festzulegen und zu verhängen und ferner durch Zubilligung von Belohnungen für die Erfüllung ihrer Normen soziale Aufstiege zu regulieren. Es besteht dann eine Tendenz zur Homogenisierung der normativen Strukturen im Sinne der Herrschenden. Dies trägt gleichzeitig zur Stabilisierung des Herrschaftssystems bei, falls diese Homogenisierung nicht unerwünschte Egalisierungstendenzen fördert. Freilich gibt es auch Herrschaftssysteme, die sich durch die Ungleichheit der Chancen, die herrschenden Normen zu erfüllen, aufrechterhalten. Andere wiederum bauen darauf auf, daß es eine gleichzeitige Geltung verschiedener Normensysteme gibt, denen freilich unterschiedlicher Rang zugesprochen wird.

Herrschaftsstrukturen lassen sich nicht ohne Analyse der geltenden Normen bzw. Normensysteme begreifen. Ob sich jedoch Herrschaft und Ungleichheit aus der Tatsache, daß jede Gesellschaft Normen und Sanktionen kennt, ausreichend verständlich machen läßt, ist zweifelhaft.

13. Akzeptieren und Aneignen von Normen
(Grade der Verinnerlichung)

Das Akzeptieren von Normen geschieht auf verschiedene Art. Die Weisen des Akzptierens ergänzen sich gegenseitig und haben unterschiedliches Gewicht. Es gibt gewissermaßen Stufen des Akzeptierens oder Aneignens von Normen. Sehr oft werden Normen nur aus Angst vor Sanktionen befolgt. Ferner kann die Befolgung aus Einsicht geschehen. Das Akzeptieren durch „Einsicht" setzt voraus, daß die verschiedenen Normen nicht isoliert nebeneinander bestehen, sondern in der Regel aufeinander bezogen sind (oft in hierarchischer Struktur oder durch gemeinsame Orientierung an einer Wertvorstellung). Normen werden oft aufgrund der Einsicht akzeptiert, daß eine andere Norm oder ein Wert, die schon akzeptiert sind, diese Norm implizieren. („Wenn man Menschenleben nicht in Gefahr bringen will, dann muß man rücksichtsvoll Auto fahren." „Wenn man Wälder für schön und nützlich hält, soll man in ihnen kein Feuer anmachen, weil dadurch Waldbrände entstehen können.")

Wirklich angeeignet werden Normen freilich oft erst durch Internalisierung. Die Internalisierung läßt den von außen her kommenden und den Widerspruch des Individuums noch nicht ausschließenden Forderungscharakter verschwinden. Zunächst verlagert sich die Forderung in das Innere des Individuums („Stimme des Gewissens"), oder der Forderungscharakter verschwindet überhaupt: die Befolgung der Norm wird zur Selbstverständlichkeit bzw. Gewohnheit, oder es entsteht eine „Schallmauer", die bereits den Gedanken an Übertretung verhindert oder ihn, falls er doch auftaucht, mit Angst-, Ekel- und Schamgefühlen besetzt.

Im letzteren Fall wäre es richtig, von Tabuisierung zu sprechen. Der ursprünglich aus der Ethnologie stammende Begriff des „Tabu" ist in neuerer Zeit zu einem Modewort geworden. Meist wurde er in polemischer Absicht verwendet, und zwar vor allem dort, wo man gegen Verbote, die rational nicht hinreichend begründet schienen, Sturm lief. Aufklärerisches Denken nimmt Anstoß an dem irrationalen Charakter von Tabus. Der polemische Wortgebrauch trifft etwas Wesentliches. In dem ursprünglichen Sinn des Wortes „Tabu" steckt nicht nur das klare Verbot einer bestimmten Handlung, sondern auch das Verbot, eine bestimmte Sphäre zu berühren, sei es einen Ort zu betreten, einen Gegenstand anzufassen, über eine Sache zu reden oder über ihren Sinn nachzudenken. Der Kern des Verbotenen ist auf magische Weise mit weiteren Verboten – z. B. sich ihm zu nähern – umlagert. Kommt man doch mit ihm in Berührung, so hat man nicht ein schlechtes Gewissen, sondern empfindet Angst, Ekel oder Scham. Nur durch Magie, nicht durch einen Entschluß zur Umkehr, kann das, was es eigentlich nicht geben kann, gebannt werden. (Die ins Moor gestoßene Ehebrecherin verschwindet von der Erdoberfläche und hinterläßt keine Spuren, nicht einmal ein Grab.)

Das Gegenteil zur „Verinnerlichung" durch Tabuisierung ist die spezifisch christliche Verinnerlichung von Normen durch Pflege und Erforschung des Gewissens, in der der Mensch, der allzumal ein Sünder ist, bei voller Kenntnis, welcher Sünden er fähig ist, sich selbst prüft. Diese Übung der Gewissensprüfung ist christliche Tradition. Besonders ausgeprägt ist sie im frühen Kalvinismus gewesen. Allerdings ist auch unsere Kultur nicht frei von Tabuisierungen im engeren Sinn. Insbesondere dürften sich solche im Bereich der Sexualnormen finden, z. B. im Verhältnis vieler Menschen zu sogenannten Perversionen. Unser aufklärerisches Denken tendiert dazu, Tabuisierungen abzulehnen. Sie passen nicht zur Würde eines zur Mündigkeit gereiften Menschen. Aber wie reif ist der Mensch? Bleibt er nicht doch soweit hinter sich zurück, daß er einige „Tabus" benötigt? Eine weitere Frage: Kann eine Sozialisation, die eine Verinnerlichung von Normen zum Ziel hat, auf Dressur verzichten (d. h. auf eine irrational verlaufende Konditionierung eines Tuns, das automatisch, also „bewußtlos" ablaufen soll)?

14. Lehrbeispiele

a) Zum Begriff der Norm

Untersuchen Sie, ob in den folgenden Sätzen „soziale Normen" gemeint sind bzw. welche Bedeutung die Worte „Norm", „normal" usw. haben.
1) Die Kriminalitätsrate in der Stadt ist völlig normal. Sie unterscheidet sich nicht von der anderer Städte.
2) Bei Sexualmördern ist damit zu rechnen, daß sie nicht normal sind. Deshalb wird man in jedem Fall ein psychiatrisches Gutachten anfordern. Sie haben zwar eine strafrechtlich sanktionierte Norm verletzt. Aber möglicherweise ist ihnen Schuldunfähigkeit zuzubilligen.
3) Die meisten Schrauben haben DIN-Format (DIN = Deutsche Industrienorm).

b) Normativität als anthropologische Konstante

1) Ein Jäger hat seinen Hund so erzogen, daß er das geschossene Wild sucht, bei ihm stehenbleibt und bellt. Einmal aber läßt sich der Hund dazu hinreißen, ein sterbendes Tier zu beißen. Der Jäger sagt: „Du weißt doch, daß Du das nicht darfst". Hat der Hund eine soziale Norm verletzt? Wenn nicht, warum nicht? Der Hund hat übrigens das erwünschte Verhalten gelernt, es ist ihm nicht angeboren. Wie hat der Jäger es ihm beigebracht? Handelt es sich um die Tradierung einer sozialen Norm? Wenn nicht, was hat dann stattgefunden?
2) Ein Mann versucht, seinem Dackel das Apportieren beizubringen. Dies mißlingt aber immer wieder. Der Dackel ist entweder ungelehrig oder eigensinnig. Der Mann gerät in Wut und möchte den Hund verhauen. Er unterläßt dies aber, weil er sagt: Man soll Tiere nicht quälen. Gehorcht er einer sozialen Norm?
3) Variieren wir das Beispiel: Ein Mann schlägt wiederholt seinen Hund. Der Hund wird bösartig und beißt ihn. Sein Nachbar sagt: Das geschieht ihm recht. Das ist eine gerechte Strafe. Kann ein Hund strafen?

c) Allgemeine Geltung von Normen

1) Ein Patient bittet einen Arzt, ihm ein starkes Schlafmittel zu verschreiben. Der Arzt hält dies nicht für vertretbar, verschreibt nur ein harmloses Beruhigungsmittel und „verordnet" dem Patienten, täglich spazierenzugehen. Erstens: Ist diese Anordnung eine Norm? Zweitens: Gehorcht der Arzt einer Norm, wenn er diese und nicht die vom Patienten gewünschte Anordnung trifft? Wenn ja, welcher?

2) In einem Rechtsstaat gilt der Grundsatz, daß jedes Gesetz auf gesetzliche Weise zustande kommen muß. Ist dieser Grundsatz eine Norm? Sind die Einzelvorschriften, die das gesetzliche Zustandekommen der Gesetze regeln, Normen? Sind die auf diese Weise entstandenen Gesetze Normen? In welchem Verhältnis stehen die erwähnten Vorschriften zueinander? An welchen Wertvorstellungen ist der zuerst erwähnte Grundsatz orientiert?

d) Normenkonflikte

1) Zu einem Professor kommt ein Doktorand in die Sprechstunde, um mit ihm über seine Dissertation zu sprechen. Der Professor spürt, daß der Doktorand nicht nur sachliche, sondern persönliche Probleme hat, die ihn am Vorankommen mit seiner Arbeit hindern. Einerseits meint der Professor, letztere offen zur Sprache bringen zu sollen, weil nur dies dem Doktoranden weiterhelfen könne. Andererseits sieht er hierin einen Übergriff und glaubt, dem anderen nicht zu nahetreten zu dürfen. Offensichtlich liegt hier ein Normenkonflikt vor. Welcher Art ist dieser? Könnten sich in ihm divergierende ethische Traditionen unserer Kultur spiegeln?

2) Unter Kavaliersdelikten mag man früher Delikte verstanden haben, die vorwiegend von vornehmen Herren begangen wurden. Wichtig war hierbei aber, daß der Täter auch dann, wenn die Tat bekannt geworden und bestraft war, ein „Kavalier" blieb. Er büßte seine ständische Ehre nicht ein. Heute nennen wir auch manche Vergehen „Kavaliersdelikte", die in anderen, auch Unterschichtkreisen vorkommen, manchmal sogar für sie typisch sind. Jedoch gelten auch sie in dem Kreis, in dem der Täter lebt, nicht als ehrenrührig. Manchmal verleihen sie sogar ein gewisses Prestige. Der Täter (z. B. ein Wilderer), der aus dem Gefängnis zurückkehrt, gilt in seinem Dorf als „ganzer Kerl". Offensichtlich liegt hier eine Diskrepanz zwischen strafrechtlich sanktionierten Normen und sogenannten gesellschaftlichen Normen, die in einem Teil der Gesellschaft Gültigkeit haben, vor. Wie kann es zu solchen Diskrepanzen kommen? Diskutieren Sie folgende Handlungen unter dem Gesichtspunkt, warum gerade sie den Charakter eines Kavaliersdelikts in bestimmten Kreisen erlangt haben: Wildern; Schmuggeln; Steuerhinterziehung; Duell; „Organisieren" beim Militär; Werksdiebstahl.

e) Normenwandel

1) In einer der letzten Szenen in Faust II sagt Mephisto:
„Ich müßte nicht die Schiffahrt kennen,
Krieg, Handel und Piraterie,
Dreieinig sind sie, nicht zu trennen."
Seit wann haben sich die Menschen eigentlich daran gewöhnt, Seekrieg, Seeräuberei und Seehandel auseinanderzuhalten? Unter welchen Voraussetzungen war dies möglich und erstrebenswert?

2) In einem bekannten Film wird geschildert, wie amerikanische Truppen im 2. Weltkrieg eine Insel im Pazifik besetzen, die vorher japanisches Kolonialgebiet war. Kurz danach schleppen die Eingeborenen zahllose Geschenke heran, um sie dem amerikanischen Kommandanten zu überreichen. Dieser hat gelernt, daß er sich nicht bestechen lassen darf und verweigert die Annahme. Seine Hoffnung, durch dieses korrekte Verhalten auch das Wohlwollen der Eingeborenen zu gewinnen, wird völlig enttäuscht. Es entsteht Konfusion. Niemand glaubt, seinen Anordnungen gehorchen zu müssen. Ihm fehlt jede Autorität. Wie ist dies zu erklären?

Zusatzfrage: Seit wann gibt es überhaupt den Begriff der Korruption? Welche gesellschaftlichen Bedürfnisse und Voraussetzungen müssen gegeben sein, um sich „Bestechung" als ein strafbares Delikt vorstellen und das Verbot von Bestechung einigermaßen durchsetzen zu können?

f) Normen und Herrschaftssystem

1) Anatole France sagt in einem seiner Romane sinngemäß, die erhabene Weisheit unseres Gesetzes bestehe darin, daß es Armen und Reichen in gleicher Weise verbiete, unter Brücken zu schlafen. Was wollte er damit ausdrücken?

2) Ein deutscher Bataillons-Kommandeur marschiert mit seiner Truppe im 2. Weltkrieg durch den Süden Jugoslawiens. Bei ihm meldet sich eine einheimische Frau und bittet um Schutz. Sie ist in eine Blutrache-Fehde verwickelt und fürchtet, demnächst getötet zu werden. Der Kommandeur sagt der Frau: Bleib bei uns. Du kannst ja auf der Feldküche mitfahren und dort ein bißchen helfen. Hat der Kommandeur richtig gehandelt oder eine Norm verletzt? Oder beides?

g) Internalisierung von Normen

1) Wenn wir einen Supermarkt aufsuchen, legen wir alle Gegenstände, die wir haben möchten, in den mitgeführten Wagen. Täten wir dies nicht, sondern steckten die Waren in die Einkaufstasche, die wir ebenfalls bei uns haben, so verstießen wir gegen eine Vorschrift. Der Sinn dieser Vor-

schrift ist einsichtig. Sie dient der Erschwerung von Ladendiebstählen. Es handelt sich um eine Norm, die der Durchsetzung der allgemeinen Norm „Du sollst nicht stehlen" dient. Diese Norm haben wir akzeptiert. Wir stehlen nicht. Darüber hinaus haben wir auch akzeptiert, daß der Kaufmann, dem wir das Recht zubilligen, nicht bestohlen zu werden, zusätzliche Normen festlegt, und ordnen uns diesen unter. Möglicherweise haben wir uns früher einmal diesen Sachverhalt klargemacht. Inzwischen handeln wir ganz automatisch. Weder die Norm „Du sollst nicht stehlen" noch die Vorschrift, alle Waren in den Wagen zu legen, kommt uns in den Sinn, wenn wir einkaufen. Gehorchen wir dann eigentlich noch einer Norm? Oder folgen wir einer Gewohnheit? (Hinweis: Es kommt darauf an, wie wir in diesem Zusammenhang „gehorchen" definieren.)

2) Ein Autofahrer ist schon lange unterwegs. Vielleicht hat er im Rasthaus auch etwas Alkohol getrunken, jedoch nicht die Promille-Grenze überschritten. Er entschließt sich aber doch zur Weiterfahrt. Draußen ist Nebel und Dunkelheit. Er verursacht einen Auffahrunfall. Danach hat er ein schlechtes Gewissen, aber weshalb? Das Auffahren auf das andere Auto war doch keine normwidrige Handlung. Es war überhaupt keine Handlung. Es ist ihm passiert. Freilich war seine Reaktionsfähigkeit geringer als sonst. Aber gibt es eine Norm „Du sollst schnell reagieren"? Weshalb hat der Autofahrer aber doch einen Grund, sich schuldig zu fühlen? Wann hat er gegen welche Norm verstoßen?

Könnte es sein, daß unsere moderne Zivilisation nicht nur althergebrachte Tugenden zersetzt oder überflüssig macht, sondern auch bestimmte Tugenden fördert, die es im Prinzip wohl auch früher gegeben hat, die aber geringere Bedeutung hatten?

15. Literaturhinweise

Als erster Einstieg sei empfohlen:
1) H. Popitz: Soziale Normen. Europäisches Archiv für Soziologie II, (1961), S. 185 ff.
2) G. Hartfiel, K.-H. Hillmann: Wörterbuch der Soziologie, Stuttgart ³1982, Stichwort „Norm" (dort weitere Literatur).
Zur Vertiefung geeignet:
3) H. Popitz: Die normative Konstruktion von Gesellschaft, Tübingen 1980.
4) G. Spittler: Norm und Sanktion, Olten 1967.
Zu speziellen Fragen dieses Kapitels:
5) M. Scheler: Die Stellung des Menschen im Kosmos, München 1947 („Weltoffenheit").
6) H. Popitz: Über die Präventivwirkung des Nichtwissens, Tübingen 1968 (betr. u. a. Probleme der Sanktionierung).

7) M. Weber: Wirtschaft und Gesellschaft, 1. Hlbbd, Tübingen ⁴1956, S. 14f. („Brauch" und „Sitte").

Weitere Literaturangaben finden sich im Kap. IV, in dem im Zusammenhang mit dem Begriff der „Rolle" ebenfalls viel von Normen die Rede ist.

IV. Soziale Rolle

Such' Trost ob deiner miesen Rollen
bei Doppelkorn und Riesen-Mollen.

1. Vorbemerkungen

Im Unterschied zu den anderen Kapiteln werden wir hier zwei Begriffsbestimmungen vorlegen und jeweils im Anschluß Erklärungen anfügen und Probleme erörtern, die im Zusammenhang mit der betreffenden Begriffsbestimmung stehen.

Die erste Begriffsbestimmung entspricht in etwa der „herkömmlichen Rollentheorie", die ihre Ahnenreihe vor allem auf Linton (Lit. 1) zurückführt und zumeist eng mit der strukturell-funktionalen Theorie verbunden ist. Dieser Rollenbegriff wurde Anfang der sechziger Jahre vor allem durch R. Dahrendorf in Deutschland bekannt gemacht, der gleichwohl ein scharfer Kritiker der strukturell-funktionalen Theorie ist (Lit. 3).

Die zweite Begriffsbestimmung entspricht in ihrem Ansatz eher den Intentionen des sogenannten Interaktionismus. Von dieser Seite wurde das herkömmliche Rollenkonzept vor allem kritisiert, weil es angeblich zu mechanistisch sei und den Beitrag, den das Subjekt bei Übernahme und Spiel der Rollen zu leisten habe, verkenne. Darauf liegt jetzt der Hauptakzent. Kennzeichnend ist hier die Verbindung der Rollenproblematik mit solchen der Identität (Vgl. Lit. 4 und 5).

Nach unserer Ansicht ist die Kritik, die an der herkömmlichen Rollentheorie geübt wurde, grundsätzlich berechtigt. Jedoch scheint sich dabei eine neue Schwäche zu ergeben. Indem der Akzent sehr stark auf die aktiven Beiträge gelegt wurde, die ein Subjekt bei der Definition und dem Spiel von Rollen zu leisten hat, erscheint dieses leicht als „freier", als es ist. Rollenspiel mutet an wie ein Spiel, in dem die beteiligten Partner mehr oder weniger gleichberechtigt aushandeln, wie die gemeinsame Situation interpretiert und bewältigt werden soll. In welchem Maß jeweiliges Rollenspiel vorbestimmt und fremdbestimmt ist, inwieweit Macht- und Herrschaftsverhältnisse bis in die jeweiligen Rollendefinitionen hineinreichen, kommt mitunter aus dem Blick. Diesen Vorwurf kann man sicher nicht allen Autoren machen (z. B. nicht E. Goffman). Immerhin liegt wohl hier eine der Wurzeln berechtigter Kritik, wie sie gerade von marxistischer Seite geübt worden ist.

M. E. könnte man aber gerade mit Hilfe derjenigen Theoreme, welche das Verhalten des Ich berücksichtigen und das Verhältnis von Ich und Rolle zu klären versuchen, Genaueres darüber sagen, wie Macht und Herrschaft im Alltag ankommen. (Vgl. hierzu den von Goffman geprägten Begriff der „totalen Institution", Lit. 9.) Rollenspiel in nicht egalitären Situationen wäre ein interessantes Forschungsthema.

Man sollte sich bei der Beschäftigung mit dem Rollenbegriff nicht so sehr von diesem Thema faszinieren lassen, daß man glaubt, die ganze soziologische Theorie als eine einzige Rollentheorie aufbauen zu können. Dieser Versuchung hat Dahrendorf (allerdings nur zeitweilig) (vgl. Lit. 2) nicht ganz widerstehen können. H. Popitz (Lit. 10) hat dagegen den instrumentalen Charakter des Rollenbegriffs ausdrücklich betont: Einige soziale Phänomene ließen sich mit Hilfe des Rollenbegriffs besser fassen, andere, z. B. Klassenprobleme, weniger gut. „Rolle" sei nur ein, sicherlich wichtiger, Begriff neben anderen. Dieser Meinung wollen wir uns ausdrücklich anschließen.

Die beiden Rollenbegriffe, die wir vorlegen wollen, sind formal unterschiedlicher Art, widersprechen sich aber inhaltlich nicht. Der zweite Begriff ist aber etwas inhaltsreicher und setzt die Akzente anders. Während der erste Begriff eher dazu auffordert, innerhalb des Bereichs der Soziologie zu bleiben und die Abgrenzbarkeit dieses Bereichs voraussetzt, überschreitet der zweite bewußt die „Grenze" zur Sozialpsychologie und zur philosophischen Anthropologie. Er legt nahe, die Möglichkeit einer solchen Abgrenzung zu bezweifeln und thematisiert gerade den „Grenzbereich" (vgl. hierzu Lit. 11).

2. Erste Begriffsbestimmung

„Soziale Rolle" wird verstanden als ein aus speziellen Normen bestehendes Bündel von Verhaltenserwartungen, die von einer Bezugsgruppe (oder mehreren Bezugsgruppen) an Inhaber bestimmter sozialer Positionen herangetragen werden. Von den Positionsinhabern wird erwartet, daß sich aus der Erfüllung der speziellen Normen regelmäßiges und daher voraussehbares Verhalten ergibt, auf das sich das Verhalten anderer Menschen, die ihrerseits gleichartige oder andere Positionen innehaben (dementsprechend gleichartige oder andere Rollen spielen) einstellen kann. Hierdurch wird regelmäßige und kontinuierlich planbare Interaktion möglich.

Rollenvorschriften werden – wie andere Normen auch – durch negative Sanktionen abgestützt. Die faktische Erfüllung der Rollenerwartungen erklärt sich aber vor allem aus Lernprozessen, im Verlauf derer viele Rollenvorschriften internalisiert werden. Dies geschieht oft schon im Laufe der Sozialisation.

3. Erläuterungen

a) Pluralität von Rollen

Da es in jeder Gesellschaft unterschiedliche Positionen gibt, an deren Inhaber unterschiedliche Erwartungen gestellt werden, ist stets mit einer Mehrzahl von Rollen zu rechnen. Erstens gibt es verschiedene Rollen, die wechselseitig aufeinander bezogen und aufeinander abgestimmt sind. Manche Rollen erhalten ihren Sinn überhaupt nur dadurch, daß der Träger einer Rolle gegenüber Trägern anderer Rollen bestimmte Erwartungen zu erfüllen hat (z. B. „Lehrer – Schüler"). Jedoch ist nicht damit zu rechnen, daß die ganze Gesellschaft ein einziges, in sich abgestimmtes Rollengefüge darstellt.

Zweitens verfügt jedes Mitglied der Gesellschaft über mehrere Rollen (z. B. Familienrolle, Berufsrolle, Nachbar, Staatsbürger). Daß ein Mensch nur eine einzige Rolle besitzt, ist schwer vorstellbar. Falls es das gibt, liegt wohl meist ein mehr oder weniger pathologischer Grenzfall vor. (Man könnte hier an Menschen denken, die einer „totalen Institution" unterworfen sind, z. B. als Insassen von Gefängnissen oder psychiatrischen Anstalten, vgl. Goffman, Lit. 9.) Die Behauptung, daß ein kleines Kind, das noch ganz in der Familie lebt, nur eine einzige Rolle einnimmt, beruht wohl auf einem Denkfehler. Denn solange dies der Fall ist, ist es erst dabei, die Unterscheidung von Rollen zu lernen.

b) Spezielle Rollennormen

In jeder Gesellschaft gibt es Normen, die für alle Menschen gelten, falls sie in Situationen bestimmten Typs geraten. Sie gelten auch dort, wo Menschen gar nicht als Rollenträger gefragt sind. (Von einem Straßenpassanten verlangt man ganz allgemein Rücksichtnahme auf andere Passanten, ähnlich wie in vielen anderen Situationen, in denen sich Menschen begegnen. M. E. ist es etwas krampfhaft, „Straßenpassant" als eine spezielle „soziale Rolle" anzusehen. Es besteht die Gefahr, daß der Begriff der Rolle dann sehr vage wird.)

Rollenvorschriften sind dagegen spezielle Normen, die nur für diejenigen gelten, die eine bestimmte Position innehaben. Vorausgesetzt ist also eine soziale Differenzierung, die mit einer Normendifferenzierung verbunden ist. Das Verhältnis von speziellen Rollennormen zu allgemein geltenden Normen ist oft kompliziert. Viele Rollenvorschriften berühren die allgemeingeltenden Normen überhaupt nicht. Andere sind nur spezielle Vorschriften, die Inhaber bestimmter Positionen dazu anhalten sollen, zur Geltung allgemeiner Normen beizutragen. (Für den Richter gilt die spezielle Rollennorm, Diebe nach einem bestimmten Verfahren zu verurteilen, die gegen die allgemein geltende Norm, fremdes Eigentum zu respektieren, verstoßen haben.) Manche Rollennormen haben aber im Vergleich zu allgemeinen Normen deutlich Ausnahmecharakter (z. B. die Schweigepflicht des Arztes und des Beichtvaters, die auch vor Gericht besteht, wo sonst Aussagepflicht gilt). Die Divergenz von Rollennormen und allgemeinen Normen kann so stark sein, daß der Rollenträger, obwohl seine Position allgemein gebilligt wird, in eine Randexistenz gedrängt wird (der Henker, der Geheimpolizist).

In der Regel gilt freilich, daß beim Rollenspiel auch die allgemein geltenden Normen eingehalten werden können und müssen. Sie sind gewissermaßen ein Bodensatz in den Erwartungen, die an konkrete Rollenträger herangetragen werden.

c) Inhaber von Positionen

Wichtig ist, daß die Verhaltenserwartungen zwar an Individuen herangetragen werden, sich aber auf die Positionen beziehen, die die Individuen einnehmen. Die Individualität des Individuums ist gleichgültig: es wird typisiert zum Positionsträger. Das Individuum kann den Erwartungen nur genügen, indem es sich selbst dem erwarteten Typus anpaßt. Das bedeutet nicht, daß es alle Individualität aufgeben muß, denn die an den Positionsträger herangetragenen Erwartungen beziehen sich nur auf das Verhalten in jenen Situationen, die im Hinblick auf die Position relevant sind. Andere Situationen können jedoch im Hinblick auf andere Positionen und Rollen relevant sein; sie können freilich auch Spielraum für Verhalten geben, das keiner Rolle zuzuordnen ist.

Der Begriff der „sozialen Position" ist nicht leicht zu klären. Erklärt man ihn funktional im Sinne der strukturell-funktionalen Theorie, d. h. als sinnvolle Funktion in einem umfassenden sozialen System, so wird er wieder an die normativen Strukturen angebunden, d. h. er wird auch aus Rollenvorschriften erklärt. Bestimmt man die soziale Position als dauerhaften „Ort" in einem irgendwie kohärenten sozialen Zusammenhang, so bleibt man auf der Ebene bildhafter Analogie. Linton hat wohl Recht, wenn er „Rolle" und „Status" (wobei sein „Status"-Begriff mit dem der „Position" identisch ist) als Aspekte ein und derselben Sache ansieht, was für uns bedeuten würde, daß wir begrifflich Positionen stets auf Rolle, Rolle stets auf Position beziehen müßten. Position und Rolle sind wahrscheinlich tatsächlich nur analytisch voneinander zu isolieren. Allerdings scheint „Position" als Begriff umfassender zu sein und akzentuiert auch andere Momente: Bei „sozialer Position" denken wir an dauerhafte, verfestigte, von den einzelnen Personen ablösbare Knotenpunkte im Geflecht sozialer Beziehungen. Sie verweisen vor allem auf objektive und objektivierbare soziale Verhältnisse. Dem Bewußtsein nicht nur der Erkennenden, sondern auch der Handelnden zeigen sie sich in typisierter Form. Die Typisierung wird aber nicht allein durch die bestehenden normativ bestimmten Erwartungsstrukturen konstituiert, sondern auch durch Verhaltenserwartungen, die *nicht* normativ bestimmt sind. Z. B. können soziale Positionen ihre Verfestigung auch der Tatsache verdanken, daß ihre Träger durch bekannte Interessen- und Machtkonstellationen immer wieder die Chance haben, in bestimmter Weise zu handeln, diese Chance auch nützen, und daß die anderen Menschen sich auf diese Tatsache einstellen. Freilich sind „soziale Positionen", deren Dauerhaftigkeit ohne Erfüllung von Rollenvorschriften zustande kommt, schwer vorstellbar (vgl. Lit. 12).

d) Bezugsgruppen, Sanktionen

Unter einer Bezugsgruppe versteht man den Kreis von Personen, der aktuell die Rollenerwartungen an den Rollenträger heranträgt und auch primär die Erfüllung der Erwartungen kontrolliert. In der Regel verfügt die Bezugsgruppe über Sanktionsmöglichkeiten. Freilich hat sie in Gesellschaften mit staatlicher politischer Ordnung meist nicht die Chance, strafrechtliche Sanktionen zu verhängen bzw. in anderer Form physische Gewalt oder physischen Zwang auszuüben. Sie wird aber im Übertretungsfall oft die Initiative ergreifen, damit die zuständige Sanktionsinstanz in Aktion tritt.

Bezugsgruppen können „soziale Gruppen" im engeren Sinn sein, d. h. zu Kollektiv-Aktionen fähige, sich nach außen abgrenzende Personenkreise mit Wir-Bewußtsein. Dies braucht aber nicht der Fall zu sein. Es kann sich auch um lockere Personenkreise mit ungewisser Gruppenzugehörigkeit handeln, in denen aber so viel Kommunikation und Willensbildung stattfindet, daß zum mindesten gleichgerichtetes Verhalten vieler einzelner gegenüber dem Rollenträger zustande kommt. Das Leserpublikum einer Zeitung ist sicher eine Bezugsgruppe für den Journalisten, der in dieser Zeitung schreibt, aber kaum eine soziale Gruppe. In der Bezugsgruppe aktualisiert sich die Gesellschaft gegenüber dem individuellen Träger einer Rolle.

Was die Sanktionierung anbelangt, so gilt im übrigen all das, was im Kapitel über Normen bereits gesagt ist. Nochmals soll aber betont werden, daß die Erfüllung von Rollenvorschriften nicht nur unmittelbar der Befriedigung normativer Erwartungen, sondern auch dem Bedürfnis nach allgemeiner sozialer Orientierung dient. Auch wer durch die Nichterfüllung von Rollennormen von seiten anderer Menschen nicht unmittelbar betroffen ist, kann durch sie irritiert werden und zur Abwehr herausgefordert sein. Deshalb genügt es auch nicht, die Rollenerwartungen faktisch zu erfüllen. Sie müssen auch sichtbar erfüllt sein. Der Symbolwert der Rollenattribute hat eine schwer entbehrliche Orientierungsfunktion.

e) Rollenattribute

Menschen, die immer wieder bestimmte Rollen zu spielen haben, entwickeln oft besondere Gewohnheiten. Manchmal gewinnen diese den Charakter von „Bräuchen". Eine Abweichung von ihnen unterliegt nicht Sanktionen. Immerhin tragen sie zur Orientierung anderer Menschen im Interaktionsprozeß bei. So gibt es z. B. keine speziellen Bekleidungsvorschriften für Hochschuldozenten. Wenn aber ein junger Wissenschaftler, der zu einem Vorstellungsvortrag an einer fremden Universität eingeladen ist, genauso gekleidet ist wie ein Student, kann es geschehen, daß ihn niemand bemerkt. Man sucht ihn, zumal er selbst nicht weiß, an wen er sich wenden soll. So entsteht Desorientierung. Der normative Kern einer Rolle ist in der Regel von einem Kranz nichtnormativer Attribute umgeben, die aber gleichfalls rollenbezogene Verhaltenserwartungen erzeugen.

f) Interrollenkonflikte, Rollenstrategie

Die Tatsache, daß der Mensch mehrere Rollen spielt, führt nur dann zu einem Konflikt, wenn die Relevanzbereiche verschiedener Rollen sich überschneiden und wenn in einer Situation einander ausschließende Verhaltenserwartungen auftreten. Die „Rollenstrategie" des Individuums wird darauf hinauslaufen, entweder im Rahmen des Möglichen sich eine Kombination von aufeinander abgestimmten Rollen zuzulegen (der Seemann, der sich verheiratet, wird Küstenschiffer oder Lotse) oder aber die einzelnen heterogenen Rollen räumlich und zeitlich voneinander zu trennen („Zu Hause wird nicht über den Betrieb gesprochen", Trennung von Arbeiten und Wohnen).

g) Rollen-Segmente, Intra-Rollenkonflikte

Viele Rollen sind mehreren Bezugsgruppen zugeordnet, die dem Rollenträger partiell unterschiedliche Rollenerwartungen entgegenbringen und deren Erfüllung kontrollieren. Das Beziehungsfeld einer Rolle teilt sich dann in sogenannte Rollensegmente. (Beispiel: Der Rolle des Werkmeisters sind die Bezugsgruppen untergebene Arbeiter, Management, andere Zwischenvorgesetzte, Belegschaftsvertretung usw. zugeordnet.) Solche Pluralität der Bezugsgruppen und Segmentierung der Rollen sind sehr häufig und für die Rollenanalyse von großer Bedeutung.

Da die verschiedenen Bezugsgruppen unterschiedliche Rollenerwartungen im Hinblick auf das Verhalten in einer Situation hegen können, entstehen hieraus oft ähnliche Konflikte wie die sogenannten „Interrollenkonflikte". „Intra-role-conflicts" dürften bei solchen Rollen besonders häufig sein, die ihrer Definition nach eine Vermittlungsfunktion zwischen sozialen Gruppen haben, die unterschiedlichen Subkulturen angehören oder in denen entgegengesetzte Interessen vorherrschen (z. B. Werkmeisterrolle, Kulturdezernent, Verbindungsoffizier).

Die Entscheidung, ob ein Bündel von Verhaltenserwartungen als Rolle oder Rollensegment bezeichnet werden muß, ist oft nicht leicht. Es ist zwar charakteristisch, daß Individuen über eine Vielzahl weitgehend voneinander isolierter Rollen verfügen; insbesondere gilt dies für die moderne Gesellschaft, in der bekanntlich Berufs- und Familienrollen wenig miteinander zu tun haben. Man spricht aber nicht ohne Grund von einem „Rollenhaushalt", womit gemeint ist, daß man versucht, die Verschiedenen Rollen aufeinander abzustimmen. Dies geschieht einerseits durch ein Arrangement, das ein gegenseitiges Sich-Stören der Rollen verhindert, andererseits aber auch durch Versuche, die verschiedenen Rollen einander positiv ergänzen zu lassen. Das verweist jedoch darauf, daß die verschiedenen Rollen offenbar doch nicht so isoliert voneinander zu betrachten sind, wie es meist geschieht. Vielmehr gibt es verschiedene Grade der Verflechtung. Von einem bestimmten Grad der Rollenverflechtung an wird es zweifelhaft, ob man es mit einer verflochtenen Mehrzahl von Rollen oder mit Segmenten einer umfassenden Rolle zu tun hat. (Z. B.: Hat der mittelalterliche Grundherr die Rollen Arbeitgeber, Vasall, Kirchenpatron etc., oder sind dies nur Segmente einer Rolle, nämlich der des Grundherrn?)

h) Internalisierung von Rollen

Während allgemeine Normen einer Gesellschaft oft schon während des Sozialisationsprozesses in der Jugend verinnerlicht werden, gilt dies nur für einen Teil der sozialen Rollen. Manche sozialen Rollen, z. B. oft Berufsrollen, werden nicht frühzeitig antizipatorisch verinnerlicht, sondern erst, nachdem der Beruf ergriffen worden ist. Je später eine Rolle erlernt wird und je partieller (ausschnitthafter) das Engagement ist, desto geringer ist die Wahrscheinlichkeit, daß das Rollenspiel in Fleisch und Blut übergeht.

Zum Thema „Internalisierung" ist noch mehr zu sagen, wenn die zweite Begriffsbestimmung vorgelegt ist.

4. Zweite Begriffsbestimmung

Unter sozialer Rolle ist eine situationsübergreifende in relevanten Situationen aktualisierte, erlernte Verhaltensfigur zu verstehen, die in der Gesellschaft bekannt und anerkannt ist. Sie steht dem Individuum zur Verfügung, nachdem es sie erlernt und übernommen hat. Durch ihre Aktualisierung entspricht es typisierten Erwartungen, die an es als Inhaber einer sozialen Position in Situationen eines bestimmten Typs herangetragen werden. Die vorgängigen Typisierungen möglicher Situationen und situationsgerechten Verhaltens reichen in der Regel nicht aus, um der Individualität der jeweiligen Situationen und den individuellen Eigenschaften, die die Partner besitzen, gerecht zu werden. Zum geglückten Rollenspiel gehören stets zusätzliche Interpretations- und Verständigungsleistungen, die ad hoc von den Handelnden erbracht werden müssen. Es muß versucht werden, eine gemeinsame Situationsdefinition und zugleich ein gemeinsames Verständnis der in dieser Situation zu spielenden Rollen auszuhandeln. Beides muß konkreter sein, als es die vorgängigen Typisierungen vermitteln können. Eventuell müssen Modifikationen an den vorgegebenen Rollenvorschriften vorgenommen werden, um „sinngemäß" handeln zu können.

Ohne symbolisch vermittelte Kommunikation und gelegentliche Reflexion auf das Verhältnis von Subjekt und Rolle (auch auf das Verhältnis des jeweiligen anderen zu seiner Rolle) wäre rollengemäße Interaktion nicht möglich.

5. Erläuterungen

a) Bekannte und anerkannte Verhaltensfigur

Der Oberbegriff „Verhaltensfigur" hebt darauf ab, daß „Rolle" eine Gesamtheit zusammengehöriger und als Einheit erlebter Verhaltensweisen ist. Diese sind zum großen Teil, aber nicht durchweg, Handlungen. Wenn in der anderen Begriffsbestimmung Rollen als Bündel spezifischer normativ bestimmter Erwartungen bezeichnet werden, so wird jetzt ein anderer Oberbegriff gewählt. Das schließt aber wie gesagt nicht aus, daß von demselben Sachverhalt die Rede ist.

In der zweiten Begriffsbestimmung wird nicht ausgeschlossen, daß ein Teil der Rollenerwartungen normative Qualität besitzt, also auch durch Sanktionen abgesichert ist. Jedoch hat man den dynamischen Charakter des Rollenspiels im Auge. Ein Teil der Erwartungen bleibt ziemlich offen: man erwartet, daß der Rollenspieler irgendwie mit seinen Rollenpflichten fertig wird. Wie dies jeweils geschehen wird, zeigt sich oft erst in konkreten Situationen. Freilich bilden sich in der Folge solcher Situationen neue Gewohnheiten, schließlich auch Bräuche heraus, woraus wieder Orientierungschancen für die Interaktionspartner entstehen. Es ist denkbar, daß aus bewährten Bräuchen verfestigte Normen entstehen. Dies ist sicher bei vielen heute geltenden Straßenverkehrsvorschriften der Fall.

b) Typisierungen

Ein gekonntes und flüssiges Rollenspiel hängt davon ab, daß beim Eintritt in die relevante Situation und weiterhin in ihrem Verlauf genügend Vororientierungen und Fertigkeiten zur Verfügung stehen. Zu den meisten Rollen benötigt man Routine. Und der Interaktionspartner muß voraussetzen können, daß man diese Routine besitzt.

Diese Vororientierungen und Fertigkeiten beruhen auf Typisierungen. Diese müssen angeeignet sein, bevor die Situation eintritt. Da in jeder Situation besondere Umstände (darunter auch Eigenschaften von Interaktionspartnern) auftreten, die nicht voraussehbar sind, können die Typisierungen nicht alle Details berücksichtigen, mit denen man in aktuellen Situationen konfrontiert wird. Sie werden zumeist in sozialen Prozessen erlernt, d. h. sie müssen tradierbar und mitteilbar sein. Nur dann sind sie konsensfähig. Der Konsens über das erwartbare Rollenspiel muß weitgehend schon vorhanden sein, bevor interagiert wird. Allerdings muß hinsichtlich der Feinabstimmung oft noch kommuniziert werden. Für die Vororientierungen benötigt man vereinfachte Bilder bzw. Vorstellungen und Artikulationen, die das Wesentliche und Immer-Wiederkehrende hervorheben und das Zufällige und gelegentlich Auftretende ausklammern. Dies sind Typisierungen, die sich entweder auf das Rollenhandeln oder auf die Situationen beziehen.

Auch wenn im einzelnen noch keineswegs alles feststeht, so gilt doch, daß dann, wenn ein Mann ein Ladengeschäft betritt, die Bedingungen einer Einkaufssituation vorliegen, daß das Mädchen hinter dem Ladentisch die Rolle der Verkäuferin spielt und der Mann die des Kunden. Sollte ihm einfallen, mit der Verkäuferin zu flirten, so ergibt sich für ihn das Problem, wie er die Verkäuferin zu einer anderen Situationsdefinition und einem Rollenwechsel bewegen kann. Aber auch wenn er dies nicht beabsichtigt, steht noch nicht fest, was alles im einzelnen geschehen wird. Zwar ist es eine allgemeine Rollenvorschrift für die Verkäuferin, den Kunden höflich und geduldig zu beraten. Aber welche Krawatte sie ihm jetzt empfiehlt, richtet sich danach, welche gerade ihm gut steht. Sie muß also die richtige Anwendung einer allgemeinen Rollenvorschrift ad hoc erfinden, wobei sie freilich gewisse Erfahrungen, die Teil ihrer erworbenen Qualifikation sind, verwerten kann.

5. Erläuterungen

Typisierungen (sowohl des Rollenverhaltens wie auch der Situationsdefinition) sind immer etwas abstrakt, d. h. auch unvollständig. Sie bedürfen in der jeweiligen Situation der Ergänzung und Konkretisierung. Gelegentlich bedürfen sie auch der Modifikation. Manchmal muß man, damit das Rollenspiel seinen Sinn behält, „sinngemäß" handeln, d. h. von einer Einzelvorschrift abweichen. Solchen „sinngemäßen" Abweichungen sind aber Grenzen gesetzt. Z. B. können sie den Ablauf einer Interaktion stören, wenn der Partner sie nicht versteht, wenn Dritte, denen ein Kontrollrecht zusteht, nicht mit ihnen einverstanden sind oder wenn sie Umständlichkeit und Anstrengung erzeugen, da für sie keine Routinisierungen bereitstehen.

c) Aushandeln einer gemeinsamen Situation

In vielen Situationen müssen die Interaktionspartner erst aushandeln, welche Situation vorliegt und wie sie im einzelnen zu interpretieren ist. Daraus ergibt sich oft erst, welche Rollen die Partner zu spielen haben und in welcher Weise dies hier und jetzt zu geschehen hat. Auch im Ablauf einer Interaktion müssen gelegentlich Bestätigungen der anfänglichen Situation oder ergänzende Interpretationen vorgenommen werden. Manchmal muß signalisiert werden, daß ein Situationswechsel stattfindet, der ein verändertes Rollenverhalten oder einen Rollenwechsel nach sich zieht. Da nicht damit gerechnet werden kann, daß die Interaktionspartner die Situation in gleicher Weise interpretieren und auch das gleiche Rollenverständnis (sowohl für sich als auch für ihren Partner) besitzen, muß vor allem vor Beginn einer Begegnung, oft aber auch im weiteren Verlauf, eine Kommunikation stattfinden, in der Einschätzungen ausgetauscht und ein Konsens gesucht werden.

Dies geschieht meist mit Hilfe von Gesprächsritualen (z. B. Eröffnungsritualen), d. h. stereotypisierten Floskeln und Gesten, die nichts über die besprochene Sache mitteilen, aber schnell symbolisieren, welche Situation vorliegt und wer jetzt welche Rolle zu spielen hat. Begrüßungsarten können zu erkennen geben, ob eine dienstliche oder private Begegnung vorliegt. Freilich kann die Definition einer Situation und die dazugehörige Rollenzuweisung auch ausführlich dargelegt und abgeklärt werden. („Ich spreche jetzt zu Ihnen nicht als Vorgesetzter, sondern als älterer Kollege, der Ihnen einen guten Rat geben will.")

Dieses „Aushandeln" der gemeinsamen Situation findet man auch in Situationen, die von sozialer Ungleichheit gekennzeichnet sind. Zwar besitzt der jeweils Mächtigere „Definitionsmacht". Er ist auch freier im Gebrauch ritualisierter Floskeln. Der Vorgesetzte kann stereotype Redewendungen gebrauchen, die aus dem Mund seines Untergebenen frech klingen würden. Dennoch findet man nicht allzu oft den Grenzfall, in dem der Mächtige ein kurzes Kommando gibt und der Unterworfene dieses wortlos und mechanisch ausführt.

Auch in Situationen, die von sozialer Ungleichheit gekennzeichnet sind, müssen beide Partner Interpretations- und Verständigungsleistungen vollbringen, welche die vorgegebenen Typisierungen vervollständigen, und sei es, daß der Untergebene durch geschickte Rückfragen herauszubekommen sucht, worauf es dem Vorgesetzten im Augenblick eigentlich ankommt. Selbstverständlich kommt es oft vor, daß der Machtunterlegene im Rahmen einer Rolle, in deren Definition u. U. schon seine Unterlegenheit bzw. Gehorsamspflicht eingegangen ist, versucht, gewisse Spielräume selbständig auszunutzen oder auch die Überlegenheit des anderen zu unterlaufen. Nicht selten besitzt der Unterlegene aufgrund einer speziellen Sachkompetenz, die er sich im Rahmen seiner Rolle oder vor ihrer Übernahme erworben hat, Möglichkeiten, die Wünsche des andern zu unterlaufen oder sich offen gegen sie durchzusetzen.

Die Behauptung einer gewissen Selbständigkeit braucht nicht auf prinzipieller Opposition zu beruhen. Möglicherweise wird langfristig von ihm sogar eine solche Selbständigkeit erwartet; sklavischer Gehorsam widerspricht den Rollenerwartungen. Der Vorgesetzte kann einem allzu unterwürfigen Untergebenen vorhalten: „Warum haben Sie mir das damals nicht gesagt?"

d) Wie frei ist das Rollenspiel?

Das Spiel einer Rolle verlangt stets ein gewisses Maß an Unterordnung und damit Fremdbestimmtheit. Das Ausmaß der verbliebenen Spielräume kann aber sehr unterschiedlich sein. Es gibt Rollen (z. B. Arbeitsrollen), die so durchreglementiert sind, daß nahezu jeder Handgriff vorgeschrieben ist. Ja, es gibt sogar Überreglementierungen, die soweit gehen, daß ein flüssiges, die Gesamterwartung erfüllendes Rollenspiel Abweichungen von Einzelvorschriften erzwingt. Dies geschieht oft heimlich. Bekannt sind ja die Fälle, in denen eine perfekte Einhaltung aller Vorschriften und der Verzicht auf selbständige Modifikationen dieselbe Wirkung wie ein Boykott besitzt und auch in diesem Sinne verwendet werden („Dienst nach Vorschrift"). Bei anderen Rollen ist es von vornherein klar, daß der Rollenträger sich viele selbständige Eigenleistungen einfallen lassen muß, um die Rolle erfolgreich zu spielen. Ein Wissenschaftler, der niemals etwas entdeckt, was seine Kollegen noch nicht wußten, d. h. in aller Regel auch, daß er ihnen niemals einen Irrtum nachweist und sie niemals kritisiert, ist ein schlechter Wissenschaftler. Interessant ist, daß diese Rollennorm sogar institutionalisiert ist. (Promotionsordnungen enthalten in der Regel eine „Innovationsnorm". Eine Dissertation, die nur eine Zusammenfassung der bisher bekannten Erkenntnisse darstellt, gilt als schlechte Dissertation.) Von einem Betriebsberater erwartet man, daß ihm Fehler auffallen und Verbesserungsmöglichkeiten einfallen, auf die man in der Alltagsroutine des Betriebes nicht so leicht kommen würde. Man verlangt von ihm, der ja in der Regel von außen kommt, daß er nicht „betriebsblind" ist und daß er keinen Respekt vor dem hierarchisch geordneten Rollengefüge des Betriebs hat.

e) Rollenidentität und Entfremdung

Es wäre jedoch falsch, anzunehmen, daß Menschen, die beim Spiel einer Rolle einer detaillierten Reglementierung unterworfen sind, stets mehr Unfreiheit in Kauf nehmen müssen als solche, deren Rolle ihnen einen größeren Spielraum überläßt bzw. dessen selbständige Ausgestaltung sogar fordert. Erstens ist natürlich zu beachten, wieviel Zeit und Kraft eine einzelne Rolle in Anspruch nimmt. Da der Mensch stets mehrere Rollen spielt und auch gelegentlich keine soziale Rolle zu spielen hat, könnte es vorkommen, daß eine einzelne durchreglementierte Rolle ihn nicht allzusehr drückt. Vor allem ist aber zu beachten, inwieweit eine Rolle ein inneres Engagement erfordert bzw. dies nicht der Fall ist. So kennen wir manche Berufsrollen, die kein großes Engagement verlangen und die man also mit einer sogenannten „Job-Einstellung" ohne innere Beteiligung ableistet. Nach Feierabend wendet man sich anderen Dingen zu.

Andere Berufsrollen, und zwar gerade solche, in denen der Rollenträger selbst immer wieder ausfindig machen muß, was jetzt im Rahmen dieser Rolle das Richtige ist, verlangen ein größeres Engagement, das dann nach Feierabend nicht abgeschaltet werden kann. Hierbei kann das Individuum in einen bedrückenden Spannungszustand geraten. Einerseits muß es sich mit der Rolle und ihren Anforderungen immer wieder ausdrücklich auseinandersetzen, es muß also die Rolle objektivieren, d.h. eine gewisse Rollendistanz gewinnen. Zugleich muß es sich selbst objektivieren, also sich reflexiv verhalten. Um die Rolle richtig spielen zu können, muß es sich selbst und die Rolle immer wieder zum Problem machen. Andererseits kann eine solche Rolle nur durchgehalten werden, wenn man sich selbst mit ihr identifiziert, also sein Ich mit der Rolle in Eins setzt. Dies kann aber die Gefahr heraufbeschwören, daß ein Mensch in anderen Rollen versagt oder dann versagt, wenn eine souveräne sittliche Entscheidung von ihm verlangt wird, die sich nicht in einen Kanon von Rollenvorschriften einfügt. Man könnte die These vertreten, daß gerade diejenigen Rollen, die vordergründig viel Gestaltungsspielraum lassen, in einem tieferen Sinn die Gefahr der Selbstentfremdung heraufbeschwören.

f) Sozialisationsprozeß und Rollenlernen

Man muß sich freilich davor hüten, sich den Menschen als ein Wesen vorzustellen, das primär eine rollenlose potentiell autonome Persönlichkeit ist und dann sekundär soziale Rollen übernimmt (bzw. übernehmen muß) und damit seine Autonomie wieder einbüßt. Diese Vorstellung scheint bei R. Dahrendorf (Lit. 2) vorgelegen zu haben.

In Wirklichkeit ist der Mensch ein soziales Wesen. Und ein erheblicher Teil seiner Sozialität konkretisiert sich in sozialen Rollen. Nach einer Phase, in der das Kleinkind das „Rollenlernen" erlernt (Claessens nennt diese Phase „Soziabilisierung"), besteht der Sozialisationsprozeß zu einem großen Teil aus „Rollenlernen". Dieser Prozeß ist ein sozialer Prozeß. Nicht ein isoliertes Subjekt lernt, wie es sich sozial zu verhalten hat. Sondern indem es immer schon in sozialen Bezügen steht, lernt es, mit diesen fertig zu werden und soziale Beziehungen aufzubauen. In diesem Lernprozeß agiert das Subjekt bald schon als Träger von Rollen und lernt neue Rollen kennen, die ihm selbst zugemutet werden oder von ihm zur Kenntnis genommen werden müssen, weil andere Menschen sie spielen. (Ein sechsjähriges Kind, das die Rolle des Sohnes hat, lernt von dem für Belehrung zuständigen Vater, was ein Lehrer ist und wie es, wenn es in die Schule eintritt, als Schüler sich gegenüber dem Lehrer zu verhalten hat.)

Freilich währt dieser Sozialisationsprozeß viele Jahre, genaugenommen das ganze Leben hindurch. Das heißt aber, daß das Verhältnis zu den Rollen anderer Menschen niemals völlig abgeschlossen ist. Immer wieder gerät der Mensch, obwohl er stets schon Rollen spielt, in die Lage, daß er mit einer von außen an ihn herangetragenen Rolle konfrontiert wird, die ihm noch fremd ist. Oder aber: Das Spiel einer ihm bereits bekannten Rolle verlangt ein Distanznehmen zu ihr. Im sozialen Agieren als soziales Wesen begegnet der Mensch dann seinem Selbst. Dieses „Selbst" ist immer schon ein Produkt sozialer Prozesse und gesellschaftlicher Prägungen, zu denen auch ein Ensemble von Rollen gehört. Jedoch steht dann die (hoffentlich) in sich und in die Gesellschaft integrierte Gesamtheit der gewordenen Persönlichkeit, die ihre eigene Geschichte hat und an der Kollektivgeschichte teilgenommen hat, der jeweiligen Rollenanforderung gegenüber. Daraus kann sich durchaus – wenn auch nicht notwendigerweise – eine Konfliktsituation ergeben. Diesen Teil der Person (G. H. Mead spricht vom „Me", Lit. 13) pflegt man im Deutschen als „Selbst" zu bezeichnen. Dieses „Selbst" werden wir gewiß, indem wir uns weitgehend mit den Augen der andern bzw. durch die Augen des „signifikanten Anderen" (G. H. Mead) sehen. Es gibt aber noch eine andere Komponente der menschlichen Person, ein Ich-Zentrum bzw. ein Vermögen, das inhaltlich nicht gefüllt ist, uns jedoch befähigt, der Welt und unserem Selbst gegenüberzutreten und Identität herzustellen. (Hier spricht G. H. Mead vom „I".)

Sozialpsychologen (z. B. G. H. Mead) und Vertreter der Philosophischen Anthropologie (z. B. H. Plessner, Lit. 14) haben deutlich gemacht, daß das menschliche „Ich" sich nur entwickelt, d. h. auch seine „Ich-Identität" nur gewinnt, wenn sich das Subjekt aus seiner reinen Subjektivität löst, sich in der Außenwelt „spiegelt" und von außen her „extrapositional" (Plessner) sich *selbst* als *Subjekt* zum *Objekt* macht. Einfacher ausgedrückt: Indem der Mensch sich zu sich selbst verhält, verwirklicht er seine Menschlichkeit. Plessner spricht in diesem Zusammenhang von „Doppelgängertum". Ein wichtiger Teil der Außenwelt ist die soziale Umwelt mit ihren Rollenzumutungen und ihrem kulturell bestimmten Wissensvorrat. Extrapositionalität als Voraussetzung für eine Objektivation des Ich (d. h. für Selbstreflexion und intentionales Ich-Erlebnis) konkretisiert sich in der Regel durch Übernahme von Rollen und der den Rollen zugeordneten Perspektiven und Orientierungsschemata. Ich-Identität dürfte ohne Rollen-Identität nicht zustandekommen. Daraus ergibt sich folgendes:

Die Übernahme einer von außen herangetragenen Rolle beinhaltet stets auch „Entäußerung", d. h. den Eintritt des Subjekts in eine Aktivität, die ihm zunächst äußerlich ist, ferner den Verzicht auf Verhaltensmöglichkeiten, die in seinem „Innern" latent vorhanden sind. Bevor sich sagen läßt, ob diese Entäußerung durch „Spiel von Rollen" auch „Selbstentfremdung" oder „Verdinglichung" bedeutet, muß inhaltlich geklärt sein, *von was* sich der Mensch entfremden kann. Es genügt natürlich nicht, ein abstraktes Ich zu postulieren und zu behaupten, daß jede Anpassung an Anforderungen aus der Außenwelt per se schon eine Verkümmerung des Ich bedeute.

Hier zeigt sich ein offenes Problem, das ein weiteres nach sich zieht. Es muß zwar in seiner Struktur mit wissenschaftlichen Mitteln analysiert und deutlicher ins Bewußtsein gehoben werden, wobei freilich nicht nur die Soziologie, sondern auch die Historie, die Psychologie und die Philosophie bemüht werden müssen, aber es kann nicht mit wissenschaftlichen Mitteln allein gelöst werden. Wenn es einen Sinn haben soll, von Entfremdung oder Selbstentfremdung zu reden, dann kann dies inhaltlich nur geschehen, wenn man bestimmte konkrete soziale Phänomene, z. B. Rollenzumutungen, auf ein inhaltlich gefülltes Menschenbild projiziert, das etwas über den „eigentlichen" Menschen oder das „Wesen" des Menschen aussagt. Wir wissen aber, daß die Vorstellungen vom „Wesen" des Menschen in der Geschichte gewechselt haben und in aller Regel metaphysisch, meist religiös bestimmt waren. Dies gilt auch für das uns vertraute humanistisch-christliche Menschenbild.

Andererseits begegnen wir aber Rollenzumutungen, in denen bereits unser Alltagswissen uns sagt, daß Menschen hier in irgendeiner Weise „als Menschen" bedroht sind. („Man ist ja kein Mensch mehr". „Man sollte doch Mensch bleiben.") Psychologen, Psychiater und Psychoanalytiker können feststellen, daß Menschen durch bestimmte Rollenzumutungen krank werden bzw. daß bei ihnen Identitätsstörungen oder gar Identitätszerstörungen auftreten. Freilich ist auch zu bedenken, daß es zwar in allen Kulturen die Kategorien „Krankheit" und „Gesundheit" gibt, daß jedoch die Grenzziehung zwischen Krankheit und Gesundheit in verschiedenen Kulturen und Epochen unterschiedlich vorgenommen wird. Auch in unserer Kultur sind wir häufig unsicher, z. B. wissen wir oft nicht, wann wir von „Faulheit" und wann von „Arbeitsstörungen" sprechen sollen. Außerdem wäre es wohl unbefriedigend, all das, was nicht Krankheit erzeugt, bereits als Verwirklichung des menschlichen „Wesens" zu bezeichnen.

Man sollte das Problem „Rolle" und „Identität" bzw. „Rolle" und „Entfremdung" jedenfalls nicht nur abstrakt auf der Ebene der Wissenschaftstheorie und Philosophie angehen. Es lohnt sich, die vielen alltäglichen Formen des Scheiterns beim Rollenspiel genauer zu untersuchen. Hier zeigt sich noch eine weitere Form des Rollenkonflikts, die K. Thomas den „Rolle-Situationskonflikt" genannt hat (Lit. 15). Es gelingt uns in manchen Situationen, in denen gar nicht divergierende Erwartungen an uns gestellt werden, nicht, bruchlos in die geforderte Rolle hineinzukommen, weil wir innerlich uns noch in einer anderen Rolle befinden. Rollenwechsel ist zwar etwas Selbstverständliches, das wir täglich mehrfach vollziehen. Aber wann tritt der Augenblick ein, in dem uns ein Rollenwechsel überfordert? Ist es nicht manchmal besser, aus der Rolle zu fallen, als ein Opfer einer „deformation professionelle" zu werden? Wieviel „Rollenhaftigkeit" in seiner Existenz verträgt der Mensch?

Diesem Problem kann man sich auch auf einer makrosoziologischen oder kultursoziologischen Ebene nähern. Es gibt zwar in allen Kulturen und Geschichtsperioden mehrere Rollen für jeden Menschen, also auch Zwang zum Rollenwechsel; jedoch könnte es sein, daß die Existenz in einer modernen Industriegesellschaft den meisten Menschen mehr Rollen, die weniger koordiniert sind, zumutet, als dies frühere Gesellschaftsformationen getan haben, und daß sie zugleich schnelleren und präziseren Rollenwechsel verlangt (ohne Verschnaufpausen) und Rollen zumutet, die stärker durchreglementiert sind. Man könnte durchaus eine bestimmte Form der Entfremdung in unserer Gesellschaft darin sehen, daß sie, obwohl es zum Wesen des Menschen gehört, eine Mehrzahl von Rollen zu spielen, ihre Mitglieder durch Zahl und Art ihrer Rollenzumutungen überfordert und ihnen wenig Chancen läßt, sich souverän und gelassen im Spannungsfeld von Rollenzumutungen und Ich zu bewegen.

6. Lehrbeispiele

a. Kann man bei folgenden Menschentypen von „sozialen Rollen" sprechen: Hippy, Snob, Spaziergänger, Sportsegler, Gelehrter, Schüler, Cousine, Deutscher, Katholik, Autofahrer, Patient, Pensionär, Liebhaber, Einbrecher, Bandenchef?

Bei der Bearbeitung dieser Fragen muß man berücksichtigen, daß bei jeder sozialen Rolle auch ein Kern spezieller normativer Erwartungen an Träger bestimmter sozialer Positionen vorfindbar sein muß. Daneben mag es allerdings noch andere Erwartungen nichtnormativer Art geben, die sich auf Gewohnheiten oder Bräuche beziehen, wie sie typischerweise bei Rollenträgern auftauchen. Keineswegs verweisen aber alle Erwartungsstrukturen auf Rollen.

b. Ein Gewerkschaftssekretär ist gleichzeitig im Stadtrat als Mitglied der SPD-Fraktion, im Aufsichtsrat der Städtischen Brauerei sowie im Vorstand der Arbeiterwohlfahrt tätig und ist darüber hinaus praktizierendes Mitglied der katholischen Kirche und Familienvater. Inwieweit handelt es sich hier um verschiedene Rollen oder um Segmente übergreifender Rollen?

c. Ein feudaler Grundherr im Mittelalter ist gleichzeitig „Arbeitgeber" seiner Knechte auf dem Herrenhof, Inhaber der niederen Gerichtsbarkeit, Vertreter des Königs in der Verwaltung eines Gebiets, Befehlshaber des örtlichen militärischen Aufgebots und Kirchenpatron. Sind diese Funktionen Rollen oder Rollensegmente?

Bei diesem schon im Text erwähnten Beispiel sollte man versuchen, sich den Alltag dieses Feudalherren konkret vorzustellen und einen Vergleich mit Beispiel b. anzustellen. Was ist anders? Was ist ähnlich? Es schadet nichts, wenn Sie hier zu keiner eindeutigen Anwort gelangen.

d. „Soldat" ist zweifellos eine Rolle. Der Soldat steht im Krieg feindlichen Soldaten gegenüber. Im Hinblick auf die gegnerischen Soldaten liegt er eine Reihe von Verhaltenserwartungen. Er erwartet zweifellos, daß sich die gegnerischen Soldaten ihrer Soldatenrolle gemäß verhalten. Handelt es sich hier um Rollenerwartungen im Sinne des Rollenkonzepts?

Eine Antwort auf die Frage wird man finden, wenn man die Begriffe der „Bezugsgruppe" und der „Sanktion" ins Spiel bringt. Um es leichter zu machen: Der Soldat erwartet, daß der gegnerische Soldat sich gemäß den normativen Erwartungen, die an ihn herangetragen werden, verhält und stellt sich darauf ein. Trägt er seinerseits normative Erwartungen an den gegnerischen Soldaten heran?

e. Ein junger Schauspieler spielte in dem Stadttheater zunächst nur kleinere Rollen, zumeist im Rollenfach des „jugendlichen Helden". Nachdem aber ein anderer Schauspieler in das „Charakterfach" übergewechselt ist, vertritt er dessen „Rollenfach" allein und mit Erfolg im Ensemble; dadurch spielt er eine bedeutende Rolle unter seinen Kollegen, insbesondere unter den jüngeren Kollegen, die ihm die Rolle eines Sprechers für ihre Interessen zugeschoben haben. Er meint dazu, daß sei vielleicht kein Wunder: „Zwar habe ich anfangs die Rolle eines ‚underdog' im Ensemble gespielt. Aber wenn man öfter die Rolle des Marquis Posa gespielt hat, dann weiß man wie man auftreten muß, wenn man mit dem mächtigen Intendanten spricht. Das liegt am ‚Rollenfach'."

Stellen Sie zuerst fest, wo das Wort „Rolle" in dem vorliegenden Text die Bedeutung von „sozialer Rolle" hat und wo nicht. Versuchen Sie sodann herauszufinden, wodurch sich Theaterrollen von „sozialen Rollen" unterscheiden, aber auch, was sie miteinander gemeinsam haben. Schließlich stammt ja der Begriff „soziale Rolle" aus der Theaterwelt.

f. Ein älterer Oberstudiendirektor sagt zu seinem Freund: „Als ich studierte, habe ich nie daran gedacht, daß ich einmal Lehrer werden würde. Da es aber nach meiner Promotion mit einer Assistentenstelle an der Universität nicht klappte, wurde ich Studienreferendar und wurde dann eben doch ein richtiger Schulmann. Jetzt hoffe ich auf meine Pensionierung. Ein bißchen möchte ich doch noch wissenschaftlich arbeiten. Aber ich weiß nicht, ob ich das noch kann. Vielleicht habe ich den Anschluß verpaßt."

Der Freund antwortete: „Ich weiß, daß Du Dich in den Lehrerberuf gut hineingefunden hast. Schließlich hast Du Erfolg gehabt und bist Rektor geworden. Aber ein hundertprozentiger Pauker bist Du nie gewesen. Gerade das hat vielleicht dazu beigetragen, daß man Dich zum Rektor gemacht hat. Da muß man ja auch etwas Abstand zum Schulalltag haben, außerdem etwas von Verwaltung und Personalfragen verstehen. Und wenn man in seinem Fach auch wissenschaftlich etwas drauf hat, dann verschafft einem das Prestige bei den Kollegen in der Schule und man kann auch im Unterricht neue Wege gehen. Wenn Du Dich nach Deiner Pensionierung wissenschaftlich betätigen willst, dann solltest Du nicht gleich einen allzu großen Sprung tun. Du bist doch Altphilologe. Schreibe doch ein Buch darüber, warum die Kenntnis der Antike auch heute noch etwas zur Allgemeinbildung beiträgt und wie der Lateinunterricht in der Schule etwas dazu beitragen kann. Du hast ja als Lehrer allerlei ausprobiert. Daran könntest Du anknüpfen. Aber das Thema enthält zugleich wissenschaftliche Aspekte, die über den Schulalltag hinausreichen."

Der Oberstudiendirektor: „Der Vorschlag ist nicht schlecht. Da hätte

ich auf jeden Fall Boden unter den Füßen und brauchte vor den Universitätsleuten keine Angst zu haben."
Der Freund: „Was, Du hast Angst vor denen?"
Der Oberstudiendirektor: „Angst habe ich nicht. Ich fühle mich aber doch unsicher; wenn man als älterer Mann ein wissenschaftliches Buch schreibt, und dann kommen die Rezensenten. Und so ein junger Schlips verreißt einen, weil man irgendein amerikanisches Buch vom vorigen Jahr nicht gelesen hat: da weiß man nicht mehr, was man von sich zu halten hat. Ich weiß ja, ich bin kein Wissenschaftler von Beruf. Aber wenn man Altphilologie studiert und lange an einem Gymnasium unterrichtet hat, möchte man nicht, daß einem Unwissenschaftlichkeit vorgeworfen wird."

Interpretieren Sie dies Gespräch mithilfe der Begriffe, die in den Erläuterungen zur zweiten Begriffsbestimmung verwendet wurden. Vor allem geht es hier natürlich um die Frage der Rollendistanz, der Identifikation mit einer Rolle, der Ich-Identität und auch um die „Querverbindungen", die zwischen verschiedenen Rollen bestehen.

g. Der Leiter einer Lochkartenabteilung überprüft regelmäßig die Wochenleistung seiner Locherinnen. Zeigt eine Locherin einen starken Leistungsabfall, so läßt er sie zu sich kommen und fragt die meist junge Locherin: „Sagen Sie, was ist eigentlich mit Ihnen los?" Meist bricht das Mädchen in Tränen aus. Zutage tritt ein familiärer Konflikt oder ein Liebeskummer. Der ältere Vorgesetzte tröstet sie mit väterlichen Worten. Häufig verbessert sich dadurch ihre Arbeitsleistung wieder. Handelt es sich hier um ein „Rollenverhalten" im Sinne der Vorgesetztenrolle? Oder könnte es sein, daß hier verschiedene Rollen miteinander vermischt werden und daß ein Vorgesetzter des Leiters der Lochkartenabteilung an dessen Verhalten Anstoß nimmt?

h. Bei einer Familienfeier macht einer der anwesenden Verwandten antisemitische Bemerkungen. Darauf gerät der antifaschistisch eingestellte Vater in Wut und beschwört einen Familienkrach herauf. Die Feier platzt. Seine Frau meint: „Du bist aus der Rolle gefallen". Er meint: „Nein, als alter Antifaschist mußte ich das einfach sagen".

Beschreiben Sie diesen Vorgang mit den Begriffen des Rollenkonzepts!

7. Literaturhinweise

1) H. Hartmann (Hg.): Moderne Amerikanische Soziologie, Stuttgart 1967 (dort Beiträge von Linton, Merton u. a.).
2) R. Dahrendorf: Homo Sociologicus, Köln-Opladen ⁴1964.
3) R. Dahrendorf: Gesellschaft und Freiheit, München 1961, S. 49ff.

4) L. Krappmann: Soziologische Dimensionen der Identität, Stuttgart 1973.
5) Arbeitsgruppe Bielefelder Soziologen: Alltagswissen, Interaktion und gesellschaftliche Wirklichkeit, Reinbek 1973 (dort u. a. Beiträge von Wilson, Blumer, Garfinkel).
6) H. P. Dreitzel: Die gesellschaftlichen Leiden und das Leiden an der Gesellschaft, Stuttgart 1968 (ab S. 103 ausführliche Darstellung der Diskussion über das Rollenproblem, ausführliches Literaturverzeichnis).
7) P. Berger, Th. Luckmann: Die gesellschaftliche Konstruktion der Wirklichkeit, Frankfurt/M. 1969.
7a) M. Giese, B. W. Niklas, Ch. Rühlker (Hg.): Soziale Rolle. Ein soziologisches Studien- und Arbeitsbuch, Opladen 1977 (enthält neben einer systematischen Einführung Texte von Gehlen, Popitz, Linton, Merton, Simmel, Mead, Berger, Luckmann, Claessens u. anderen Autoren, u. a. auch belletristische Texte).
8) E. Goffman: Wir alle spielen Theater, München 1969.
9) E. Goffman: Asyle. Über die soziale Situation psychiatrischer Patienten und anderer Insassen (1961), Frankfurt/M. 1972.
10) H. Popitz: Der Begriff der sozialen Rolle als Element der soziologischen Theorie, Tübingen 1967.
11) H. P. Bahrdt: Zur Frage des Menschenbildes in der Soziologie, in: Europäisches Archiv für Soziologie, 1/1961.
12) W. Bernsdorf: Wörterbuch der Soziologie, ²1969 (Artikel „Soziale Positionen" von R. Dahrendorf).
13) G. H. Mead: Geist, Identität und Gesellschaft (1934), Frankfurt/M. 1968.
14) H. Plessner: Soziale Rolle und menschliche Natur, in: ders.: Diesseits der Utopie, Düsseldorf-Köln 1966, S. 23 ff.
15) K. Thomas: Analyse der Arbeit, Stuttgart 1969, S. 85.

Als ersten Einstieg ist nach wie vor zu empfehlen R. Dahrendorf (2). (Die späteren Auflagen enthalten Auseinandersetzungen Dahrendorfs mit seinen Kritikern). Danach sollte man den Aufsatz von H. Popitz lesen, der gegenüber Dahrendorf einige wichtige Nuancen vorbringt. Will man sich mit der herkömmlichen Rollentheorie etwas näher befassen, findet man bei H. Hartmann (1) u. a. Beiträge von Linton und Merton. Vor allem sei hier auch auf Nr. 7a hingewiesen.

Zur Kritik an der herkömmlichen Rollentheorie aus interaktionistischer Sicht und zum interaktionistischen Ansatz selbst findet man bei der „Arbeitsgruppe Bielefelder Soziologen" (5) eine Reihe von Beiträgen, u. a. von Wilson und Blumer. Als Einführung eignet sich aber auch der erste Teil des Buches von L. Krappmann (4). Das Buch von H. P. Dreitzel (6) legt eine ausführliche Darstellung der Diskussion über das Rollenproblem vor und leistet einen wichtigen Beitrag zu den Problemen des Verhältnisses von Subjekt und Rolle, Rollendistanz und der Pathogenität von Rollenstrukturen. Die Frage nach der Identität des Menschen als Rollenträger ist Hauptthema des bereits erwähnten Buches von Krappmann (4). Theoretisch bedeutsam sind hierzu auch die Ausführungen von E. Goffmann zur „Totalen Institution" (9). Sonst sind die Werke von Goffman vor allem lesenswert wegen der vielen anschaulichen Betrachtungen über Interaktionssituationen, Interaktionsrituale und Formen des Rollenspiels (8).

Der interaktionistische Ansatz zur Rollentheorie steht von vornherein in einem Zusammenhang mit den Werken von G. H. Mead (z. B. 13). Andererseits sind in neuerer Zeit aber auch Einflüsse der deutschen Phänomenologie und Philosophischen Anthropologie spürbar (vgl. u. a. 14, 7, 11, 15).

V. Soziale Gruppe

> Ich finde große Truppen greulich.
> Doch folg' ich kleinen Gruppen treulich.

1. Vorbemerkungen

Das Thema „Gruppe" ist zur Zeit ein Modethema. Nicht nur Soziologen sondern auch Pädagogen, Sozialpsychologen und Psychotherapeuten, nicht zuletzt Theologen befassen sich mit Gruppen – vor allem mit kleinen überschaubaren Gruppen, mit ihrer Struktur, ihrer Dynamik und ihrer Bedeutung für das Individuum. So ärgerlich die modische, emotionsgeladene und oft ideologiebefrachtete Hochbewertung kleiner Gruppen manchmal ist, so ist der neuerliche Gruppen-Boom doch kein Zufall. Irgendetwas wird wohl an der Gesellschaft nicht stimmen, wenn zahllose Menschen, keineswegs nur Wissenschaftler, anfangen, über Gruppenbeziehungen nachzudenken, neue Gruppen zu gründen und in ihnen ihr Heil zu suchen.

Man muß sich nur darüber klar sein, daß es ähnliche Strömungen auch in früheren Zeiten immer wieder gegeben hat, und zwar wohl vor allem dann, wenn schneller und tiefgreifender sozialer Wandel die traditionalen Bindungen der Individuen lockerte oder fragwürdig hatte werden lassen.

Vor allem die Religionsgeschichte ist voll von Versuchen, in neuen kleinen überschaubaren Gemeinschaften nicht nur den Weg zum Heil im Jenseits zu suchen, sondern auch ein richtiges diesseitiges Zusammenleben zu verwirklichen, abseits der erstarrten und korrumpierten alten gesellschaftlichen Organisationen, u. a. auch der Amtskirche. Aber auch an neuere säkulare Bewegungen wäre zu denken: an die Freundschaftsbünde der Goethe-Zeit, an frühsozialistische und anarcho-syndikalistische Produktionsgenossenschaften, die Bünde der alten deutschen Jugendbewegung, die Nachbarschaftsbewegung und zahlreiche Gruppen der Lebensreformbewegung um die Jahrhundertwende. Diese Gruppierungen standen zwar meist im Zeichen eines über die Gruppe hinausführenden Ziels. Aber mehr oder weniger war man sich bewußt, daß dieses Ziel nur in einer Sozialform neuen Typs, der sich zunächst als kleine Gruppe darstellt, erreicht werden kann. Und die Integration in diese Gruppe war ein Weg zur Wiederfindung verlorener oder bedrohter Identität.

Zugleich ist zu bedenken, daß es neben diesen bewußt geschaffenen und nicht selten verklärten Gemeinschaften stets auch Kleingruppen gegeben hat, in die Menschen sich einfügten bzw. von vornherein eingefügt waren, über die kaum diskutiert wurde bzw. erst, wenn sie in eine Krise gerieten. Oft waren sie tyrannisch, billigten kaum individuelle Freiheit zu, beanspruchten die ganze Person. Aber über lange Zeit hinweg kam niemand auf den Gedanken, sie in Frage zu stellen. Vor allem ist hier natürlich an die Familienverbände zu denken, aber auch an kleine Betriebe im vorindustriellen Handwerk, an Arbeitsgruppen in Bergwerken, Untergliederungen größerer militärischer Einheiten, Schiffsbesatzungen, Nachbarschaftsgruppen usw.

Natürlich liegt folgender Gedankengang nahe: Der Mensch ist nicht nur überhaupt ein soziales Wesen, sondern es entspricht seiner Eigenart, daß er seiner Natur nach auch Bindungen in kleinen überschaubaren Gruppen sucht. Er wächst nicht nur in der Gruppe der Familie oder ähnlichen Gruppierungen auf, sondern sucht Kleingruppenbindungen auch in seinem weiteren Leben zu finden. Gelingt ihm dies nicht, so ist dies ein Mangel, der ihn auf die Dauer schädigt oder sogar in seiner Identität bedroht. Das Erlebnis der Masse oder auch die Einbindung in eine anonyme Großorganisation bilden keinen Ersatz. Wenn rasche gesellschaftliche Veränderungen oder große Mobilität die Menschen immer wieder aus angestammten Kleingruppenbindungen herausreißen, so kommt es einerseits zu Desintegrationserscheinungen, z. B. Isolierung, Vermassung, Anomie, Häufungen seelischer Erkrankungen usw.; andererseits ist es nicht verwunderlich, wenn die Menschen dann beginnen, über dieses Defizit zu diskutieren und bewußt Kleingruppen verschiedener Art zu gründen.

Dieser Gedankengang ist sicherlich nicht falsch. Der einzige Einwand wäre: er ist etwas zu schnell. Und er verführt zu vorschnellen Urteilen über die moderne Zivilisation. Da ist es gut, sich an die vielen kleinen, sich oft sektiererisch von der Umwelt abgrenzenden Religionsgemeinschaften der Spätantike zu erinnern – die frühen Christengemeinden waren soziologisch gesehen eine Ausprägung neben vielen anderen. Diese sektenähnlichen kleinen Gemeinschaften entstanden insbesondere in einer städtischen Umgebung, die sich durch ethnische und kulturelle Vielfalt und große geographische und soziale Mobilität auszeichnete. Ähnliches könnte man im späten Mittelalter und in der frühen Neuzeit feststellen: Zunehmende Verstädterung wird begleitet von der spontanen Gründung von neuen Bruderschaften, die sich nicht in das traditionelle Klosterwesen eingliedern, u. a. auch Laienbruderschaften, Frömmigkeitszirkel, Konventikel und schließlich religiöse Siedlergemeinschaften in der Neuen Welt, die abseits von städtischer und staatlicher Ordnung das Zusammenleben der Heiligen im Neuen Jerusalem vorwegzunehmen versuchten.

Zum andern soll man im Auge behalten, daß die moderne Zivilisation keineswegs alle traditionalen Kleingruppen zerstört. Die Familie hat sich zwar gewandelt, aber dabei als erstaunlich stabil erwiesen. Wie H. Schelsky in seinem Familienbuch gezeigt hat (Lit. 13), kann sie in Zeiten, in denen Krieg und Kriegsfolgen zeitweilig zur Funktionsunfähigkeit der öffentlichen Institutionen führen und unzählige Menschen zur Mobilität gezwungen sind, sogar eine Restabilisierung erfahren. Im übrigen findet man im Bauch von angeblich anonymen modernen Großorganisationen sehr oft nicht nur informelle Gruppen, sondern auch formelle Untergliederungen, z. B. offizielle Arbeitsgruppen, die den Charakter von sozialen Gruppen haben. Auf deren Funktionieren ist die Großorganisation angewiesen.

Zu einem realistischen Urteil gelangt man nur, wenn man zunächst einige begriffliche Klärungen vornimmt. Dabei sollte man berücksichtigen, daß es auch Großgruppen, nicht nur Kleingruppen gibt, aber auch, daß nicht alle sozialen Gebilde, weder alle großen, noch alle kleinen Gebilde bereits Gruppencharakter haben. Wenn man einen allgemeinen Gruppenbegriff gewonnen hat, der notwendigerweise recht abstrakt ist, sollte man sich mit Gruppentypen befassen, zunächst mit solchen, die häufig in der Soziologie benutzt werden. Danach wäre deren Brauchbarkeit zu überprüfen und zu überlegen, ob man weitere Typisierungen vornehmen kann. Zuletzt sollte man versuchen, sich eine Vorstellung von dem Stellenwert zu machen, den der Begriff der sozialen Gruppe in der Soziologie einnimmt bzw. einnehmen sollte.

In der Umgangssprache, aber auch in der soziologischen Fachliteratur taucht das Wort „Gruppe" in sehr unterschiedlicher Bedeutung auf. Nur für eine dieser Bedeutungen sollte man das Wort „soziale Gruppe" reservieren. Eine Anfangsschwierigkeit, die aber leicht zu beheben ist, besteht darin, daß auch die anderen Wortbedeutungen etwas mit „Sozialem" zu tun haben können. Eine weitere Schwierigkeit kann dadurch entstehen, daß Begriffe sich in inhaltlicher Hinsicht überschneiden, d. h. Gegenstände gleichzeitig unter verschiedene Begriffe subsumiert werden. So ist z. B. mit einer Berufsgruppe in der Statistik nicht gemeint, daß die ihr Zugehörigen auch eine „soziale Gruppe" bilden. Es ist aber möglich, daß sie dies tun, z. B. einen Berufsverband bilden, und daß die Gemeinsamkeit der beruflichen Lage den Anlaß zu einer Gruppenbildung abgibt.

2. Statistische Gruppen, Bezugsgruppen

Zunächst sollen zwei Gruppenbegriffe erwähnt werden, die ihrem Sinn nach nicht eine „soziale Gruppe" meinen:

2. Statistische Gruppen, Bezugsgruppen

a) Statistische Gruppen (z. B. Einkommensgruppe, Altersgruppe, Berufsgruppe)

Hier liegt nichts anderes vor, als daß ein Wissenschaftler die Träger bestimmter gemeinsamer Eigenschaften unter einen Begriff zusammenfaßt. Die Vereinigung der Träger gemeinsamer Eigenschaften unter einen Begriff ist als solche noch nicht eine soziale Realität. Dem widerspricht nicht, daß viele solcher „Ordnungsbegriffe" (bzw. „Sortierbegriffe") auf Eigenschaften von gesellschaftlicher Bedeutung verweisen bzw. ohne gesellschaftliche Geschehnisse gar nicht vorhanden wären. Gerade diese gesellschaftlichen Implikationen könnten den Statistiker dazu veranlaßt haben, die Träger eines bestimmten Merkmals zu einer statistischen Gruppe zusammenzufassen.

Ein Statistiker könnte eine Altersgliederung vornehmen, in der er die ganze Bevölkerung nach Jahrgängen oder Fünfjahresgruppen aufteilt. Aber er könnte auch eine Gliederung entwerfen, die sich in etwa an typische Lebensphasen hält, denen jeweils ein charakteristischer sozialer oder ökonomischer Status entspricht, z. B. Kinder im Schulalter, Erwachsene im erwerbsfähigen Alter, Rentner usw. Denkbar wäre sogar, daß er vermutet, die Träger eines gemeinsamen Merkmals könnten sich veranlaßt sehen, eben wegen dieser Gemeinsamkeit eine „soziale Gruppe" zu bilden, und deshalb auszählen möchte, wie viele Personen hierfür in Frage kommen. Trotzdem ist die „statistische Gruppe" oder „statistische Kategorie" nur ein von außen an die Wirklichkeit herangetragener Begriff, nicht aber ein Stück sozialer Realität; sie ist nicht ein Sozialgebilde, das dadurch entsteht, daß die gemeinten Personen durch interagierendes und kommunizierendes Verhalten sich selbst „gruppieren". Gerade darauf kommt es bei einer „sozialen Gruppe" an.

Anders sähe es freilich aus, wenn der Statistiker es mit einer Gesellschaft zu tun hätte, in der die Zugehörigkeit zu einer Altersgruppe zugleich auch Mitgliedschaft in einer fest institutionalisierten sozialen Gruppe bedeutet: z. B. junge wehrfähige Männer, die im Männerhaus leben; alte Männer, die den Rat der Alten bilden. Dies ist in manchen Gesellschaften mit schriftloser Kultur der Fall.

b) Bezugsgruppen

Auch mit dem Begriff „Bezugsgruppe" ist zunächst nicht eine „soziale Gruppe" gemeint, obwohl viele Bezugsgruppen auch „soziale Gruppen" sind und alle „sozialen Gruppen" stets die Eigenschaft haben, „Bezugsgruppen" zu sein. Von „Bezugsgruppen" sprechen wir vor allem in der Rollen-Theorie. Diejenigen, die an den Rollenträger die Erwartungen herantragen, welche die Rolle ausmachen und sich auch für die Verhängung von Sanktionen bei Abweichungen interessieren, nennen wir ,,Bezugsgruppen". Einer Rolle können wie gesagt auch mehrere Bezugsgruppen zugeordnet sein, nämlich dann, wenn von verschiedener Seite typischerweise unterschiedliche (manchmal, aber nicht immer, einander widersprechende) Erwartungen an den Rollenträger gestellt werden: bei der Lehrerrolle z. B. durch Kollegium, Behörde, Kinder, Eltern. Jedoch ist damit nicht gesagt, daß diese Bezugsgruppen auch ,,soziale Gruppen" sein müssen. Das Kollegium ist es vermutlich, die Behörde vielleicht. Die Eltern und die Kinder könnten jeweils Rekrutierungsfelder für ,,soziale Gruppen" sein. Diese erfassen aber in der Regel nicht die Gesamtheit der jeweiligen ,,Bezugsgruppe". Die Leserschaft einer Zeitung ist zweifellos eine Bezugsgruppe für die in ihr schreibenden Journalisten, ist aber wohl nie eine ,,soziale Gruppe", obwohl viele Zeitungen aus Werbegründen so tun, als ob sie eine ,,Leser-Gemeinde" hätten, und manche Leser dies vielleicht sogar glauben.

Da jede ,,soziale Gruppe" in sich eine Rollenstruktur hat und auch darüber wacht, daß die Mitglieder ihre Mitgliedsrolle und darüber hinaus oft noch eine oder mehrere spezifische Gruppenrollen spielen, ist die ,,soziale Gruppe" für ihre Mitglieder auch immer eine ,,Bezugsgruppe". Dennoch müssen beide Begriffe auseinandergehalten werden. Der Begriff ,,Bezugsgruppe" meint (im Unterschied zum Begriff der ,,statistischen Gruppe") reale soziale Beziehungen, die zwischen Menschen existieren, aber nicht in jedem Fall Gruppenbeziehungen.

3. Begriffsbestimmung

Von einer ,,sozialen Gruppe" wollen wir dann sprechen, wenn mehrere Menschen in sozialen Beziehungen stehen und über eine gewisse Zeit gemeinsame Ziele verfolgen. Über die gemeinsamen Ziele und die Art ihrer Verwirklichung wird kommuniziert. Ihre Realisierung geschieht durch situationsübergreifende Interaktionsprozesse. Die Garantie des situationsübergreifenden Interaktionsprozesses geschieht durch Normen, aber auch durch Bräuche, Gewohnheiten und Interessen, insbesondere durch Rollenzuweisungen, die sich auf den Zusammenhang der Interaktion innerhalb der Gruppe beziehen, über deren Sinn Konsens besteht.

Zur Existenz einer sozialen Gruppe gehört, daß sie von den Mitgliedern als ein ,,Wir" anerkannt wird, das sich von einem ,,Nicht Wir" abgrenzt. Die Identifikation mit einem ,,Wir" ist eine der Bedingungen dafür, daß die Gruppe existiert.

4. Erläuterungen

a) Soziale Beziehungen

Nicht jedes soziale Verhalten oder Handeln konstituiert eine soziale Beziehung. Ob man bei einer einzelnen Interaktion bereits von einer „sozialen Beziehung" reden soll (z. B. ein junger Mann bugsiert den Koffer einer alten Dame ins Gepäcknetz, sie sagt „dankeschön"), ist eine terminologische Frage. Ich neige dazu, hier noch nicht von einer sozialen Beziehung zu reden. Bestehen jedoch über den zeitlichen Horizont einer Situation hinaus Verhaltens- und Handlungsdispositionen, die bei Begegnung mit bestimmten Personen immer wieder in bestimmter Weise aktualisiert werden, kommt es also zu gegenseitigen Erwartungsstrukturen und Einstellungen, so kann man von einer sozialen Beziehung sprechen. Auch eine Feindschaft ist eine soziale Beziehung. Es gibt jedoch viele – auch freundliche – soziale Beziehungen, die keinen Gruppenzusammenhang stiften.

b) Gruppenziele

Im allgemeinen nimmt man an, daß eine Gruppe ein oder mehrere Gruppenziele verfolgt und daß darüber auch ein Konsens besteht. Jedoch muß man damit rechnen, daß einzelne Gruppenmitglieder sich nicht alle erklärten Gruppenziele zu eigen machen. Solange von ihnen nicht erwartet wird, sich für alle Ziele einzusetzen – die ihnen zufallende Gruppenrolle verlangt möglicherweise nur ein spezielles Engagement – braucht daraus kein Konflikt zu entstehen. Es genügt, wenn sie nicht opponieren.

Einen Grenzfall stellen Gruppen dar, die sich eigentlich nur deshalb zusammenfinden, weil sich Menschen in einer Gruppe wohlfühlen. Sie werden dann zwar gemeinsame Aktivitäten entwickeln, darüber auch kommunizieren und diese organisieren. Aber es ist ein bißchen krampfhaft, reine Geselligkeit als „Gruppenziel" zu bezeichnen.

c) Situationsübergreifende Interaktionsprozesse

Die Gruppenmitglieder interagieren nicht nur gelegentlich und unzusammenhängend, sondern immer wieder. Die einzelnen Interaktionen der Mitglieder verbinden sich zu Handlungssequenzen und sind in ihrem jeweiligen Charakter hierdurch bestimmt. Selbstverständlich handeln nicht alle Gruppenmitglieder ständig als Gruppe. Zwischendurch handeln sie als Individuen (sozial oder nicht sozial) oder auch als Mitglieder anderer Gruppen. Meist gehören Menschen ja mehreren Gruppen an und können nur intermittierend agieren. Soziale Gruppen aktualisieren sich als interagierender Verband nur ab und zu in Situationen, die als solche des gemeinsamen Handelns feststehen und trotz zeitlicher Unterbrechungen als Teile einer Sequenz angesehen werden. Die Interaktionen einer sozialen Gruppe können das innere Leben der Gruppe betreffen oder nach außen gewandt sein. Sehr oft kommt es auch zu einem Outgroup-Handeln einzelner Mitglieder, das in seinem Sinn auf ein Gruppenziel bezogen ist und im Einverständnis mit den anderen Gruppenmitgliedern oder aufgrund ihres Beschlusses geschieht. (Ein Gruppenmitglied vertritt die Gruppe nach außen, oder die Mitglieder sind sich darüber einig, daß jedes Mitglied für sich, dort, wo es gerade tätig ist, für die Ziele der Gruppe eintritt.)

Es gibt also ein Gruppenhandeln im engeren wie auch im weiteren Sinn. Bei größeren Gruppen ist es ausgeschlossen, daß sich alle in einer gemeinsamen Situation an einem gemeinsamen Gruppenhandeln beteiligen. Jedoch handeln einzelne für sich oder kleinere Teilgruppen aktuell gemeinsam und verstehen dabei ihr Tun explizit als Teil des Gesamthandelns der Großgruppe. (Örtliche Gruppen der Großgruppe einer Partei beteiligen sich z. B. am Bundestags-Wahlkampf.)

d) Normen, Sanktionen

Für die meisten Gruppen gelten die allgemeinen Normen, die auch in der Gesamtgesellschaft anerkannt sind, insofern sie für das Leben innerhalb der Gruppe Bedeutung haben. Auch auf die Einhaltung mancher Normen, deren Befolgung für das Gruppenleben nicht unmittelbar Bedeutung hat, wird u. U. in einer Gruppe Wert gelegt. Insbesondere in Gruppen, in denen man eng zusammenlebt und aufeinander angewiesen ist, möchte man es mit Leuten zu tun haben, die „überhaupt" solide, verläßlich und reputierlich sind, d. h. der Gruppe „keine Schande" machen.

Aber es gibt auch Normen, die sich speziell auf das Gruppenleben beziehen. Die meisten sind nicht originell. Vielmehr tradiert die Gesellschaft eine Reihe von Normen, die sich auf das Leben von Gruppen überhaupt oder auf das Leben bestimmter Arten von Gruppen beziehen, z. B. von Familien. Manche dieser für Gruppen bestimmter Art geltenden Normen sind rechtlich fixiert (Familienrecht, Vereinsrecht) und den einzelnen Gruppen vorgegeben.

Andere Normen stellen die Gruppen jedoch für sich auf. Auch dabei zeigen sie vielfach nur wenig Originalität. Vor allem handelt es sich um Solidaritätsnormen, die ähnlich denen sind, die auch in anderen Gruppen gelten. Aber ihre Einhaltung geht eigentlich nur die jeweilige Gruppe etwas an. Die übrige Gesellschaft ist wenig interessiert daran, ob ein Kegelklub auseinanderfällt, weil einige seiner Mitglieder Querköpfe sind.

4. Erläuterungen

Allerdings wacht die staatliche Justiz darüber, daß bei Auflösung des Klubs mit dem Vereinsvermögen nichts Unrechtes geschieht.

Manche Gruppen haben nun allerdings eigene Normen, die sich inhaltlich von denen, die in der Gesellschaft sonst gelten, unterscheiden. Zumeist sind auch diese freilich keine völligen Fremdkörper im normativen Gefüge der umgreifenden Gesellschaft, sondern Einzelvorschriften, die allgemein geltende Regeln in spezieller Weise konkretisieren und/oder radikalisieren. (Die Ehrenvorstellungen in der relativ kleinen Gruppe des Offizierkorps eines Regiments oder auch in der Großgruppe einer Offizierskaste orientieren sich grundsätzlich an den Ehrvorstellungen der Gesamtgesellschaft. Sie sind aber rigider und präziser: Man weiß ganz genau, wann die Ehre verletzt ist und deshalb etwas geschehen muß.)

Es gibt aber auch spezifische Gruppennormen, die von der normativen Struktur der Gesellschaft völlig abweichen oder ihr sogar zuwiderlaufen. Dann kann die „Teilkultur" einer Gruppe sich zu einer „Subkultur" verhärten.

Von einer „Subkultur" sollte man nur dort sprechen, wo sich in einem Teilbereich der Gesellschaft nicht nur besondere Wert- und Normstrukturen und besondere kognitive Deutungsmuster und Ausdrucksformen herausbilden – in diesem Sinn gibt es „Teilkulturen" in allen sozialen Schichten, in Stadt und Land, in verschiedenen Berufsgruppen usw. –, sondern wo der besondere abweichende Charakter der Teilkultur dadurch geprägt ist, daß ihre Träger sich zur Abschirmung, Abwehr oder sogar zur Opposition gezwungen sehen und dies noch einmal zur Herausbildung spezieller Ausdrucksformen, Deutungsmuster, Wertvorstellungen und Normen führt. Sicherlich zeichnen sich Gruppen, die unter bestimmten Umweltbedingungen zur Herausbildung einer eigenständigen Subkultur veranlaßt werden, durch besonders rigide Solidaritätsnormen aus, ferner durch Ausdrucksformen und Wertmuster, die dazu dienen, der Gruppe ein eigenständiges Selbstverständnis und ein stabiles und vertrautes Gruppenleben zu sichern und zugleich den von außen kommenden „Kulturdruck" und andere Gefahren abzuwehren. Solche Züge kennen wir von vielen Sekten, die aus ehemals offenen großen religiösen Bewegungen entstanden sind. Nachdem letztere gescheitert waren, schlossen die Übriggebliebenen sich zu festen starren Gruppen zusammen, die soziologisch etwas ganz anderes darstellen als „Bewegungen". Die eigentümliche Starrheit und Beschränktheit der Denkformen erklärt sich aus der Lage einer immer wieder bedrohten Minorität, die sich nicht anders behaupten kann, als durch Abkapselung von der Außenwelt und durch den Versuch, für die Mitglieder eine „vollständige heile Welt" zu schaffen, die sie immun gegen Einflüsse von außen macht (Lit. 9). Solche Tendenzen finden sich aber in abgeschwächter Form in vielen kleineren Gruppen.

Sind die in einer Gesellschaft geltenden und auf das Gruppenleben bezogenen Normen nicht hinlänglich durch die allgemein in der Gesellschaft herrschende Ordnung abgesichert – insbesondere gilt das für inhaltlich abweichende Normen –, dann wird die Gruppe Wert auf Sanktionsgewalt legen. Sie wird selbst entscheiden wollen, wann welche Sanktionen am Platze sind, was streng bestraft werden muß und was als „läßliche Sünde" gelten darf. Und sie wird dazu tendieren, gegebenenfalls Sanktionsmaßnahmen selbst durchzuführen, Mißhelligkeiten im eigenen Lager selbst zu regeln und möglichst wenig davon nach außen dringen zu lassen. (Solche Empfehlungen gibt auch Paulus den jungen Christengemeinden. Er rät ab, immer gleich die Gerichte der heidnischen Obrigkeit zu bemühen (vgl. 1. Korintherbrief, Kap. 6). Damit geraten Gruppen natürlich leicht in Konflikt mit der Außenwelt, vor allem mit dem Staat, wenn dieser sich ein Monopol auf jene Sanktionen, die auf physischen Zwang oder Gewalt hinauslaufen, vorbehält, zugleich aber auch auf einer Anzeigepflicht für bestimmte Vergehen besteht. Konflikte zwischen Gruppensolidarität und Loyalität dem Staat gegenüber sind eine vertraute Erscheinung. Fast jeder hat sie erlebt. Interessant ist, daß unsere Rechtsordnung einer Gruppenart zubilligt, daß Gruppensolidarität den Vorrang haben darf, nämlich der Familie. Wer mit dem Angeklagten verheiratet oder nah verwandt ist, braucht nicht gegen ihn auszusagen. Er darf sogar lügen. Jedenfalls wird er nicht vereidigt.

e) Rollen

Gruppen haben ihre eigene Rollenstruktur. Neben der Mitgliedsrolle, die allen Gruppenmitgliedern zugeschrieben wird, gibt es eine Reihe von speziellen Gruppenrollen. Hier nur zwei Hinweise: Die Rollen in kleineren, locker gefügten Gruppen zeigen oft keine ausgeprägte „positionale Verfestigung". Manchmal ist auch der normative Kern undeutlich. Fehlt beides völlig, dann kann man im strengen Sinn nicht von sozialen Rollen sprechen (vgl. H. Popitz, Lit. 10, S. 12).

Der „underdog" mag eine typische Gruppenfigur sein, an die sich gewisse Erwartungen knüpfen. Aber er verkörpert keine „soziale Rolle". Dies zu betonen, ist nicht unwichtig, weil in sozial-psychologischen Untersuchungen über Gruppenstrukturen der Begriff der Rolle oft weiter bzw. unscharf gefaßt wird.

Ein zweiter Hinweis: In vielen Gruppen gibt es Rollen, deren Inhaber die besondere Aufgabe haben, Außenweltbeziehungen der Gruppe wahrzunehmen. Häufig ist dies zwar Aufgabe des erklärten Gruppenführers, aber manchmal übernehmen auch andere diese Funktion. Sie fungieren gewissermaßen als „Außenminister". Gewöhnlich ist eine solche Aufgabe, die wichtig ist und die man nicht jedermann zutraut, mit besonderem Prestige verbunden. Andererseits ist diese Person in größerem Umfang zu einem „Out-group" Interagieren gezwungen – das erwartet man ja von ihr. Dies kann dazu führen, daß der Träger dieser Rolle sich dem inneren Gruppenleben entfremdet, zu den intern geltenden Regeln und Verhaltensweisen eine gewisse kritische Distanz entwickelt und schließlich mit Mißtrauen betrachtet wird. Da er – im Interesse der Gruppe – sowohl den Erwartungen von Bezugsgruppen außerhalb der Gruppe entsprechen muß als auch den Erwartungen aus der Gruppe selbst, gerät er leicht in die oben geschilderten Intra-Rollenkonflikte.

f) Die soziale Gruppe als soziales System

Von sozialen Systemen wird im nächsten Kapitel noch die Rede sein. Hier nur soviel: Die soziale Gruppe kann auch als soziales System betrachtet werden. Für ein soziales System sind nicht nur die funktional geordneten Beziehungen in seinem Innern charakteristisch, sondern auch seine Grenze. Salopp ausgedrückt: Ein soziales System ist eine soziale Struktur mit Grenze. Systemgrenzen sind aber nicht undurchlässige Schranken. Vielmehr befindet sich ein soziales System in ständiger Auseinandersetzung mit seiner Systemumwelt, innerhalb derer es sich zu behaupten versucht, zu der es aber interaktive Beziehungen unterhalten muß, die zunächst qualitativ anders sind, als die in seinem Innern. Beziehungen, die über die Systemgrenze hinausreichen, müssen mit größerer Komplexität und geringerer Kalkulierbarkeit der Umstände und der Partner, mit denen man es zu tun hat, rechnen. „Reduktion der Komplexität" (Luhmann) ist die Voraussetzung für eine funktionale Ordnung im Inneren. Freilich bleibt diese durch das Weiterbestehen von Außenweltsbeziehungen nicht unberührt. Wenn es eine Komponente der funktionalen Ordnung im Innern ist, trotz wechselnder Außenwelteinflüsse das System zu erhalten bzw. es entgegen bereits wirkenden Veränderungstendenzen wiederherzustellen, so wird man auch das Innere eines Systems immer unter dem Gesichtspunkt betrachten müssen, mit was für einer Außenwelt dieses System zu tun hat. Wie mächtig ist sie? Oder ist sie doch beeinflußbar? Wogegen muß man sich abschirmen? Wieviel frische Luft muß hereingelassen werden? Was oder wer kann integriert werden?

Das alles gilt auch für die soziale Gruppe. Jede soziale Gruppe muß entscheiden, in welcher Hinsicht sie offen und in welcher Hinsicht sie geschlossen sein muß bzw. sein darf, was sie in eigener Regie deuten und regeln soll und wo sie Anregung und Hilfe von außen braucht. Kleine überschaubare Gruppen geraten nicht selten in folgende Verlegenheit: Um sich gegen eine übermächtige Umwelt behaupten zu können, schirmen sie sich stark nach außen ab und versuchen, mit eigenen Kräften ihre inneren Probleme zu lösen. Da sie aber sehr klein sind, fehlt es ihnen jedoch an den Kapazitäten personeller und sachlicher Art für eine Lösung, die weiterführt. Sie kochen dann im eigenen Saft.

g) Das „Wir" der Gruppe

Wir wollen nur dann von einer sozialen Gruppe reden, wenn ihre Mitglieder sich als ein „Wir" erleben, d. h. auch mit einem „Wir" identifizieren. Warum Menschen in der Lage sind, sich als ein „Wir", nicht nur als ein „Ich" zu verstehen, warum sie fähig sind, als Subjekt einer Handlung oder vieler zusammenhängender Interaktionen ein „Wir" zu setzen, läßt sich letztenendes nicht beantworten. Auf jeden Fall sollte man sich vor Spekulationen hüten, die ein „an sich seiendes" Kollektivsubjekt annehmen, gewissermaßen eine „Gruppenseele", die über den Individuen und unabhängig von ihnen einherschwebt.

Die Identifikation mit dem „Wir" zeigt sich sowohl in Einzelhandlungen, die sich thematisch oder nicht thematisch an einem „Wir" orientieren, als auch in Kollektivhandlungen, in denen die Einzelsubjekte ein „Wir" als Subjekt ihres Handelns setzen.

Existenz und Struktur einer Gruppe hängen in der Regel davon ab, daß die Gruppe sich nach außen abgrenzt, allerdings ohne sich zu „isolieren". Nur innerhalb eines Kreises identifizierbarer Individuen läßt sich der Konsens über gemeinsame Ziele und über die innerhalb der Gruppe geltenden Normen und Rollenvorschriften durchsetzen. Zum Selbstverständnis einer Gruppe gehört immer auch die Tendenz, sagen zu können, wer dazugehört (d. h. in das „Wir" einbezogen wird) und wer nicht dazu gehört („nicht zu uns gehört"). Diese Grenzsetzung wird von den Gruppenmitgliedern selbst vollzogen (bzw. nachvollzogen).

Man könnte einwenden, es gäbe doch viele Gruppen, deren Zusammensetzung von außen her vorgegeben sei (z. B. Schulklassen, militärische Einheiten, Schiffsbesatzungen, die Gruppe der Schmelzer an einem Hochofen). Darauf ist zu antworten: Solange ein Ausschnitt eines vorgegebenen Kooperationsgefüges oder einer Organisation von den Zugehörigen noch nicht die Anerkennung eines „Wir" und eine Abgrenzung von einem „Nicht-Wir" erfahren hat, besitzt er noch nicht die Qualität einer sozialen Gruppe. Gleichwohl können funktionierende Interaktionen existieren, wie man sich überhaupt darüber klar sein muß, daß zahlreiche soziale Beziehungen, in denen die Beteiligten ihr Handeln aufeinander abstimmen, nicht in den Zusammenhang einer sozialen Gruppe eingebettet sind. Z. B. bilden die Fahrgäste eines Eisenbahnzuges sicherlich keine Gruppe, obwohl viele von ihnen während der Fahrt interagieren, und sei es nur in der Weise, daß sie aufeinander Rücksicht nehmen. Auch Tauschbeziehungen auf dem Markt sind keine Gruppenbeziehungen.

Gibt es welche, so können sie sogar leicht zu Störfaktoren des Marktgeschehens werden (z. B. Kartelle).

5. Einige überlieferte Gruppentypen

a) Gemeinschaft und Gesellschaft

Bei diesem Begriffspaar, das seine spezifische Färbung dem bekannten gleichnamigen Buch von F. Tönnies (Lit. 14, 15) verdankt, ist zu bedenken, daß der Begriff „Gesellschaft" hier nicht die umfassende Bedeutung wie heute in der Soziologie besitzt. „Gesellschaft" meint hier eher das, was wir einen „Zweckverband" nennen, d. h. eine bewußt zur Verwirklichung bestimmter Zwecke geschaffene Verbindung, die sich auf die gewählte Thematik beschränkt. Die Individuen bleiben im übrigen selbständig. Überhaupt besitzt diese Verbindung einen „sekundären" Charakter. „Primär" sind die Individuen, die eine „gesellschaftliche" Bindung eingehen, sich nur partiell engagieren und sich auch wieder leicht von ihr lösen können. Demgegenüber ist eine „Gemeinschaft" in ihrem Charakter „primär", obwohl sie sich natürlich zwischen Individuen neu bilden kann, die vorher unverbunden waren – man wird nicht immer in sie hineingeboren. Die in einer Gemeinschaft lebenden Individuen verstehen sich von ihrer Gemeinschaft her als Glieder eines Organismus, der „ursprünglicher" als die Individualität des Individuums ist. Dieses ist als ganze Person der Gemeinschaft zugehörig, es engagiert sich nicht nur partikular.

Ohne Zweifel stehen diese Begriffe bei Tönnies in Verbindung mit einem romantisch-kulturkritischen Weltbild: Auf dem Weg zur modernen Zivilisation treten immer mehr „gesellschaftliche" Gebilde an die Stelle der „gemeinschaftlichen". Die beiden Begriffe mit ihrer Polarität haben eine außerordentliche Verbreitung gefunden, vor allem in verschiedenen konservativen kulturkritischen Strömungen (z. B. auch in der älteren deutschen Jugendbewegung). Der ideologische Gebrauch führte zu Vereinfachungen. Tönnies selbst dachte differenzierter als manche, die sich auf ihn beriefen.

Wenn man sich von den kulturphilosophischen und zugleich ideologieträchtigen Implikationen fernhält, so ist es auch heute sinnvoll, solche Gruppen als „Gemeinschaften" zu bezeichnen, die sich auf ein Engagement der Gesamtperson stützen, sich durch starke emotionale Bindung auszeichnen und deren Zerbrechen oder Auflösung dann typischerweise eine innere Krise des Individuums zur Folge hat. Die Ich-Identität der einzelnen Mitglieder einer Gemeinschaft, basiert in entscheidender Weise auch auf der Zugehörigkeit zu dieser Gruppe.

Den Gegenpol zu dieser Bindungsart sollte man heute nicht „Gesellschaft" nennen. Es bietet sich der Begriff „Zweckverband" an. Dieser entsteht aus rationalen Erwägungen von Individuen, die sich zur Verfolgung eines bestimmten Zwecks zusammenschließen und oft ausdrückliche Vorkehrungen dafür treffen, daß die eingegangene Verbindung thematisch und im Hinblick auf ihren Umfang beschränkt bleiben soll. Die Gesamtperson soll durch das Gruppenschicksal nicht total betroffen sein (z. B. „Gesellschaft mit beschränkter Haftung"). Erinnert sei auch an das Vereinsrecht, das von der Satzung eine Regelung für die Auflösung des Vereins verlangt. Die Gründer eines Vereins müssen sich also gleich zu Anfang darüber Gedanken machen, was geschieht, wenn der Verein sich auflösen sollte.

Bei Betrachtung konkreter Gruppenformen wird man natürlich feststellen, daß oft sowohl gemeinschaftliche Züge als auch Eigenschaften eines Zweckverbandes vorliegen. Aus „Vernunftehen" (mit „Ehevertrag") können mit der Zeit echte „Lebensgemeinschaften" werden. Das Verhältnis der Mitglieder zu einer Gewerkschaft kann ambivalent sein: Zeitweilig ist es ganz instrumentell. Die Gewerkschaft wird als eine Art sozialer Sicherung des einzelnen angesehen, gewissermaßen als eine Ergänzung der Sozialversicherung. Während eines Streiks entwickelt sich aber starke Solidarität; man erlebt sich als „verschworene Gemeinschaft".

b) Primärgruppen und Sekundärgruppen

Diese Begriffe stammen von Ch. H. Cooley (1864–1929). „Cooley versteht unter Primärgruppen relativ stabile Assoziationen interagierender Personen (intimate face-to-face association and cooperation) wie Familie, Spielgruppen von Kindern und Jugendlichen, Nachbarschaft und Gemeinde. Alle anderen Gruppen, denen der Mensch im Laufe seines Lebens angehört, bezeichnet Cooley als ‚Sekundärgruppen', ohne sie allerdings näher zu charakterisieren. Im wesentlichen ist damit wohl der ungeheuer mannigfaltige Bereich sozialer Organisationen (Assoziationen) gemeint. So brauchbar diese Fundamentalunterscheidung von Cooley ist, so war sie doch belastet von einer Geschichts- und Sozialphilosophie, welche unterstellte, daß die Primärgruppen der Zeit und der Bedeutung nach in der Gegenwart zurückgehen müßten ..." (Fischer-Lexikon Soziologie, Lit. 7).

c) Formelle Organisation und informelle Gruppen

Seit dem Hawthorne-Experiment in den zwanziger Jahren sind durch E. Mayo und F. J. Roethlisberger diese Begriffe vor allem in der Industriesoziologie, dann aber auch in anderen Forschungsbereichen üblich geworden. Man hatte in der bekannten Studie entdeckt, daß die Wirklichkeit des Industriebetriebes nicht nur aus seiner „formellen Organisation" und einer Vielzahl vereinzelter, jeweils um ihren Vorteil bemühter Arbeiter besteht (dies zu glauben, warf man Taylor vor). Vielmehr bemerkte man eine Vielzahl „informeller", also nicht institutionalisierter Beziehungen und Gruppierungen im Betrieb, die sich durchaus wirksam gegen die Wünsche der Betriebsleitung verhalten können, ohne offen zu rebellieren. Die Mitglieder können aber auch auf der Basis einer Identifikation mit der jeweiligen Gruppe zu hoher Leistung motiviert sein. Nicht ohne Pathos verkündete man, den Menschen, d. h. den Menschen als ein sich sozial verhaltendes Wesen, wiederentdeckt zu haben. Eine erfolgreiche Betriebsführung wird deshalb den sogenannten „human factor" in Rechnung stellen. (Als Einführung in diese Thematik eignet sich J. A. C. Brown, Psychologie der industriellen Leistung (Lit. 3). Der Verfasser ist ein glühender Anhänger Mayos. Hinweise zur Kritik an der Mayo-Schule finden sich bei W. Burisch, Industrie- und Betriebssoziologie (Lit. 4).)

Auf die Kritik an der Mayo-Schule kann hier nicht eingegangen werden. Sie ist methodischer und ideologiekritischer Art. Ebenso können ihre Auswirkungen auf die Praxis der Betriebsführung hier nicht behandelt werden (z. B. „Human-Relation-Bewegung"). Zweifellos war es ein wichtiges Ergebnis, wenn man feststellte, daß es neben und innerhalb von mehr oder weniger bürokratisierten Organisationen eine Vielzahl von spontanen, meist kleinen und überschaubaren Gruppen-Gebilden gibt, die ein Eigenleben führen, und daß offenbar auch ein Bedürfnis nach solchem Gruppenverhalten besteht. Allerdings ist auch hier für die Erkenntnis der sozialen Wirklichkeit hinderlich, daß als Schema wieder zwei polare Begriffe verwendet werden. Die Wirklichkeit der Betriebe zeigt, daß die festesten Gruppenbildungen sich oft an die sogenannte formelle Organisation anhängen bzw. auch als ein Teil ihrer betrachtet werden können, ohne allerdings voll mit ihr identisch zu sein. Sie entstehen dort, wo der geplante betriebliche Ablauf verläßliche Kooperationsbeziehungen erfordert. Wo Arbeiter in ihrer Arbeit jahrelang aufeinander angewiesen sind, entstehen feste solidarische Gruppen, die jedoch nicht nur als Verlängerungen der Betriebsorganisation zu verstehen sind, sondern auch eigene Interessen entwickeln und manche Informationen nur unter sich austauschen, d. h. nicht nach oben weitergeben. (Dem steht nicht unbedingt entgegen, daß ihre Mitglieder sich nicht gegenseitig ausgesucht haben.)

Der Begriff „informell" ist auch insofern mißverständlich, als ja auch spontan entstehende Gruppen, wenn sie längere Zeit bestehen, feste Regeln entwickeln, die ihren Bestand sichern, d. h. einen gewissen Grad eigenständiger institutioneller „Form" erreichen. Richtig ist es aber natürlich, bei der Unterscheidung von Gruppen und anderen Sozialgebilden den jeweils höheren oder geringeren Institutionalisierungsgrad zu beachten. Manche Gruppen sind formeller als andere.

6. Überlegungen zu typologischen Unterscheidungen

Mir scheint, daß die Unterscheidung von Klein- und Großgruppen relativ unverfänglich ist. Selbstverständlich gibt es – z. B. bei kleineren lokalen Vereinen – „Zwischengrößen": an einem und demselben Gruppengebilde tauchen sowohl kleingruppenhafte Züge als auch solche von Großgruppen auf.

Dennoch braucht man sich die Begriffe nicht nur als Endpunkte einer Skala vorzustellen, zwischen denen sich ein Kontinuum ausbreitet. Man könnte auch charakteristische Schwellen feststellen. Deren Überschreiten bedeutet einen Übergang zu einer anderen Qualität.

Es gibt locker gefügte Kleingruppen, in denen die Rollenzuteilung so wenig verfestigt ist, daß man mitunter zögert, überhaupt den soziologischen Rollenbegriff zu verwenden (z. B. manche Freizeitgruppen, Diskussionsgruppen, Selbsterfahrungsgruppen). Andere Kleingruppen verfügen über eine außerordentlich feste, langandauernde und kaum entrinnbare Rollenzuteilung, z. B. die Familie.

Die Familie ist eine Kleingruppe von hohem Institutionalisierungsgrad, auch wenn die einzelne Familie in der Regel nicht über eine gesatzte Ordnung verfügt. (Das Familienrecht bleibt ja meist unbekannt und wird erst im Konfliktfall bemüht. Ohnehin ist sein Inhalt vor allem die Bereitstellung von Konfliktregelungen, nicht die Darstellung einer Familienordnung.) Großgruppen können zwar häufig auf eine gesatzte Ordnung nicht verzichten. Sie bedürfen, um überhaupt handlungsfähig zu sein, einer festen Organisation mit vielen Detailregelungen, die irgendwo niedergelegt sein müssen. Aber gleichzeitig können sie angewiesen sein auf informelle und spontane Kooperation ihrer Mitglieder. Im übrigen kann ihre formelle Ordnung manchmal leichter zu ändern sein als die scheinbar flexible ungeschriebene Ordnung mancher Kleingruppen (z. B. der Familie).

Ein ähnlich kompliziertes Bild zeigt sich, wenn man nach den Kommunikations- und Interaktionsstrukturen innerhalb von Gruppen fragt. Auf den ersten Blick scheint es so, als hätten dauerhafte „face-to-face-groups" eine höhere Kommunikations- und Interaktionsdichte als Großgruppen. Bei näherem Hinsehen zeigt sich jedoch, daß in Kleingruppen von hoher Interaktionsdichte, in denen alltags ständig kooperiert werden muß, zwar auch ein ständiger Kommunikationsfluß existiert, bestimmte Thematiken aber tabuiert sind. Eine Familie könnte gar nicht existieren und den Alltag bewältigen, wenn alles, was in ihr in der Luft liegt, ständig diskutiert würde. Manche weitere Themen sind nicht ausdrücklich verbannt, aber sie können nicht sinnvoll von allen Mitgliedern besprochen werden. Über manches kann man sich nur unter Erwachsenen verständigen. Für kleinere Kinder bleibt es unverständlich. Aber auch die Kinder haben ihre eigene „Teilkultur" und eine Kommunikationsebene, auf der die Eltern nicht mithalten können. (Die Familie ist in kultureller Hinsicht außerordentlich heterogen zusammengesetzt.) Andererseits können manche Fragen, die in der Familie tabuiert sind, in anderen Kleingruppen mit geringer Interaktionsdichte, die sich vielleicht nur gelegentlich treffen, durchaus besprochen werden (z. B. in einer vertrauten Stammtischrunde oder in einer locker gefügten Selbsterfahrungsgruppe).

Geradezu grotesk mutet an, daß höchst intime Vorgänge, die in Familien vor sich zu gehen pflegen – hinlänglich verfremdet oder verallgemeinert – ein Thema der literarischen Öffentlichkeit sein können. Am Familientisch würde man sich scheuen, über diese Dinge zu reden, insbesondere, wenn ein unmittelbarer Bezug auf die eigene Familie erkennbar ist. Aber möglicherweise haben mehrere Familienmitglieder das einschlägige Buch oder denselben Zeitungsartikel jeder für sich gelesen.

Was man sich wünschte, wäre eine differenziertere Gruppentypologie, als sie vielfach vorgenommen wird. Man sollte von einer Vielzahl von Variablen ausgehen und dann feststellen, in welcher Kombination die Befunde, auf die man innerhalb dieser Variablen stößt, sich theoretisch miteinander kombinieren lassen. Dann sollte man versuchen, ob man für diese Kombinationen Entsprechungen in der Wirklichkeit findet. So wird man auf die ungeheure Vielfalt der realen Gruppenbildungen aufmerksam werden, zugleich aber vor dualistischen Denkschemata bewahrt bleiben.

7. Schlußbemerkungen

Obwohl in der Soziologie heute sehr viel von Gruppen geredet wird, hat es den Anschein, als ob die unterschiedlichen Befunde zu diesem Thema nicht genügend zusammengebracht und verglichen werden.

Die Gruppenforschung im engeren Sinn befaßt sich vorwiegend mit einer speziellen Gruppenart: mit Kleingruppen, die einen geringen Institutionalisierungsgrad besitzen, in denen sich also auch eine emotional bestimmte Eigendynamik des Gruppenverhaltens gut beobachten läßt.

Eine ganz andere Kleingruppenart, die Familie, fällt dagegen in den Kompetenzbereich der Familiensoziologie. Formelle wie informelle Arbeitsgruppen im Betrieb werden von der Industriesoziologie erforscht. Für Großgruppen ist vielfach die Verbands- bzw. Parteiensoziologie zuständig. M. E. fehlt es an Austausch, Vergleich und Systematisierung der Befunde aus den verschiedenen speziellen Soziologien, die sich ohnehin immer mehr auseinanderleben.

Der Soziologe sollte sich heute vor einer Überschätzung der Bedeutung der Kleingruppe hüten. Auf jeden Fall ist es systematisch falsch, die Kleingruppe als Element oder Basis anzusehen, auf der sich eine Theorie aller, also auch der größeren sozialen Strukturen aufbaut. Erstens kristallisieren sich nicht alle sozialen Beziehungen in Gruppenstrukturen. Zweitens bauen sich die größeren, ihrem Umfang nach die Kleingruppen übergreifenden Sozialgebilde nicht unbedingt auf Kleingruppen auf. Sie können quer zu den Kleingruppenstrukturen liegen, woraus mitunter typische Konfliktkonstellationen entstehen (z. B. zwischen Familienleben und Berufswelt). Auch die Strukturprinzipien der Großgruppen sind nicht als ,,organische" Fortsetzung von Kleingruppen-Beziehungen zu begreifen. Die Familie ist nicht ,,Keimzelle des Staates". Allenfalls gilt dies für die politische Organisation einer Gentil-Gesellschaft. Den modernen Staat wie auch die christliche Kirche oder den Industriebetrieb kann man nur verstehen, wenn man deren spezifische Organisationsprinzipien kennt, die nicht viel mit denen von Kleingruppen zu tun haben und schon gar nichts mit denen der Familie. Der Versuch, die Soziologie von einer Theorie der Gruppe her aufzubauen, ist sicherlich genauso einseitig wie der Versuch, den Menschen als ,,homo sociologicus" (als Träger seiner Rollen) zu verstehen und diese Kategorie zum Ausgangspunkt jeder soziologischen Theorie zu nehmen.

G. C. Homans neigt in seinem Buch ,,Theorie der sozialen Gruppe" (Lit. 6) sicherlich dazu, der Gruppentheorie den Rang einer soziologischen Grundtheorie zu geben, auf der sich alles weitere aufbaut.

Wer sich aus soziologischer Sicht mit dem Thema Gruppe auseinandersetzt, darf nicht außer acht lassen, welche Bedeutung das Thema ,,Gruppe" in Nachbardisziplinen hat. Die Grenzen zur Psychologie sind hier fließend. Erinnert sei an die Gruppenpsychologie, die Gruppentherapie auf psychoanalytischer oder auch lerntheoretischer Basis und an den Stellenwert, den der Gruppenzusammenhang in der didaktischen Literatur gewonnen hat.

Allerdings muß sich der Soziologe auch vor einer übergroßen Psychologisierung des Gruppenthemas hüten. Er darf nicht nur auf das jeweilige ,,soziale Verhalten" der Gruppenmitglieder achten, sondern muß auch untersuchen, wie die ,,sozialen Verhältnisse" in das Gruppenleben hineinwirken. Hierbei hilft ihm auch ein Blick in die Geschichte. Zugleich bestärkt sie ihn, zu dem heutigen Gruppenboom Abstand zu gewinnen und ihn mit Gleichmut und Humor zu betrachten. Erinnert sei hier noch einmal an Klostergründungen in der Spätantike, Konventikel versus Amtskirche in der Geschichte des Protestantismus, die Freundschaftsbünde der Goethe-Zeit, die Verklärung der traditionellen Familie bei W. H. Riehl, das „bündische" Ideal in der deutschen Jugendbewegung, an die ideologische Verklärung der „Kameradschaft" in rechtsextremen Gruppen der Weimarer Zeit und im Dritten Reich, die Nachbarschaftsbewegung mit ihren Versuchen, die früheren Nachbarschaftsgruppen wieder zu beleben. Auch in der jüngsten Vergangenheit findet man interessante Studienobjekte: z. B. die Hochschätzung der Team-Arbeit in der neueren Wissenschaftsentwicklung und den Antiindividualismus in der Studentenbewegung Ende der sechziger Jahre (Lit. 1).

Zuletzt eine Frage, die man sich immer wieder von neuem stellen muß: Wie stark darf der einzelne eigentlich in eine Gruppe integriert sein, um für sie das zu leisten, was sie von ihm erwartet? Benötigt sie nicht, insbesondere wenn sie in eine Krise gerät, wenigstens einige Mitglieder, die genügend Ich-Stärke besitzen, um sich einer destruktiven Gruppenstimmung entgegenzustellen? Können diese Mitglieder eigentlich diese Ich-Stärke gewonnen haben, wenn sie nicht zuvor Phasen der Vereinzelung (evtl. sogar der Einsamkeit) durchlaufen und ohne Gruppenrückhalt allein bewältigt haben? Gehören nicht Phasen der Einsamkeit zu einem ordnungsgemäßen Sozialisationsprozeß? Es gibt Indianerstämme, die von Jugendlichen, die demnächst durch entsprechende Initiationsriten in den Stand der erwachsenen Männer aufgenommen werden sollen, verlangen, daß sie einige Zeit völlig allein in der Wildnis leben und überleben. W. v. Humboldt hielt „hülfreich Einsamkeit und Freiheit" für eine notwendige Bedingung des wissenschaftlichen Studiums. Hat das kontinuierliche Leben in einer stark integrierten Gruppe nicht einen Verwöhnungseffekt, der nicht nur die Persönlichkeitsentwicklung gefährdet, sondern in bestimmten Situationen auch den Zusammenhalt und die Stabilität der Gruppe selbst in Gefahr bringt?

8. Lehrbeispiele

a. Schulklassen sind manchmal außerordentlich eng verbundene Gruppen mit starker Solidarität, obwohl die Schüler sich ja nicht freiwillig in dieser Zusammensetzung zusammengefunden haben. Manche Schulklassen „wachsen", wie man sagt, allerdings nie „zusammen". In ihnen gibt es „Gruppen", die sich scharf bekämpfen, daneben Außenseiter und Einzelgänger. Versuchen Sie, diese Erscheinungen mithilfe der oben vorgestellten Begriffe zu beschreiben und eventuell zu deuten. Erörtern Sie hierbei insbesondere auch die Gruppenmoral der Schulklasse, z. B. die Norm, nicht zu „petzen", und die Regel, den Nachbarn bei Klassenarbeiten abschreiben zu lassen.

b. Viele Menschen nehmen – oft viele Jahre, nachdem sie die Schule verlassen haben – an einem „Klassentreffen" teil. Die Eindrücke sind oft gemischt. In mancher Hinsicht findet man außerordentlich schnell Kontakt zu den ehemaligen Klassenkameraden. Mitunter entdeckt man aber auch, daß sich viele von ihnen stark verändert haben – man erkennt sie kaum wieder, sie sind einem fremd geworden. Bisweilen stellt man fest, daß man einander nichts zu sagen hat. Diskutieren Sie darüber, wie sich solche Erlebnisse erklären lassen und stellen Sie dabei die Frage: Kann eine Gruppe „sich selbst überleben"? (Was meint der paradoxe Ausdruck? Hat er nur einen negativen Sinn?)

c. In vielen Unternehmen ist es üblich, zu einem Abteilungsleiter nicht einen Mann zu ernennen, der in der Abteilung selbst groß geworden ist und sich bewährt hat. Man sollte doch annehmen, ein solcher Mann wisse am besten in der Abteilung Bescheid und genieße auch das Vertrauen der Untergebenen, die ihn schon lange kennen. Warum bestellt man lieber einen von außen kommenden Mann, der sich erst mühsam einarbeiten muß?

d. Sicherlich haben Sie in der Schule und im Studium sogenannte „Gruppenarbeit" kennengelernt. Versuchen Sie sich daran zu erinnern, wann solche Lerngruppen erfolgreich waren und wann dies nicht der Fall war. Vor allem fragen Sie danach, welche Tätigkeiten in den Gruppenzusammenkünften stattfanden und welche eher Einzelarbeiten waren, deren Ergebnisse in die Gruppe eingebracht wurden. Solche Lerngruppen haben ja ein festes Ziel. Jedoch ist nicht alles, was sich in solchen Gruppen abspielt, zweckrational auf dieses Ziel bezogen. Ist dies für die Gruppe hinderlich oder förderlich?

e. Die heutige deutsche Universität wird häufig als „Gruppen-Universität" bezeichnet. Zunächst ist damit die derzeitige formale Konstruktion der akademischen Selbstverwaltung gemeint. In den verschiedenen Gremien (Senat, Fachbereichsrat usw.) sitzen nicht nur Professoren, sondern auch Vertreter der anderen „Gruppen", nämlich des sogenannten „Mittelbaus", der Studenten und der Gruppe des nichtwissenschaftlichen Personals. Allerdings wird der Ausdruck „Gruppen-Universität" auch noch in einem anderen, meist negativ gemeinten Sinn gebraucht. Man bezeichnet einen Zustand, in dem Gruppeninteressen in den Vordergrund treten, einander bekämpfen und die Einheit der Universität gefährden. Dies werde – so sagt man – durch die jetzige Universitätsverfassung begünstigt. Selbstverständlich gibt es auch andere Ansichten. Viele werden begrüßen,

8. Lehrbeispiele

daß die Gruppe der Hochschullehrer in der Universität nicht mehr allein bestimmt und daß die anderen Gruppen wenigstens gewisse Mitbestimmungsrechte haben.

Untersuchen Sie, inwieweit in diesem Text unter Gruppen „soziale Gruppen" im strengen Sinn gemeint sein könnten und inwieweit dies nicht der Fall oder zweifelhaft ist. Diskutieren Sie insbesondere die zweifelhaften Fälle, auch wenn es schwer ist, zu einer eindeutigen Antwort zu gelangen.

f. Ein Löwenbändiger erzählt aus seinem Leben. Er berichtet, es sei immer besonders schwierig, eine bereits existierende Löwengruppe zu übernehmen. Es bliebe nämlich dann nichts anderes übrig, als gleich zu Anfang die Macht des Leittiers zu brechen, also gewissermaßen den „Oberlöwen" zu entthronen. Der Dompteur müsse sich also sofort mit dem stärksten Tier anlegen. Und wenn er dessen Widerstand gebrochen habe, träten innerhalb der Gruppe sofort Turbulenzen auf. Insbesondere jüngere starke Löwen zeigten sich dann immer aggressiv gegen den gestürzten Oberlöwen.

Die Antwort auf die Frage, warum der Dompteur gezwungen ist, diesen schwierigen Weg zu gehen, lautet: Er muß selbst der „Oberlöwe" werden, d.h. er muß in die tierische „Gruppe" eintreten und in ihr eine bestimmte „Rolle" übernehmen. Könnte er nicht auch eine andere Rolle übernehmen bzw. das Rollengefüge umgestalten? Ein Lehrer, der eine Schulklasse übernimmt, könnte sich ja auch mit dem Jungen, der in ihr anerkannter „Oberlöwe" ist, verbünden? Warum kann dies der Dompteur nicht?

Die Frage zielt natürlich auf den Unterschied zwischen tierischem und menschlichem Sozialverhalten. Zweifellos verhalten sich viele Tiere in irgendeinem Sinn sozial. Es liegt nahe, von „Gruppen", „Rollen", „sozialen Systemen" usw. zu reden. Überprüfen Sie, ob diese Begriffe, wenn von tierischen Sozialsystemen die Rede ist, mit den von uns vorgelegten Begriffsbestimmungen übereinstimmen oder ob sie anders definiert werden müssen. Eine delikate Zusatzfrage: Wird der Dompteur wirklich ein Mitglied der Löwengruppe oder tut er nur so?

g. In dem Text dieses Kapitels haben wir gesagt, die Familie sei nicht „Keimzelle des Staates". Bekanntlich ist dies, insbesondere von konservativer Seite, immer wieder behauptet worden. Können Sie sich Argumente vorstellen, die diese ja keineswegs immer leichtfertig gebrauchte These stützen könnten? Welches Gesellschaftsbild liegt vor, wenn von einer Kleingruppe bestimmter Art gesagt wird, daß das größere, umgreifende Gebilde aus ihr herauswächst und nur aus ihr herauswachsen kann?

9. Literaturhinweise

1) H. P. Bahrdt: Gruppenseligkeit und Gruppenideologie, in: Merkur, 2/1980.
2) W. Bernsdorf (Hg.): Wörterbuch der Soziologie, Stuttgart 1969 (Artikel „Gruppe").
3) I. A. C. Brown: Psychologie der industriellen Leistung, rde 30, Hamburg 1956.
4) W. Burisch: Industrie und Betriebssoziologie, Berlin 1971.
5) P. R. Hofstätter: Gruppendynamik, rde 38, Reinbek 1961.
6) G. C. Homans: Theorie der sozialen Gruppe (1950), Köln-Opladen 1965.
7) R. König (Hg.): Soziologie (Fischer-Lexikon), Frankfurt/M. 1958, (Artikel „Gruppe" von R. König).
8) Th. M. Mills: Soziologie der Gruppe, München 1969.
9) W. E. Mühlmann: Chiliasmus, Nativismus, Nationalismus, in: Soziologie und moderne Gesellschaft, Verhandlungen des 14. deutschen Soziologentages, Stuttgart 1959.
10) H. Popitz: Der Begriff der sozialen Rolle als Element der soziologischen Theorie, Tübingen 1967.
11) H. E. Richter: Die Gruppe. Hoffnung auf einen neuen Weg, sich selbst und andere zu befreien, Reinbek 1972.
12) B. Schäfers (Hg.): Einführung in die Gruppensoziologie, Heidelberg 1980.
13) H. Schelsky: Wandlungen der deutschen Familie in der Gegenwart, Dortmund 1953.
14) F. Tönnies: Gemeinschaft und Gesellschaft (1887), Darmstadt 1963.
15) A. Vierkandt (Hg.): Handwörterbuch der Soziologie (1931), Neudruck Stuttgart 1959 (dort die Artikel von F. Tönnies und A. Vierkandt).

Als erster Einstieg seien empfohlen Nr. 2, 7 und 12. Nr. 12 enthält eine Reihe von Beiträgen verschiedener Autoren zu wichtigen Themen der Gruppensoziologie, u. a. von B. Schäfers, M. Schwonke, Fr. Neidhardt, D. Claessens, B. Kern, I. Herlyn. Zur weiteren Vertiefung in die allgemeine Gruppensoziologie eignen sich Nr. 6, 8. Gruppenprobleme aus sozialpsychologischer Sicht behandelt Nr. 5, aus psychoanalytischer Perspektive Nr. 11. Zum Thema „informelle Gruppen und formale Organisation" im Betrieb vgl. Nr. 3 und die kritischen Stellungnahmen in Nr. 4. Zu dem Begriffspaar „Gemeinschaft und Gesellschaft" vgl. 14, aber auch den späteren (und kürzeren) Artikel in Nr. 15. Nr. 1 ist ein vorwiegend polemischer Beitrag des Verf. dieses Buches, in dem die kritischen Bemerkungen dieses Kapitels näher erläutert werden. Die übrigen in der Liste genannten Titel sind nur aufgeführt, weil sie im Text bei der Behandlung spezieller Fragen erwähnt werden.

VI. Soziale Struktur und soziales System

> Ein Kollege, einst ein Rebell,
> sagt: ,,Alles ist strukturell.
> Man lebt in Systemen.
> Was soll ich mich schämen?"
> Der Kerl arrivierte sehr schnell.

1. Vorbemerkungen

Hier ist gleich zu Anfang ein ähnlicher Hinweis am Platze wie im vorigen Kapitel. Es handelt sich nicht um eine erste Einführung in Systemtheorien, weder in die ,,strukturell-funktionale" Theorie (z. B. von T. Parsons) noch auch in die Theorie N. Luhmanns, der für seine Theorie den Namen ,,funktional-strukturell" beansprucht (Lit. 5).

Beide Theorien handeln ausdrücklich von sozialen Strukturen und sozialen Systemen und werden als ,,Systemtheorien" bezeichnet. Daneben gibt es andere System-Theorien. Eine bekannte, zugleich soziologische und ethnologische Schule nennt sich ,,strukturalistisch" (z. B. Lévi-Strauss, Lit. 1). In allen diesen Theorien haben die Begriffe ,,Struktur" und ,,System" unterschiedlichen Stellenwert. Außer ein paar Bemerkungen vermittelt dieses Kapitel hierzu nichts, und zwar nicht, weil wir diese Theorien für unwichtig halten. Eine gewisse Vorstellung von ihnen zu gewinnen, gehört sicherlich zu jedem Soziologiestudium. Jedoch würde ihre Behandlung den hier gesteckten Rahmen sprengen.

Wer in die genannten Theorien eindringen will, muß sich auch mit ihrer speziellen Begrifflichkeit vertraut machen. Unsere hier vorgelegten Begriffsbestimmungen sind in gewisser Hinsicht vorläufiger Natur. Mancher Leser könnte sagen, da fange ich doch lieber gleich mit Parsons oder Luhmann an. Das wäre ein ehrenwerter Entschluß. Andere Leser werden aber Nutzen davon haben, wenn sie vorher auf Tücken aufmerksam gemacht worden sind, die den Begriffen ,,Struktur" und ,,System" in jedem Falle anhaften. Mehr als in anderen Kapiteln sollen unsere Ausführungen ,,Vorwarnungen" aussprechen.

2. Struktur

a) Allgemeiner Strukturbegriff

Von einer Struktur kann man ganz allgemein sprechen, wenn eine Mehrzahl von Einheiten in einer nicht zufälligen Weise miteinander verbunden ist, so daß sich Regelmäßigkeiten zeigen. Diese „nicht zufällige" und „Regelmäßigkeiten" aufweisende Verbundenheit kann freilich auf ganz verschiedenen Momenten beruhen. An einem komplexen geometrischen Körper entdecken wir etwa eine Struktur, weil er sich aus bestimmten Dreiecken und Vierecken in einer bestimmten Abfolge zusammensetzt. (Es könnte sich um den Pappkern eines selbstgebastelten Adventssterns handeln, auf den nachträglich die Strahlen aufgesetzt werden, die jeweils eine dreieckige oder quadratische Grundfläche haben.) Würde man sich eine dieser Flächen anders vorstellen, dann müßten viele oder alle anderen Flächen ebenfalls eine andere Form haben, wenn der Körper irgendeine regelmäßige Form behalten soll. An einem Gebirge stellen wir eine geologische Struktur fest: Die Erdgeschichte hat durch Verschiebungen und Überlagerungen eine uns regelmäßig erscheinende Schichtung von Gesteinsarten hinterlassen. „Regelmäßig" heißt hier: Man kann erwarten, daß das, was ich an einer Stelle vorfinde, an anderen Stellen wiederkehrt. Worauf es ankommt, ist aber nicht, daß sich alle Einzelheiten vollständig wiederholen, sondern daß zwischen den Elementen solche Beziehungen wahrnehmbar sind, die Voraussagbarkeit begründen. Wäre eine der in einer erdgeschichtlichen Periode entstandenen Schichten an einer Stelle dicker, so wären andere, später entstandene Schichten entweder dünner oder stärker gewölbt oder auch unterbrochen. Wir sprechen auch von der Altersstruktur einer Population: Die verschiedenen Altersklassen interessieren uns dann nicht so sehr in ihrer absoluten Größe, sondern in ihrem quantitativen Verhältnis zueinander. Wir glauben z. B., daß es, wenn wir etwas über die älteren Leute in einer Gesellschaft aussagen wollen, wichtig ist zu wissen, welchen Anteil sie an der Gesamtpopulation haben und wie stark die anderen Altersklassen, d. h. die jungen und mittleren Jahrgänge, im Vergleich zu den alten Jahrgängen besetzt sind.

Kann man sagen, wir hätten es hier mit einer „sozialen Struktur" zu tun? Obwohl das, was wir hier feststellen, durchaus die Gesellschaft betrifft, wollen wir noch nicht diesen Begriff gebrauchen. In diesem Fall handelt es sich um eine Struktur, die aufgrund von Daten, denen durchaus eine Wirklichkeit entspricht, vom Forscher an ein Material herangetragen wird. Aber er ist es, der die Daten „strukturiert". Es liegt hier noch nicht eine Struktur vor, welche die Gesellschaft selbst hat, nämlich eine, die die Gesellschaft selbst durch Verhalten und Handeln der Individuen immer wieder hervorbringt. Selbstverständlich ist es möglich, daß Daten vom Forscher oder Statistiker erhoben und in einen strukturellen Zusammenhang gebracht werden, um dann etwas über die Struktur, welche die Gesellschaft selbst hat, zu erfahren. Genaugenommen ist dies aber ein weiterer Arbeitsschritt, obwohl es natürlich häufig vorkommt, daß ein Forscher aufgrund eines Vorverständnisses oder einer Hypothese über die Gesellschaft und ihren Aufbau die Datenerhebung und Datenstrukturierung so arrangiert, daß eine Verifikation bzw. eine Falsifikation seiner Vermutungen ermöglicht wird. (Vgl. hierzu die Überlegungen in Kap. V zu ,,Gruppe".)

b) ,,Sozialstruktur" und ,,soziale Struktur"

Es ist vielleicht zweckmäßig, für den Hausgebrauch zwischen ,,Sozialstruktur" einerseits und ,,sozialen Strukturen" bzw. ,,Gesellschaftsstruktur" andererseits zu unterscheiden. (,,Gesellschaftsstruktur" hat das Ganze einer Gesellschaft im Auge, während ,,soziale Strukturen" auch kleinräumige Strukturen meinen können.) Diese Festlegung ist etwas willkürlich, aber sie empfiehlt sich, weil mit ,,Sozialstruktur" nun einmal oft Sammlungen strukturierter Daten bezeichnet werden. Es handelt sich um vorwiegend auf Statistiken aufbauende Publikationen. Freilich ist ihr Sinn meistens, zu Erkenntnissen über die Struktur, welche die Gesellschaft selbst hat, hinzuführen. Deshalb werden die hierbei gesammelten Daten oft auch ,,Strukturdaten" genannt, wobei mit ,,Struktur" jetzt ihre Relevanz für die Struktur der Gesellschaft gemeint ist. (So ist z. B. das Buch von F. Fürstenberg: ,,Die Sozialstruktur der Bundesrepublik Deutschland" primär eine strukturierte Aufbereitung von Sozialdaten bzw. Strukturdaten, wobei der Verf. aber auch, vor allem am Schluß des Buches, Aussagen über die Struktur der bundesrepublikanischen Gesellschaft macht. Fürstenberg ist selbst auf die Mehrdeutigkeit des Begriffes ,,Sozialstruktur" in einem Aufsatz eingegangen (Lit. 3).)

c) Normative Strukturen

Nicht alle Strukturen, welche offenkundig in der Gesellschaft bestimmend sind (d. h. das Handeln der Gesellschaftsmitglieder beeinflussen), nennen wir bereits ,,soziale Strukturen". In dem Kapitel über Normen wurde bereits behandelt, daß die verschiedenen in einer Gesellschaft geltenden Normen nicht unverbunden nebeneinander existieren, sondern in unterschiedlicher Weise aufeinander verweisen. So gibt es einmal eine hierarchische Ordnung, in der spezielle Anwendungs-Normen allgemeinen Grundsatz-Normen untergeordnet werden. Ferner gibt es für Normen verschiedenen Inhalts Prioritätenregelungen, die in Kraft treten, wenn in einer bestimmten Situation ein Normenkonflikt auftritt. Die jeweils durchaus begründbaren, also nicht zufälligen geistigen Beziehungen zwischen Normen nennt man „normative Strukturen". Da sie nicht nur den Forscher oder den Philosophen, der ein ethisches System entwirft, interessieren, sondern – wenn auch meist nur ausschnittsweise – auch die handelnden Mitglieder der Gesellschaft, könnte man die geltenden normativen Strukturen (bzw. „strukturierten Normen") auch als einen Teil des gesamtgesellschaftlichen Geschehens, also auch als einen Teil der „Struktur der Gesellschaft" ansehen.

Zur Wirklichkeit der Gesellschaft gehören ja auch die Formen des handlungsleitenden Bewußtseins. Aber das Bewußtsein allein macht noch keine volle Wirklichkeit aus. Die normativen Strukturen können sicherlich auch gesondert betrachtet werden. Man muß sich nur darüber klar sein, daß man dann von wichtigen Teilen der sozialen Wirklichkeit abstrahiert. Man meint mit „normativen Strukturen" strukturierte Bewußtseinsinhalte, die im Kommunikationsprozeß der Gesellschaft ausgetauscht und tradiert werden und dadurch Geltung erlangen. Sie beeinflussen die Handlungszusammenhänge, sind aber nicht mit ihnen identisch. Die Handlungszusammenhänge sind keineswegs nur Ausfluß normativer Geltungen. In ihnen ist erstens viel Zufälliges wirksam; außerdem gibt es in ihnen weitere Regelmäßigkeiten, die nicht durch geltende Normen bestimmt werden. In einer Gesellschaft gibt es also stets Strukturelemente normativer und nichtnormativer Art. Dies ist wichtig zu betonen, weil es bei der Rezeption der strukturell-funktionalen Theorie leicht dazu kommt, das gesellschaftliche System, insofern es „System" ist, also Regelmäßigkeiten zeigt, auf das System der Normen zurückzuführen und Geschehnisse, die dazu nicht passen, als „Abweichungen" zu behandeln. Diese geraten dann theoretisch gewissermaßen in den „zweiten Rang".

d) Soziale Strukturen

Unter sozialen Strukturen sollen soziale Verhältnisse, d. h. als „objektiv" erlebte Zusammenhänge, die durch soziales Handeln entstehen, verstanden werden, die nicht nur faktisch die Situation einzelner sozialer Verhaltensweisen bzw. Interaktionen überdauern, sondern ihre Dauerhaftigkeit spezifischen Stabilisationsmomenten verdanken. Diese bewirken, daß Veränderungen im Verhalten der Beteiligten entweder gar nicht erst eintreten oder nur ephemer bleiben oder aber in der Weise kompensiert werden, daß sie keine entscheidenden weiterreichenden Folgen haben. Solche Stabilisationsfaktoren sind z. B. Sanktionsmechanismen, institutionelle Verfestigungen, Traditionen, die im Sozialisationsprozeß weitergegeben werden. Auch Umverteilungen des Volkseinkommens in sozialpolitischer Absicht zählen dazu, insofern sie systemgefährdende Armut und andere Notlagen ausgleichen. „Soziale Strukturen" bezeichnen aufeinander bezogene, auf Einstellungen beruhende Verhaltensregelmäßigkeiten in einem Ausschnitt des gesellschaftlichen Geschehens. Man muß hier auch daran denken, daß eine bedrohte soziale Struktur häufig, wenn die bisherigen Stabilisatoren versagen, durch Einsatz neuer Mittel stabil erhalten wird. In diesem Zusammenhang spricht man oft von einem funktionalen Gleichgewicht, das dauerhaft ist, obwohl die „Gewichte" ausgetauscht werden. Die Stabilität einer Struktur darf also nicht statisch verstanden werden. Sie ist ein Prozeß dauernden Ausbalancierens. Dieses ist nicht immer Ergebnis eines zielbewußten Handelns. Es gibt auch ein kaum bewußtes Herumtasten, das sich schließlich nach dem Gesetz von „trial and error" auf eine Form einpendelt, die in etwa, wenn auch nicht ganz auf dieselbe Art, eine Zuständlichkeit aufrechterhält, die auch bisher erwartbar war.

Im Unterschied zu einem weitverbreiteten Sprachgebrauch sollen als Strukturen, wie gesagt, nicht nur solche stabilen Interdependenzen von Verhaltensregelmäßigkeiten bezeichnet werden, die auf gemeinsamen Normen, gemeinsam anerkannten Rollengefügen und gemeinsamen Werten beruhen. Auch aus dauerhaften Interessen- und Machtkonstellationen können sich Einstellungen ergeben, die soziale Verhältnisse in der Weise stabilisieren, daß man von sozialen Strukturen sprechen kann. Die hierbei vorliegenden Einstellungen brauchen nicht rückhaltlose Bejahung derjenigen Verhältnisse zu beinhalten, zu deren Erhaltung dann das Verhalten funktional beiträgt. Sie können auch auf einer vorläufigen Hinnahme mit Vorbehalt oder auf Resignation beruhen. So gibt es in der Geschichte „sich selbst stabilisierende" Ausbeutungsverhältnisse, ohne daß eine die ganze Gesellschaft erfassende Ideologie diese rechtfertigt. Obwohl die meisten Menschen in diesen Verhältnissen nicht eine „Ordnung" sehen, gibt es Gründe, sich auf sie einzustellen und damit zu ihrer Dauerhaftigkeit beizutragen.

Was diese oft über Jahrhunderte dauernden Strukturen sichert – zu denken ist z. B. an agrarische Klassenstrukturen in vorindustrieller Zeit und heute in vielen Entwicklungsländern –, ist nicht allein die Macht der Mächtigen, sondern auch die Erfahrung der Unterdrückten, daß der Versuch einer Umwälzung zunächst einmal alles noch schlimmer werden läßt: Der Alltag zerbricht, damit auch jede Regelmäßigkeit der Versorgung. Sehr bald herrscht jedenfalls Hunger, auch wenn man die Kornspeicher des Grundherrn plündert.

Der Begriff „soziale Struktur" spiegelt nicht die gesamte soziale Wirklichkeit jenes Ausschnitts aus einer Gesellschaft wider, auf den er sich bezieht, sondern bezeichnet nur das, was in ihm interdependent ist und sich immer wieder stabilisiert. D. h. bei der Verwendung des Strukturbegriffs wird von zahllosen sozialen Geschehnissen abgesehen, die wenig

Interdependenzen und keine sozialen Stabilisationsmomente enthalten. Der Aspektcharakter bzw. die spezielle Abstraktionsform des Strukturbegriffs muß bei seiner Verwendung im Auge behalten werden. Wenn wir von der Struktur eines Gemüsemarktes sprechen, interessiert uns schon, daß das Warenangebot mit der Jahreszeit regelmäßig wechselt, jedoch nicht, daß die Hausfrau X am Tage Y besonders viel Zwiebeln kauft, weil sie Zwiebelsuppe für eine größere Gesellschaft kochen will. Nicht alle sozialen Ereignisse sind in ihrem Kern Ausflüsse sozialer Strukturen. Freilich geschehen sie in einem Rahmen von Strukturbedingungen. Man kann auch sagen: Die strukturellen Verfestigungen umfassen nicht alles soziale Geschehen, sondern lassen Kontingenzen (Zufalls- oder auch Beliebigkeitsspielräume) zu.

Das Wort „soziale Struktur" meint allerdings nur relative Stabilität, nicht eine solche „für ewig". Sonst könnte man nicht von „Strukturwandel" sprechen. Der Begriff „Strukturwandel" bezeichnet nicht nur einfach gesellschaftliche Veränderungen, sondern einen Wandel, der sich an Verhältnissen vollzieht, die über Stabilisatoren verfügen. Man muß also bei „Strukturwandel" stets fragen, welche Faktoren eine solche Determinationskraft haben, daß sie die Stabilisationsmechanismen außer Kraft setzen. (Z. B.: Was war so wirksam, daß die schwer überschreitbare Schwelle von der ständisch geordneten Agrargesellschaft in Richtung auf eine kapitalistisch bestimmte Industriegesellschaft überschritten werden konnte?)

Wenn wir von der „Struktur einer Gesellschaft" reden (entweder einer realen Gesellschaft oder eines Gesellschaftstypus), so unterstellen wir, daß eine Vielzahl von Einzelstrukturen sich zu einem umfassenden Strukturzusammenhang bzw. zu einer einzigen übergreifenden Struktur zusammenfügen. Diese Struktur beschreibt die Gesellschaft unter dem Aspekt ihrer relativen Stabilität, klammert also andere Aspekte aus. Nach unserer Begriffsbestimmung darf „Struktur einer Gesellschaft" nicht mit „Gesellschaftsordnung" gleichgesetzt werden. Diese macht nur einen Teil ihrer Struktur aus, nämlich denjenigen, der auf normativen Elementen und Wertorientierungen beruht. Eine antagonistische Gesellschaft könnte im Grenzfall durchaus eine Gesellschaftsstruktur, aber keine allgemein geltende Gesellschaftsordnung haben, was nicht ausschließt, daß in ihr konkurrierende Vorstellungen über eine richtige Gesellschaftsordnung wirksam sind. „Gesellschaftsordnung" ist ein Wertbegriff. In einer werturteilsfreien Betrachtung relativ verfestigter (d. h. durch nicht zufällige Handlungsregelmäßigkeiten strukturierter) Verhältnisse dürften wir genaugenommen das Wort „Ordnung" nur mit Anführungszeichen verwenden, und zwar dann, wenn viele Mitglieder in den Stabilitäten ihrer Gesellschaft eine „Ordnung" erkennen und anerkennen.

Selbstverständlich findet man auch in einer Gesellschaft, die von der

4. Klassifikationssysteme

Mehrheit als nicht „geordnet" oder als nicht „in Ordnung" angesehen wird, zahlreiche Strukturen, die von den Betroffenen als „Ordnungselemente" erlebt werden. Besonders zu diskutieren wäre hier die sogenannte „normative Kraft des Faktischen". Eine bloß durch Zufall oder Machtausübung entstandene und dann sich selbst stabilisierende, d. h. „strukturelle" Neufestigung könnte für die Betroffenen immerhin den Wert haben, daß sie Erwartbarkeiten begründet und damit zukunftsorientiertes Handeln ermöglicht. Dies kann dazu führen, daß die Betroffenen aus der von ihnen positiv bewerteten Regelmäßigkeit eine Sollensvorschrift machen. Möglicherweise schließt sich auch die Justiz an, und zuletzt nimmt es der Gesetzgeber zur Kenntnis. In bestimmten Gesetzen schreibt er vor, daß die „Verkehrssitte" zu gelten habe.

3. Zum Begriff des Systems

System ist ein Begriff, mit dem wir strukturelle Zusammenhänge unter dem Gesichtspunkt betrachten, daß sich alle Teilstrukturen in der Weise einander zuordnen, daß ein geschlossener, sich selbst erhaltender Funktionszusammenhang entsteht, der nach außen abgegrenzt ist. Simplifiziert ausgedrückt: Ein soziales System ist eine komplexe soziale Struktur mit Grenze. Entscheidend ist, daß dort, wo von Systemen gesprochen wird, die Begrenztheit des Ganzen konstitutiv für den Charakter und die Zuordnung der Teile des Ganzen zueinander sind. Die das System tragenden sozialen Verhaltensweisen, Interaktionen und Strukturen werden als Funktionen des begrenzten Ganzen gedeutet. Was nun freilich als „Funktion" zu betrachten ist, richtet sich nach der Art des Systems.

4. Klassifikationssysteme

Es gibt z. B. Klassifikationssysteme, die dem Ziel dienen, die Übersicht über einen komplexen Ausschnitt aus der Wirklichkeit zu gewinnen. Die Klassifikation, d. h. die Zuordnung von Gegenständen gemäß gemeinsamer Eigenschaften unter Begriffe und danach die Subsumtion dieser Begriffe unter Oberbegriffe, geschieht nach logischen Regeln. Man könnte fragen: Wo bleibt dann die Funktionalität? Funktionalität meint doch eine Bedeutung eines einzelnen für das Ganze. Läuft eine Klassifikation nicht gerade auf das Gegenteil hinaus, nämlich auf ein Auseinandersortieren in lauter Einzelheiten? Die verschiedenen Begriffe und Oberbegriffe sind aber durchaus funktional, nämlich im Hinblick auf eine gedankliche Ordnung. Diese verhilft mir als einem, der Erkenntnis über einen komplexen Sachverhalt gewinnen will, von dem ich nur ein diffuses Vorverständnis habe, dazu, mein Augenmerk auf Unterschiede der Eigenschaften und auf Ähnlichkeiten zu lenken; ferner macht sie mich darauf aufmerksam, wenn ich etwas Wichtiges übersehen habe. Sie belehrt mich darüber, ob meine Vorstellungen über relevante Gegenstände allgemein und inhaltsarm oder speziell und konkret sind.

Eine solche Klassifikation hilft mir ein Stück weiter bei theoretischen Überlegungen. Sie kann aber auch ganz praktische Bedeutung haben, nämlich dem Zweck dienen, aufbewahrte Gegenstände, deren Ort ich wegen ihrer Vielzahl nicht im Kopf behalten kann, wiederzufinden. Werden Gegenstände gemäß gemeinsamer Eigenschaften an gemeinsamen Orten zusammengebracht, dann weiß ich – da ich mir die Klassifikation leicht merken kann, falls sie nach einheitlichen Gesichtspunkten entworfen und in sich logisch ist –, wo ich suchen muß.

Aber was heißt jetzt „System"? Worin liegt die Funktion der Tatsache, daß in einem Ersatzteillager einer Autoreparaturwerkstatt in einem Regal sich lauter Schrauben befinden, jeweils geordnet nach Größe, in einem anderen Regal Dichtungen, ihrerseits unterteilt nach Größe oder Dicke. Funktional ist diese Aufgliederung im Hinblick auf die übergreifende Funktion eines Ersatzteillagers. Dieses hat die Funktion, für anfallende Reparaturen die benötigten Ersatzteile bereitzuhalten. Und diese Funktion erfüllt es, wenn alle Teile die gebraucht werden, schnell gefunden werden können.

Dieses System hat aber nichts damit zu tun, in welchem Funktionszusammenhang die Teile nachher in reparierten Autos stehen. Dort fügen sich die Schrauben gleicher Größe nicht zu einem Motorenteil zusammen; sondern einzelne Schrauben (evtl. verschiedener Größen) werden mit Metallgebilden verschraubt, die ihrerseits keine Schrauben sind.

Sie sind jetzt allerdings Glied in einem Funktionssystem, nämlich dem des funktionierenden Autos. Die Ordnung eines Ersatzteillagers ist ebenfalls ein System, ein anderes; sie ist in ihren Regelungen auch funktional. Deren funktionaler Sinn ist letztenendes auch praktisch: Es fördert die Schnelligkeit der Arbeit und die rechtzeitige Nachbestellung der Einzelteile, wenn alle Teile an ihrer Stelle liegen. Dies leistet sie, indem sie bestimmte Orientierungsakte ermöglicht. Dies ist aber etwas grundsätzlich anderes als die Funktionalität dieser Einzelteile nach ihrem Einbau in das Fahrzeug. Letztere besteht in ihrem Beitrag zu dem System eines Fahrzeugs, das fährt, das getankt, gebremst, beleuchtet werden kann usw.

Natürlich ist dieses Funktionssystem eines funktionierenden Autos auch Gegenstand von Orientierungen. Da diese kompliziert sein können, gibt es sogar besondere Schaltpläne, an denen der Autoelektriker besser und schneller erkennen kann, welche Schaltungen funktional in Ordnung sind, als wenn er sich das reale Auto anschauen würde. Aber solche Hilfsmittel sehen natürlich ganz anders aus als der Plan eines Ersatzteilla-

4. Klassifikationssysteme

gers, aus dem hervorgeht, wo die Schrauben, Dichtungen usw. zu finden sind. Für uns ist bisher nur folgendes wichtig: Klassifikationssysteme, z. B. solche für soziologische Begriffe, können der besseren wissenschaftlichen Orientierung über die Gesellschaft dienen; sie geben Hinweise auf das, was vorkommt, und geben auch manche Anhaltspunkte dafür, in welcher Reihenfolge man erkennend oder rezipierend tunlichst vorgeht, da man ja nicht alles, was zugleich passiert und miteinander zusammenhängt, auch zugleich denken und aussprechen kann. Aber solche Klassifikationssysteme sind nur Systeme für einige – keineswegs alle – Orientierungsvorgänge über die Gesellschaft. Sie bilden nicht die Funktionszusammenhänge der Gesellschaft selbst ab. Wer ein Klassifikationssystem soziologischer Begriffe, obwohl dies seine Funktionalität besitzt – sonst wäre es ja kein System –, mit dem System bzw. einem Teilsystem der Gesellschaft verwechselt, macht sich der Reifizierung von Begriffen schuldig. D. h. er schreibt einem Begriff, der eine Wirklichkeit bezeichnet, die er selbst nicht ist, Wirklichkeitscharakter zu.

Dies ist nicht ganz trivial. Schließlich haben viele Philosophen seit Plato geglaubt, es gäbe unabhängig vom menschlichen Bewußtsein Ideen, die zugleich waltende Prinzipien des Aufbaus der Welt und des Weltgeschehens wie auch Offenbarung der Wahrheit sind. Mehr oder weniger deutlich besagten die Begriffe, die wir haben, inwieweit wir an der Wahrheit partizipieren bzw. ob wir selbst „in der Wahrheit" sind.

Obwohl diese Auffassung von der modernen Philosophie und Wissenschaft als unzulässige Metaphysik angesehen wird, d. h. als eine unzulässige Überschreitung des Bereichs möglicher Erfahrung und damit des Bereichs verifizierbarer Aussagen über Wirkliches, kann uns diese Denkweise immer wieder einmal ein Bein stellen. Ein Klassifikationssystem soziologischer Begriffe ist jedenfalls nicht mehr als ein System von Bezeichnungen von gesellschaftlichen Tatsachen, mit Hilfe derer Wissenschaftler einen Teil ihrer Gedanken über gesellschaftliche Tatsachen in eine gewisse Ordnung bringen. Die einzelnen Begriffe sind funktional, insofern sie in der Weise voneinander abgegrenzt sind, daß ich Sachverhalte deutlicher voneinander unterscheiden kann und daß ich weiß, auf welcher Allgemeinheitsstufe ich rede. Es gibt einheitliche Regeln, nach denen die Begriffe aufgebaut werden und einander ausschließen oder implizieren. Daraus entsteht ein Ganzes, von dem ich mich auf gebahnten Wegen zum einzelnen entlanghangeln kann, oder vom einzelnen zum Ganzen. (Schön wär's, wenn die Soziologie ein solches Begriffssystem besäße; Ansätze hierzu gibt es natürlich.) All dies erleichtert auch die Kommunikation.

Ein solches System hat auch seine Grenze. Aber die Grenze ist durchlässig und muß durchlässig sein. Das Begriffssystem der Psychologie grenzt daran an. Es stellt gewissermaßen ein Stück „System-Umwelt" dar, mit der sich der Soziologe gelegentlich auseinandersetzt, da er die Erkenntnisse der Psychologen berücksichtigen muß. Er muß sich z. B. klarmachen, daß die Psychologen unter „Rolle" etwas Ähnliches, aber nicht genau dasselbe verstehen wie er. Das Klassifikationssystem soziologischer Begriffe könnte (und sollte) also in seinem Innern so ausgearbeitet sein, daß Grenzüberschreitungen von einer Disziplin zu einer anderen möglich sind. Es könnte auch sein, daß sich in einem soziologischen Klassifikations-Begriffssystem Begriffe finden, die aus einer anderen Wissenschaft stammen und noch nicht hinreichend gedanklich integriert sind. Dies war z. B. lange Zeit bei dem Begriff „Gesellschaft" der Fall, der aus der Staatsphilosophie stammt und zunächst vielfach einen Zwischenbereich zwischen Staat und Familie bezeichnete. Inzwischen gibt es einen umfassenden soziologischen Gesellschaftsbegriff. Der Staat wie auch die Familie sind demnach Teilgebilde der Gesellschaft neben anderen. Aber dies hat lange gedauert, wie man z. B. an dem Begriffspaar „Gemeinschaft" und „Gesellschaft" (Tönnies) erkennen kann, das noch verwendet wurde, als die Soziologie schon längst über den genannten umfassenden Gesellschaftsbegriff verfügte.

Obwohl solche Begriffssysteme sich auf Soziales beziehen und obwohl ihre Ausarbeitung und Handhabung in sozialen Prozessen geschieht (z. B. auf Kongressen, in Lehrveranstaltungen, im Kommunikationsmedium der literarischen Fachöffentlichkeit), sind sie selbst nicht das, was wir „soziale Systeme" nennen.

5. Soziale Systeme

a) Teleologische Struktur sozialer Systeme

Von „sozialen Systemen" können wir nur da sprechen, wo und insofern Strukturen der realen Gesellschaften den Charakter von Systemen annehmen, d. h. wo aus wirklichem Verhalten und Handeln von Menschen Strukturen entstehen, die sich im Hinblick auf ein Telos funktional zusammenfügen. Hieraus entsteht eine übergreifende Struktur, die sich von einer Außenwelt abgrenzt. Abgrenzung heißt wie gesagt nicht Abschottung, wohl aber, daß die Verhaltensweisen und Handlungsweisen, die über die Systemgrenzen hinauswirken, einen anderen Charakter haben als solche innerhalb des Systems. Dabei ist im Auge zu behalten, daß Beziehungen im Innern des Systems durch die Tatsache mitbeeinflußt sind, daß es auch Außenweltsbeziehungen gibt.

Ein solches System, das eine funktionale Einheit bildet, ist also auf ein „Telos" bezogen. Dieses zu erkennen, verlangt „teleologisches" Denken.

5. Soziale Systeme

Worin könnte dieses „Telos" bestehen? Bei den vorhin behandelten „Klassifikationssystemen" ist dies leicht zu beantworten: Sie dienen einem oder auch mehreren Zwecken, die von einigen Wissenschaftlern gesetzt und von den übrigen anerkannt worden sind. Sie wollen besser forschen, kommunizieren und lehren können. Solche Zwecksetzungen durch Menschen können auch „sozialen Systemen" zugrundeliegen. Ein Industriebetrieb ist sicherlich ein soziales System. Die in ihm stattfindenden Tätigkeiten sind funktional im Hinblick auf einen Betriebszweck, über den bei den Betriebsangehörigen – trotz aller Spannungen – ein hinlänglicher Konsens besteht: Es sollen durch Arbeit Gegenstände hergestellt werden, die verkäuflich sind und Geld einbringen, das für Löhne, Investitionen und Gewinne zur Verfügung steht.

Es gibt aber nun auch systemartige Gebilde, die durch Handlungen und Verhaltensweisen vieler Menschen entstehen und sich erhalten, ohne daß diese mit ihrem jeweiligen Tun die Verwirklichung eines Systemziels anstreben. Es fragt sich manchmal, ob überhaupt irgendjemand jemals ein Systemziel formuliert hat. Trotzdem erscheint das Handeln vieler irgendwie koordiniert. Auf jeden Fall wirken die Einzelhandlungen in der Weise, daß innerhalb eines bestimmten personellen oder thematischen Bereichs sich ähnliche Verhältnisse erhalten bzw. sich immer wieder herstellen.

Obwohl es an einer übergreifenden Zielorientierung der Subjekte in der Form eines kollektiven Konsens fehlt, brauchen die Einzeltätigkeiten keineswegs „irrational" zu sein. Jeder verfolgt seine Ziele bewußt mit den jeweils geeignet erscheinenden Mitteln. Diese werden gewählt auf dem Hintergrund von Rahmenbedingungen, die im großen und ganzen gleich bleiben. Damit trägt das jeweilige einzelne Tun wieder zum Gleichbleiben der Rahmenbedingungen und zur Stabilisierung eigener Erwartungshorizonte und derjenigen anderer Subjekte bei und damit auch zur Erhaltung des sozialen Systems.

Ein wichtiges Moment kann dabei sein, daß all das, was so bleibt, wie es ist, für den Alltag einen besseren Erwartungshorizont abgibt als alle Änderungen der Rahmenbedingungen, die – so wünschenswert sie immer sein mögen – zunächst den Alltag unkalkulierbar machen. Auf dieser Ebene, die selbst noch keine Zielvorstellungen für ein System enthält, liegt ein Bonus, den auch der schlechteste Konservativismus für sich verbuchen kann. Freilich: „Konservativismus" impliziert bereits eine wertorientierte umfassende Objektivation ineinandergreifender Verhältnisse, d.h. ein sinngebendes Systembewußtsein.

Für uns gilt jedenfalls: Die Minimalbedingung für ein soziales System ist, daß die strukturierten Einzelhandlungen der Subjekte in dem Sinne funktional ineinandergreifen, daß eine Stabilität der Verhältnisse, welche die Rahmenbedingungen für die Einzelhandlungen abgeben, gewährleistet ist. Es kann also soziale Systeme geben, die nicht auf einer gemeinsam von allen getragenen Ordnungsvorstellung beruhen. Es genügt, daß jeder sich auf ,,Verhältnisse" einstellt und sie dadurch befestigt. In der Wirklichkeit wird man es natürlich meist mit Mischformen zu tun haben. Trotzdem war die bisherige Überlegung nicht überflüssig. Dies soll am Phänomen des Marktes verdeutlicht werden, der durchaus ein soziales System darstellt, wenn er funktioniert. Das Gleichgewicht von Marktverhältnissen, wobei auch Teilmärkte durchaus Systemcharakter haben, beruht prinzipiell darauf, daß alle Anbieter und Nachfrager ihren persönlichen Vorteil suchen. Sie finden ihn im großen und ganzen dann, wenn immer die Chance besteht alle Waren, die man hat, zu verkaufen bzw. die Waren, die man braucht, einzukaufen, freilich beides zu wechselnden Preisen. Wenn dies gewährleistet ist und die Preise auch nicht allzusehr schwanken, ,,funktioniert" der Markt. Er stellt einen relativ sicheren Rahmen für produzierendes und disponierendes Handeln dar, das an der Zukunft orientiert ist.

Im Kern beruht der ,,Markt" als System nicht auf einer waltenden Ordnungsvorstellung, sondern gerade auf einem Verzicht auf eine solche. Freilich bedarf ein Marktsystem dann doch einer Reihe von stützenden – normativ verankerten – Ordnungsvorstellungen, damit die jeweiligen Tauschvorgänge korrekt ablaufen. Damit ein Tausch überhaupt möglich ist, müssen die potentiellen Tauschpartner mindestens anerkennen, daß das zu tauschende Gut zunächst Eigentum des Partners ist und man seiner erst habhaft wird, wenn der andere es weggibt, nachdem er ein ,,Äquivalent" (über das man sich einig sein muß) entgegengenommen hat. Ein Marktsystem hat in der Praxis stets einen komplizierten institutionellen Rahmen (,,Handelsrecht", ,,Währungsordnung", polizeiliche Kontrollen usw.). Dieser ist eine ,,Ordnung", über die ein kollektiver Konsens besteht.

Welche Bedeutung dieser institutionelle Rahmen besitzt, zeigt der sogenannte ,,Doppelgriff" der Schwarzhändler. Nach dem Krieg bildeten sich überall ,,Schwarzmärkte" für Lebensmittel, Zigaretten etc. Es war üblich, daß der Tauschpartner eine Schachtel amerikanischer Zigaretten in genau demselben Augenblick aus der Hand gab, in dem er mit der anderen Hand den Hundertmarkschein entgegennahm. Niemand hätte riskiert, daß der unbekannte Partner auch nur eine Sekunde lang sowohl das Geld wie auch die Zigaretten in seiner Hand gehabt hätte. Er hätte ja weglaufen können. Da der ganze Schwarzmarkt ohnehin illegal war, gab es auch keinen Schutz der Polizei, die über die Korrektheit der Tauschvorgänge hätte wachen können. Es fehlte also der institutionelle Rahmen. Man kann sich leicht ausmalen, wie beschränkt die Entfaltungsmöglichkeiten eines Marktes sind, der auf institutionelle Absicherungen durch eine allgemein geltende normativ begründete Ordnung verzichten muß.

Nun kann es dazu kommen, daß die Menschen die Faktizität der Tauschbeziehungen nicht nur in das System einer Rahmenordnung einspannen, sondern das Gesamtsystem des Marktgeschehens – einschließlich des erklärten Verzichts auf Durchreglementierung der einzelnen Tauschvorgänge – als eine erhaltenswerte Ordnung ansehen. Zu ihrer Sicherung kreieren sie Normen (z. B. zur Verhinderung von Kartellen) und außerdem noch eine marktwirtschaftliche Ideologie. Jetzt freilich hat ein Marktsystem auch erklärte Ziele, über die auch ein Konsens der Beteiligten besteht. Das Ziel ist dann, eine Aushöhlung des Systems durch Monopole oder seine Ablösung durch planwirtschaftliche Verteilungsweisen zu verhindern.

Was in diesem Exkurs deutlich werden sollte, ist, daß ein existierendes soziales System teilweise auf Mechanismen beruhen kann, die gerade nicht aus einer zielgerichteten kollektiven Willensbildung entstehen, teilweise aber auch auf Ordnungsvorstellungen und Ordnungsmaßnahmen, die paradoxerweise die Unkoordiniertheit der Einzelhandlungen erhalten sollen. Es kommt vor, daß die zentralen Systemziele bedroht werden, wenn der Reichweite ihrer durchaus funktionalen Absicherungen nicht ausdrücklich Grenzen gesetzt werden. Wenn die Polizei aufpaßt, können sich die Bürger freier bewegen. Dies dient der Freiheit in einem freiheitlichen System. Eine Überperfektionierung des Polizeiapparates kann dieses System aber von innen bedrohen.

b) Zur „Grenze" sozialer Systeme

Die „Grenze" eines sozialen Systems bedeutet wie gesagt nicht völlige Abschottung von anderen Systemen. Wohl gehört es zum Wesen sozialer Systeme, daß gewisse Bereiche dem Einfluß von außen entzogen werden, weil sich nur dann die beabsichtigte „Regelmäßigkeit" im Innern des Systems erzielen läßt, d. h. weil nur dann die „Welt- oder Umweltkomplexität" so reduziert wird, daß das Interagieren sich auf überschaubare Erwartungsstrukturen stützen kann. „Soziale Systeme" sind aber Systeme, die aus menschlichem Verhalten bestehen. Menschen sind lernfähig, und sie sind in der Lage und darauf angewiesen, die „wegreduzierte Komplexität" im Auge zu behalten und gegebenenfalls partiell in den Systemzusammenhang wieder einzubeziehen. Menschliche soziale Systeme „lernen". So hat z. B. das System des modernen Staates, das sich zunächst auf Hoheitsfunktionen beschränkte, mit der Zeit Funktionen der „Daseinsvorsorge" ankristallisiert. Überhaupt ist ein großer Teil des Verhaltens in Systemen grenzüberschreitend, d. h. bezogen auf die System-Umwelt bzw. auf die „Welt". Jedoch besitzt das die Systemgrenzen überschreitende Handeln eine andere Qualität als das Handeln, das sich auf Systeminternes bezieht. Präziser müßte man sagen: Erst dadurch, daß

Menschen bestimmten Handlungen eine spezifische Qualität geben, die andere Handlungen nicht besitzen, konstituieren sie eine Grenze oder Schwelle und damit ein System.

Freilich finden die meisten Handlungen in einem Feld statt, in dem schon früher solche Grenzen von anderen Menschen gesetzt worden sind. Sie sind dann dem Einzelhandeln als „objektiv" vorgegeben. Es bewegt sich innerhalb von „vorgegebenen" Grenzen. Es gibt also für das Handeln in Systemen einen Innen- und einen Außenaspekt. Das Innere wird wesentlich unter dem Gesichtspunkt der Funktionalität betrachtet. Jedoch sind gleichzeitig auch viele Aktionen, Interaktionen und Strukturen nach außen, d. h. auf Geschehnisse jenseits der Grenze, also jenseits des integrierten Funktionszusammenhangs gerichtet, nicht zuletzt, um das System gegenüber der funktional nicht integrierbaren Außenwelt zu erhalten.

Wir müssen uns darüber klar sein, daß die „Außenwelt" eines sozialen Systems nicht nur im räumlichen Sinne „draußen" liegt, bzw. außerhalb jener Menschengruppe, die wir ihm zurechnen, sondern – paradox ausgedrückt – auch in seinem Innern. Die zu einem sozialen System gerechneten Personen sind niemals vollständig integriert. Ihr Tun ist nicht vollständig „funktionalisiert". Ganz abgesehen davon, daß sie ja jeweils noch in anderen funktionalen Handlungszusammenhängen „funktionieren" müssen, die ebenfalls „Systemcharakter" haben (der Arbeitnehmer in einem Betrieb ist auch Familienmitglied), bleiben Bereiche in ihrer Person übrig, die vom System, wie es sich auch immer durchsetzt, nicht erreicht werden. Es gibt Spielräume für privates Seelenleben und privates Tun. Möglicherweise werden sie ausgefüllt durch Wirkungen des „Persönlichkeitssystems". Aber vielleicht ist es auch sinnlos, hier von einem System zu reden. Unter Umständen kann das die Person übergreifende soziale System diese nicht integrierbaren Persönlichkeitsbereiche vernachlässigen, weil sie irrelevant sind. Aber selbstverständlich können ihm von daher auch immer wieder Gefahren drohen. Hier liegt ein Grund, weshalb Systeme nicht „statisch" sind, sondern Prozesse, in denen Stabilität immer wieder hergestellt wird. (Manchmal mit neuen Mitteln: dann lernen die Systeme dazu.)

Aber auch die funktionalen Prozesse, d. h. die funktional orientierten Handlungszusammenhänge, zeigen bei näherem Hinsehen keine totale Regelmäßigkeit. Vielmehr treten ständig kleine, mehr oder weniger zufällige Abweichungen auf, die sich zu systemgefährdenden Abweichungstendenzen aufschaukeln können. Daher besitzen reale soziale Systeme entweder ebenfalls zufällig entstandene Rückkopplungsmechanismen, durch die die Unregelmäßigkeiten kompensiert oder „herausgemendelt" werden, wenn sie eine gewisse Größenordnung überschreiten, oder es gibt bewußt eingerichtete Kontroll- und Korrekturinstanzen.

c) Reales System und System-Modell

Auf jeden Fall ist ein Ausschnitt aus der sozialen Wirklichkeit, den wir als ein „System" ansehen, immer nur mehr oder weniger „systemisch". Es lohnt sich zwar, an ihn den Begriff des „Systems" anzulegen. Er wird dadurch im ganzen verständlicher als ohne diesen Begriff. Aber der Begriff deckt nicht alles ab, was er meint, d. h. was in dem gemeinten Wirklichkeitsausschnitt vorkommt. Oder genauer: Der Begriff bezeichnet etwas, indem er etwas inhaltlich bewußt macht, was für das Bezeichnete hoffentlich charakteristisch ist. Ein Begriffsinhalt trifft das gemeinte Ganze der Wirklichkeit aber stets aus einer vereinfachenden, selegierenden und stilisierenden Perspektive. Spricht man über „soziale Systeme", so muß man deshalb stets im Auge behalten, auf welcher Ebene man sich gerade bewegt und was mit dem Wort „System" bezeichnet wird.

Erstens: Ich könnte über ein Stück soziale Wirklichkeit reden, dessen Interdependenzen tatsächlich *partiell Systemcharakter* haben, weil das tatsächliche Tun der Menschen sich partiell systemartig zusammenfügt. Es handelt sich also um ein *„reales soziales System"*.

Zweitens: Ich rede über eine „Modellvorstellung", die in den Köpfen derer herumspukt, die einem „realen sozialen System" (s. o.) angehören. Zweifellos ist diese Modellvorstellung handlungsleitend. Handlungsleitende Vorstellungen in den Köpfen derer, die durch ihr Handeln das System entstehen lassen und erhalten, sind selbst Teil der Systemwirklichkeit. Inwieweit sie aber das reale System spiegeln, ist fraglich. Es können in einem realen System durchaus verschiedene Modellvorstellungen darüber existieren, wie dieses System aufgebaut ist und funktioniert.

Ein Modell ist nicht identisch mit der Wirklichkeit. Es ist ein vereinfachendes, d. h. selegierendes und modifizierendes Abbild der Wirklichkeit, das dem besseren Verständnis dieser dienen soll. Es hat stets perspektivischen Charakter.

Drittens: Das „soziale System" ist eine Modellvorstellung im Kopf eines beobachtenden und deutenden Wissenschaftlers. Er interessiert sich für die Regelmäßigkeiten einer Gesellschaft, insofern diese auf sich selbst stabilisierenden sozialen Strukturen beruhen. Er unterstellt, daß diese Strukturen sich systemartig aufeinander beziehen, d. h. daß das, was unter „erstens" genannt wurde, vorliegt. Um jedoch die Vielfalt und Unüberschaubarkeit der Wirklichkeit durchdringen zu können, muß er erstens selegieren: er wählt aus, was an der Wirklichkeit auf ein „reales System" deuten könnte. Zweitens konstruiert er: die auf „System" deutenden ausgewählten Bestände werden gedanklich vervollständigt und so zusammengefügt, daß ein greifbares geschlossenes Gedankengebäude entsteht. Hierbei wird drittens eine gewisse Stilisierung vorgenommen. Das Gedankengebäude weicht in der Weise von der Wirklichkeit ab, daß es

„geschlossener", „systemartiger", d. h. oft auch „stabiler" erscheint, als es die wirklichen Zustände sind. Dies ist dem Forscher auch bewußt. (Dies ist im Prinzip ein ähnliches Vorgehen wie bei der Konstruktion eines „Idealtypus".) Hierdurch entsteht ein „Modell", dem die Wirklichkeit vielleicht partiell entspricht, partiell jedoch auch nicht, das aber als Instrument der Erkenntnis benutzt werden kann. Es ist gewissermaßen eine Schablone, an der die tatsächliche Wirklichkeit gemessen wird.

d) Subsysteme

Die häufige Redeweise von „Subsystemen" setzt voraus, daß es Systeme gibt, die sich als Teileinheiten in größere Systeme integrieren. Dies impliziert, daß auch jenseits der Grenzen des Teilsystems wesentliche funktionale Verbindungen weiterlaufen, die auch für die innere Struktur des Subsystems von Bedeutung sind. Von Subsystemen zu sprechen ist nur dann sinnvoll, wenn die „grenzüberschreitenden" Funktionszusammenhänge von qualitativ anderer Art sind als diejenigen innerhalb des Subsystems.

Außerdem sollte man von Teilsystemen oder Subsystemen nur reden, wenn diese auch über Regelmäßigkeiten in ihrem Innern verfügen, welche durch die Struktur des Gesamtsystems nicht vorgegeben sind und auch nicht in gleichgeordneten Teilsystemen unbedingt vorkommen müssen. D. h. bei aller Integration in das Gesamtsystem reguliert sich das Teilsystem in bestimmten Bereichen selbst und schirmt sich auch gegen manche Einflüsse aus dem Gesamtsystem und aus anderen Teilsystemen ab.

In einer bestimmten Phase der gesellschaftlichen Entwicklung kann es z. B. zu einer Ausdifferenzierung eines partiell selbständigen „Wissenschaftssystems" kommen. Dieses ist dann ein „Subsystem". Einerseits ist es in das Gesamtsystem der Gesellschaft integriert. Es ist auf Ressourcen von außerhalb angewiesen, partizipiert an der übergreifenden Rechtsordnung, rekrutiert sich aus Absolventen der allgemeinbildenden Schulen und erfüllt seinerseits gesellschaftliche Funktionen, indem es (z. B. wirtschaftlich verwertbare) Innovationen erzeugt und Qualifikationen für das Berufsleben bereitstellt. Andererseits herrschen in ihm bestimmte Partialnormen und Wertvorstellungen und gemäß diesen auch bestimmte Organisationsformen, die von denjenigen, die in anderen gesellschaftlichen Bereichen herrschen, abweichen. Zwar sind diese immer wieder von außen her bedroht (z. B. Bürokratisierungstendenzen von seiten der staatlichen Verwaltungen; ideologischer Druck aus verschiedenen Richtungen); solange aber die Eigenständigkeit der speziellen normativen Strukturen und Organisationsformen behauptet werden kann (z. B. durch geschickte Auslegung staatlicher Verordnungen auf der Ebene der Selbst-

verwaltung oder durch Handeln über die Systemgrenzen hinweg, etwa politisches Handeln in der allgemeinen Öffentlichkeit von seiten eines Teils der wissenschaftlichen Population), ist es berechtigt, von einem „Subsystem" der Wissenschaft zu reden.
Die fortschreitende Differenzierung gesellschaftlicher Systeme, d. h. die Ausbildung immer neuer Teilsysteme, vor allem aber der Wandel der Differenzierungsprinzipien (d. h. auch der Subsystem-Typen, in die sich das gesellschaftliche System aufspaltet), ist ein zentrales Thema der systemtheoretischen Evolutionstheorie. (Vgl. verschiedene Schriften von N. Luhmann.)

6. Schlußbemerkungen

Kein Soziologe kann vermeiden, gelegentlich Systemmodelle zu entwerfen und sie an die soziale Wirklichkeit anzulegen in der Hoffnung, daß sie wenigstens zum Teil diesem Modell entspricht. Er deutet in diesen Fällen also Tatsächliches teleologisch. Heißt dies, daß er damit auf kausale Deutungen verzichtet? Selbst wenn er dies wollte, er könnte es gar nicht. Wir können als Menschen gar nicht anders denken, als daß wir ständig gewisse Geschehnisse auf bestimmte Ursachen zurückführen. Funktionalistisches Denken in Systemen ist nicht ein prinzipiell anderes Denken als das kausale. Wenn wir uns vorstellen, daß ein bestimmter Ausschnitt der Wirklichkeit Systemcharakter hat, so nehmen wir in Wahrheit nur einen Spezialfall von Kausalität an. Wir meinen, daß aufgrund einer speziellen Konstellation eine Reihe von Ursachen in einem begrenzten Bereich immer wieder ähnliche komplexe Zustände bewirkt, wie sie auch vorher existiert haben. Wir glauben nicht – andernfalls würden wir in eine unzulässige Metaphysik abrutschen –, daß ein in der Zukunft liegendes oder über uns schwebendes Telos in die Gegenwart hineinwirkt. Wir unterstellen nicht eine Umkehrung der realen kausalen Determination. Freilich kann ein teleologisches Konzept (d. h. ein Denken vom Ende her) den genannten Spezialfall der Kausaldetermination nur dann verständlich machen, wenn es entweder Subjekten in der Wirklichkeit gelingt, ihr Handeln so auszurichten, daß ein intendiertes Ziel auch erreicht wird bzw. ein für erhaltenswert gehaltener Zustand auch erhalten wird oder wenn das Spiel des Zufalls die Wirklichkeit sich immer wieder auf dieselben Verhältnisse einpendeln läßt (wie es z. B. bei einem natürlichen ökologischen Gleichgewicht der Fall ist). Es lohnt sich also, immer wieder mit der Modellvorstellung eines Systems an die soziale Wirklichkeit heranzutreten.
Die Gefahr bei diesem Vorgehen, die man gar nicht vermeiden kann, ist zweifellos, daß die „systemartigen" Eigenschaften der Wirklichkeit über-

schätzt werden und die Eigenschaften, welche sich nicht in einem Systemzusammenhang einordnen, als „Ausnahmen" erscheinen. (Vgl. hierzu die Kritik von Dahrendorf an Parsons, Lit. 2.) Dies kann ideologische Implikationen haben: das, was bleibt und integriert ist, gilt als das „Eigentliche".

Jedoch ist schwer vorstellbar, wie Gesellschaftsanalyse, ohne eine Zugrundelegung von Systemmodellen betrieben werden kann. Eine Schwierigkeit hierbei ist auch, daß der Forscher ja nicht im luftleeren Raum zu denken beginnt, sondern auch von denjenigen systemartigen Modellen beeinflußt wird, die als Handlungsorientierungen schon immer in der Gesellschaft fungieren, in der er selbst lebt.

Ferner ist damit zu rechnen, daß Gesellschaften Wandlungsprozesse durchmachen, d. h. sich in einem Zustand befinden, in dem reale Strukturen miteinander konkurrieren und jeweils die Tendenz haben, sich zu unterschiedlichen Systemzusammenhängen zusammenzuschließen. Zwar kann man dann wohl kaum von einem sozialen System sprechen, aber der Zustand, der besteht, wird leichter interpretierbar, wenn man sich vorstellt, welches soziale System vorliegen würde, wenn diese oder jene Strukturtendenz sich durchsetzen würde. Ein „Misch-System" bzw. eine „Übergangsphase" wird erklärbar, wenn man von zwei in sich geschlossenen Systemmodellen ausgeht, jedoch ausdrücklich die Begrenztheit der Anwendungsmöglichkeit jedes dieser Modelle im Auge behält.

Eine weitere Frage ist, ob es jemals Gesellschaftssysteme gegeben hat und geben kann, die völlig einer geschlossenen Systemvorstellung in den Köpfen ihrer Mitglieder entsprechen. Wir finden nicht nur Übergangsphasen, sondern auch außerordentlich stabile Verhältnisse, in denen Strukturtendenzen unterschiedlicher Herkunft (und zwar aus unterschiedlichen historischen Systemen stammend) nicht nur nebeneinander existieren, sondern sogar einander ergänzen. Jedes Systemmodell ist einseitig. Würde versucht, es total in die Wirklichkeit umzusetzen, so stellte sich heraus, daß es weiterentwickelt werden muß. So begegnen wir häufig Hilfskonstruktionen und Prothesen, die in der Regel aus anderen realen Systemen oder Systemmodellen stammen. Der eingefleischte Systemtheoretiker könnte sagen: In diesem Moment sind sie ja in das System integriert. Der Kultursoziologe wird sagen: Man kann aber deutlich erkennen, daß sie Widersprüche enthalten und erzeugen, die nicht integriert sind. Der Konflikttheoretiker wird in solchen Widersprüchlichkeiten die Quelle von Konflikt und Wandel erkennen. Der Praktiker wird sagen: Aber so leben wir doch alle Tage.

7. Lehrbeispiele

a. Die Struktur der alten Zwergschule war dadurch bestimmt, daß Schüler verschiedenen Alters in einer Klasse saßen. Heute ist für die Struktur der meisten Schulen charakteristisch, daß sie eine Gliederung nach Jahrgangsklassen besitzen. In diesen spiegelt sich die Altersstruktur der Schülerschaft. Da der Lehrer es jetzt meist mit Schülern gleichen Alters zu tun hat, wird er den Unterrichtsstoff und den Ablauf der Schulstunde anders strukturieren, als dies ein Schulmeister in der einklassigen Dorfschule tun mußte.
Stellen Sie fest, wo die Worte „Struktur" bzw. „strukturieren" eine „soziale Struktur" bezeichnen.

b. Die Personalstruktur vieler industrieller Großbetriebe hat sich in den letzten Jahrzehnten geändert. Meist ist heute der Anteil der Angestellten an der Gesamtbelegschaft größer als früher. Die innere Struktur der Arbeiterbelegschaft hat ebenfalls vielfach Wandlungen erfahren. In manchen Betrieben ist der Facharbeiteranteil gestiegen, in anderen gesunken. Dies hängt manchmal mit einer Strukturveränderung der betrieblichen Abläufe zusammen. Wenn es sich z. B. herausstellt, daß Instandhaltungsarbeiten zweckmäßigerweise von denselben Arbeitern geleistet werden sollten, die auch in der Produktion tätig sind, so kann dies einerseits bedeuten, daß sich die meist von Facharbeitern besetzten Instandsetzungsgruppen verkleinern. Andererseits könnte es geschehen, daß man jetzt auch gelernte Arbeiter in der Produktion einsetzt. Interessant ist dabei, daß die Struktur des Betriebes als eines Kooperationsgefüges dann weniger durch Spezialisierung gekennzeichnet wäre, als es zeitweilig der Fall war. Die Qualifikationsstruktur läßt dann nicht mehr einen Trend zur Polarisierung erkennen. Für das betriebliche Ausbildungswesen kündigt sich deshalb ein Strukturwandel an.
Erörtern Sie wieder an diesem Text, wo mit dem Wort „Struktur" eine „soziale Struktur" gemeint ist und wo nicht.

c. Für eine hochkapitalistische Gesellschaft ist es sicherlich charakteristisch, daß einer relativ kleinen Kapitalistenklasse eine große Klasse von Proletariern gegenübersteht. Dieses potentiell oder manifest antagonistische Verhältnis stellt einen wichtigen Teil der Klassenstruktur von Gesellschaften dieses Types dar. (Daneben mag es noch andere Schichtungsstrukturen geben, die man entweder ebenfalls mit dem Begriff der „Klasse" oder auch mit Begriffen wie „Stand" oder „Kaste" beschreiben kann. Vielleicht sind es Reste aus einer früheren Gesellschaftsstruktur).
Möglicherweise steckt in diesem Verhältnis zweier Klassen, langfristig gesehen, eine Dynamik, die vielleicht sogar zu seiner Aufhebung führt.

Dies wurde ja von marxistischen Theoretikern behauptet. Mittelfristig besitzt diese Klassenstruktur – und deshalb kann man hier auch von einer „sozialen Struktur" reden – eine gewisse Stabilität, trotz großer Veränderungen, die fortlaufend diese Gesellschaft in Bewegung halten. Die Masse der Proletarier (sowohl die einzelnen, wie auch Teilgruppen, wie auch die Klasse als ganze) wird in ihrer Klassenlage festgehalten. Die Kapitalisten behaupten ihre dominierende Position. Typisch für diese Klassenstruktur ist aber, daß sie nicht institutionell festgeschrieben ist. (Anders steht es mit der Standeszugehörigkeit in einer Ständegesellschaft.)

Diskutieren Sie darüber, welche Faktoren für die relative Stabilität dieser Klassenstruktur verantwortlich sind!

d. Ein Industrieunternehmen kann man sicher als ein „soziales System" bezeichnen. Man darf annehmen, daß seine Organisation von funktionalen Gesichtspunkten her aufgebaut ist. Fraglos dient die Gliederung in verschiedene Abteilungen (Verkauf, Einkauf, Entwicklung, Produktionsabteilungen, Instandsetzung, Transport) einem bewußt gesetzten dominanten Systemziel (langfristige Gewinnerzielung, d. h. auch Bestand des Unternehmens). Die verschiedenen Abteilungen haben die Qualität von Subsystemen. Sowohl das Gesamtsystem des Unternehmens wie auch seine Subsysteme haben jeweils sowohl ihre interne Funktionalität als auch ihre funktional geordneten Außenweltsbeziehungen. (Das Unternehmen versucht z. B. sich auf dem Markt zu behaupten. Die Betriebsabteilungen müssen sowohl „horizontal" wie auch „vertikal" Beziehungen zu anderen Abteilungen unterhalten.) Die Pflege der jeweiligen Außenweltsbeziehungen ist einmal – wie so oft – Sache der zuständigen Vorgesetzten (Abteilungsleiter, Werkmeister usw.). Es gibt aber auch eine Reihe von Beschäftigten, die keine Leitungsfunktionen haben, deren Arbeit aber wesentlich darin besteht, mit Partnern jenseits der Systemgrenzen zu interagieren (z. B. Kundenberater, Handelsvertreter, Einkäufer, Public Relations-Spezialisten, aber auch Lastwagenfahrer, die die Produkte des Unternehmens in ferne Städte bringen). Im Innern des Unternehmens gibt es wiederum viele Beschäftigte, die nicht Zwischenvorgesetzte sind, deren Arbeit sie aber ständig in Berührung mit mehreren verschiedenen Betriebsabteilungen bringt, ohne daß sie formell deren Mitglieder werden (z. B. Betriebshandwerker, die zur Instandsetzungsabteilung gehören, sich aber oft in verschiedenen Produktionsabteilungen aufhalten, oder Meßwarte des Unternehmenskraftwerkes, die mit allen Produktionsabteilungen, die Strom benötigen, Kontakt halten).

Versuchen Sie gemeinsame Merkmale solcher „systemüberschreitenden" (bzw. „subsystemüberschreitenden"), jedoch nicht leitenden Tätigkeiten zu finden. Sieht die Arbeit dieser Arbeitnehmer anders aus, hat sie einen anderen Rhythmus als etwa die Arbeit an einer Fertigungsstraße oder in einem Großbüro? Ist sie freier? Oder ergeben sich Abhängigkeiten anderer Art? Sind bestimmte Qualifikationen erforderlich? e. Sicherlich kann man Universitäten als „soziale Systeme" bezeichnen. Die Studentenzahlen vieler Universitäten sind in den letzten beiden Jahrzehnten sprunghaft gewachsen. Gleichzeitig – bzw. mit einer gewissen Verzögerung – sind die Universitäten ausgebaut worden. In neuerer Zeit kommt es nun vor, daß das zuständige Ministerium einen ganzen Fachbereich schließt, weil nach seiner Meinung Überkapazitäten (z. B. für die Lehrer-Ausbildung) bestehen. Eine häufig geäußerte Kritik an solchen Veränderungen, d. h. sowohl an dem schnellen Wachstum als auch an der Schließung ganzer Fachbereiche, könnte lauten: „Aber da kommt doch das ganze System aus dem Gleichgewicht."

Das Wort „Gleichgewicht" wird in der Soziologie bekanntlich oft gebraucht, wenn von dem Funktionszusammenhang sozialer Systeme die Rede ist.

Diskutieren Sie, was in diesem Fall mit Störung des Gleichgewichts gemeint sein könnte, ferner, welche Vorgehensweise angesichts unvermeidlicher rascher Veränderungen gleichwohl zur Bewahrung des „Gleichgewichts" beitragen könnte.

8. Literaturhinweise

1) W. L. Bühl (Hg.): Funktion und Struktur, Soziologie vor der Geschichte, München 1975 (dort einleitender Beitrag von Bühl, ferner Beiträge u. a. von N. Luhmann, M. Gluckman, Cl. Lévi-Strauss).
2) R. Dahrendorf: Gesellschaft und Freiheit, München 1965, vor allem S. 49ff.
3) F. Fürstenberg: „Sozialstruktur" als Schlüsselbegriffe der Gesellschaftsanalyse, in: Kölner Zeitschrift für Soziologie und Sozialpsychologie, 1966, S. 439ff.
4) H. Hartmann (Hg.): Moderne amerikanische Soziologie, Stuttgart 1967 (dort Beiträge von Parsons, Merton, Bales).
5) N. Luhmann: Soziologie als Theorie sozialer Systeme, in: ders.: Soziologische Aufklärung, Bd. 1, Opladen 1974, S. 113ff.
6) T. Parsons: Beitrage zur soziologischen Theorie, hg. v. D. Ruschemeyer, Neuwied 1964 (vor allem: S. 31ff.).

Unsere Literaturangaben zu diesem Kapitel sind dürftig und möglicherweise willkürlich. Jedoch findet man bei Bühl (1) nicht nur eine Würdigung der verschiedenen theoretischen Richtungen, die mit den Begriffen „Struktur", „Funktion" und „System" arbeiten, sondern auch eine ausführliche Bibliographie. Das Buch enthält vor allem Originaltexte berühmter Autoren. In ihm wird auch der Strukturalismus französischer Prägung vorgestellt und behandelt, auf den wir leider gar nicht eingegangen sind. Der Band von Parsons (6) enthält kürzere, aber wichtige

Beiträge zu unserem Thema. Nr. 5 könnte vielleicht als Einstieg in die sogenannte „funktional-strukturelle Systemtheorie" von N. Luhmann dienen, die sich von der „strukturell-funktionalen Systemtheorie" (z. B. von Parsons) abzusetzen bemüht. Der Aufsatz von Dahrendorf (2) enthält eine lesenswerte Kritik an Parsons. In dem Band von H. Hartmann (4) sind kürzere Texte aus dem Bereich des amerikanischen Strukturfunktionalismus zu finden. Der Aufsatz von Fürstenberg (3) behandelt ausführlicher, als wir es tun konnten, die Mehrdeutigkeit des Begriffs „Sozialstruktur" („reale Struktur der Gesellschaft" oder „strukturierte Daten").

VII. Schichten, Klassen, Stände

> Solang' ich einsam und verlassen klage,
> entdeck' ich niemals meine Klassenlage.
> Doch wenn mich immer neue Plagen kratzen,
> so wird mir endlich doch der Kragen platzen.
> Ich seh' auf einmal proletarisch rot.
> Und morgen bin ich literarisch tot.

1. Vorbemerkungen

In den vergangenen Jahrzehnten waren die Begriffe ,,Schicht" und ,,Klasse" nicht nur neutrale Bezeichnungen für bestimmte gesellschaftliche Tatsachen. Sie waren zugleich auch Abzeichen für Zugehörigkeit zu soziologischen Richtungen, hinter denen in der Regel politische Orientierungen standen. Ein Soziologe, der behauptete, es gäbe in der Bundesrepublik eine ,,Arbeiterklasse", konnte damit rechnen, daß er links eingeordnet wurde. Vermutlich war er marxistisch beeinflußt. Wer jedoch überwiegend von ,,sozialen Schichten" sprach und womöglich noch das Wort ,,Arbeiterschicht" in den Mund nahm, wurde auf jeden Fall von Marxisten der ,,bürgerlichen Soziologie" zugeordnet.

Es tut gut, sich daran zu erinnern, daß es früher keineswegs so war. Klassiker der sogenannten ,,bürgerlichen Soziologie", wie z. B. Max Weber und J. Schumpeter (Lit. 17, 18), sprechen durchaus von ,,sozialen Klassen". Manchmal meint ihr Klassenbegriff etwas Ähnliches wie der marxistische, wobei sie allerdings nicht die ganze Klassentheorie von Marx übernehmen. (Dies trifft wohl für den Weberschen Klassenbegriff zu, der nicht leicht zu fassen ist.) Manchmal meinen sie etwas, was eher dem heutigen Schichtbegriff entspricht (z. B. Schumpeter). Der Ausdruck ,,soziale Schicht" war früher weniger gebräuchlich. Anzumerken ist auch, daß in der neuen amerikanischen Soziologie das Wort ,,class" in der Regel in demselben Sinn gebraucht wird wie bei uns heutzutage das Wort ,,Schicht". In der angelsächsischen Soziologie gibt es auch das Wort ,,stratification". Aber häufiger spricht man von ,,classes". Hinter der berühmten Dreiteilung in ,,upper class", ,,middle class" und ,,lower class" (mit den Differenzierungen: Upper upper, lower upper, upper middle usw.) steht ganz sicher keine Klassentheorie, die irgendetwas mit Marx zu tun hätte.

Ferner ist auffallend, daß in der marxistischen Soziologie gelegentlich der Ausdruck ,,Zwischenschichten" auftaucht. Zwar teilt man die Gesellschaft (auch eine sozialistische) in Klassen ein (wobei dann als Novität auch ,,nichtantagonistische Klassen" erwähnt werden), aber anscheinend gibt es auch in sozialistischen Gesellschaften Gruppierungen, auf die der Begriff ,,Klasse" nicht recht paßt. Sie führen ein gewisses Eigenleben zwischen den Klassen, die nach wie vor von Bedeutung für die Struktur der Gesellschaft sind.

Trotz all dieser Komplikationen kann man immer wieder erleben, daß sich Schichtungstheoretiker und Klassentheoretiker ziemlich unversöhnlich gegenüberstehen. Man fragt sich mitunter: Liegt hier ein unüberbrückbarer Gegensatz vor, oder reden die Gegner nur aneinander vorbei? Oft ist beides gleichzeitig der Fall.

Wir halten es für möglich, Typenbegriffe für Formierungen sozialer Ungleichheit zu schaffen, unter denen dann auch die Worte ,,Schicht" *und* ,,Klasse" auftauchen, und zwar in Bedeutungen, die sich von der umgangssprachlichen Verwendung nicht allzusehr entfernen. Damit wären die grundsätzlichen Unterschiede der Sehweise einschließlich der politischen Implikationen natürlich nicht beseitigt. Man könnte aber besser miteinander diskutieren. Für den Klassentheoretiker (dessen Klassenbegriff sich an Marx orientiert und der oft auch mehr oder weniger marxistisch denkt) sind soziale Klassen konkrete, tendenziell antagonistische Gruppierungen in der Gesellschaft, die sich aus dem jeweiligen Verhältnis zu den Produktionsmitteln ergeben. Sie sind für ihn die wichtigsten Strukturgebilde der Gesellschaft, tendieren dazu, sich als Großgruppen zusammenzufinden und einander zu bekämpfen. Sie sind zugleich die Hauptquellen für die gesellschaftliche Dynamik. Die Entwicklung der Gesellschaft wird wesentlich bestimmt durch Klassenauseinandersetzungen, die manchmal – sicherlich nicht immer – revolutionäre Form annehmen.

Demgegenüber gehen Schichtungstheoretiker zunächst davon aus, daß die Gesellschaft sich ,,vertikal" (was das auch immer bedeutet) aufgliedert. Die Menschen kann man nach objektiven Merkmalen einordnen, z. B. nach Einkommen, Position in der Berufswelt, Vermögen, Bildungsstand, oder auch nach subjektiven Faktoren, d. h. danach, wie hoch oder niedrig sie sich selbst und ihre Mitmenschen sie einschätzen.

Genaugenommen handelt es sich bei dem sogenannten, ,,objektivistischen Ansatz" zunächst um eine reine Datenstrukturierung, die der Forscher vornimmt. Man wird ihn fragen, warum er gerade diese Kombination ähnlicher Daten innerhalb eines Kontinuums auswählt und zu ,,Schichten" zusammenzieht und sie von anderen Schichten abgrenzt. Zieht der Forscher jedoch einen ,,subjektivistischen Ansatz" vor, so rekurriert er immerhin auf weit verbreitete Unterscheidungen nach ,,hoch" und ,,niedrig", die von Mitgliedern der Gesellschaft vorgenommen werden. Aber genaugenommen stellt er eigentlich wiederum nur Merkmals-

1. Vorbemerkungen

häufungen von Bewußtseinsphänomenen fest. Ob es sich hier um „soziale Gebilde", „Teile der Gesellschaftsformation" oder gar um agierende Großgruppen handelt, ist damit noch nicht gesagt.

Marxistische Kritiker meinen dann in der Regel, solche Schichtungsmodelle seien allenfalls oberflächliche Beschreibungen, trügen aber nichts zur Klärung der Frage bei, warum es überhaupt zu einer solchen vertikalen Gliederung komme (bzw. überhaupt zu „sozialer Ungleichheit") und was sich aus ihr im Hinblick auf das gesellschaftliche Geschehen in der Gegenwart und in Zukunft ableiten lasse. Es fehle an einem durchgängigen Prinzip für diese Differenzierung und an einer Theorie, welche versuche, die Bewegungsgesetze der Gesellschaft herauszufinden. Es werde ein „statisches" Bild der Gesellschaft vermittelt, das sogar eine ideologische Funktion haben könne.

Schichttheoretiker könnten darauf antworten – viele tun dies –, daß sie sich natürlich auch für gesellschaftliche Dynamik interessierten. Aber es sei doch sehr zweifelhaft, ob sich diese aus einem einzigen Prinzip erklären ließe (nämlich aus dem Verhältnis zu den Produktionsmitteln); ferner gäbe es ja nicht nur sozialen Wandel auf der Welt. Man müsse durchaus auch erklären, warum Gesellschaften eine relative Stabilität in ihrer vertikalen Gliederung behaupten. Diese lasse sich nicht nur aus ökonomisch begründeten Machtverhältnissen, sondern erstens auch aus anders begründeten Machtverhältnissen, ferner auch aus dem Funktionssystem der Gesellschaft erklären. Um aber der Vielfältigkeit der Determinationszusammenhänge gerecht zu werden, benötige man einige Begriffe, die in der Tat zunächst der Beschreibung dienten und die offen genug seien, um mit ihnen unterschiedliche Theorien zu entwickeln. Diese sollten ja empirischen Befunden, die man zunächst noch nicht habe, gerecht werden.

Man könnte diese Kontroverse, wie sie Hunderte Male unter Wissenschaftlern und in Lehrveranstaltungen ausgetragen wurde, weiterspinnen. Aber dies ist nicht unsere Aufgabe. Tatsächlich kommt es auf die Entwicklung von Begriffen an, die als gemeinsame Begriffe auch einer kontroversen Diskussion verwendet werden können.

Angeregt wurde ich zu den folgenden Begriffsbestimmungen durch Th. Geiger (Lit. 7), der in seinem Buch „Die soziale Schichtung des deutschen Volkes" (1932) den Begriff der „sozialen Schicht" logisch als Oberbegriff verwendet. „Soziale Klassen" und „Stände" sind Unterbegriffe, gewissermaßen Spezialfälle von „sozialer Schicht". Einige, aber nicht alle Schichten verkörpern den Typus „Klasse". Es gibt Gesellschaften, deren Schichtung den Charakter einer Klassenstruktur hat. Geiger war (1932) der Meinung, daß dies für die deutsche Gesellschaft – mit einigen Einschränkungen – zutreffe. Dies gelte aber nicht für alle Gesellschaften. Man müsse sich auch überlegen, ob die Schichtung der deutschen Gesellschaft auch in Zukunft durch eine „Klassenschichtung" bestimmt sei. Später – 1949 – hat Th. Geiger ein Buch mit dem Titel „Die Klassengesellschaft im Schmelztiegel" geschrieben.[1] Wichtig ist noch ein zweiter Gedanke bei Th. Geiger. Bei seinem Versuch, sein Fünf-Schichten-Modell zu entwickeln, mit Hilfe dessen er das übliche Drei-Schichten-Schema modifiziert und mit konkretem Inhalt füllt, geht er soziographisch vor. Er benutzt die allgemeine Berufsstatistik, zerlegt sie in Teileinheiten, die er in neuer Weise wieder zu Gruppen zusammenfügt und bestimmten Mentalitätstypen zuordnet. Mentalitäten liegen tiefer als Ideologien. Sie sind „Lebensrichtungen" (S. 78). Obwohl Th. Geiger sich explizit mit „Datenstrukturierungen" befaßt, ist doch deutlich, daß er sie im Hinblick auf auch im Alltag handlungsbestimmende Mentalitätstypen entwirft. So gelangt er zu Blöcken, denen er eine gesellschaftliche Realität zuweist: Er versteht sie als reale Strukturgebilde, die sich durch das Tun der Zugehörigen ihre eigene Welt schaffen und sich von Angehörigen anderer Blöcke abgrenzen. Aus solchen Schichten können sich handelnde Klassenverbände mit einer eigenen Ideologie rekrutieren. Dies ist aber keineswegs immer der Fall. Es ist auch denkbar, daß sie nur z. T. von einer solchen Aktivierung erfaßt werden.

2. Soziale Schichten

Der Begriff „Schicht" impliziert, daß es eine „Schichtung" der Gesellschaft gibt. Dieser Satz ist insofern nicht ganz trivial, weil man geneigt sein kann, zunächst eine Schicht in ihrem inneren Charakter zu beschreiben und dann erst auf ihr Verhältnis zu anderen Schichten zu sprechen zu kommen. Schichtung ist eine außerordentlich verbreitete, aber nicht universale Erscheinungsform sozialer Ungleichheit. Es gibt auch ungeschichtete Gesellschaften. „Soziale Ungleichheit" heißt, daß die Chancen der Individuen, ihre jeweiligen Bedürfnisse zu befriedigen, ungleich verteilt sind. Insbesondere handelt es sich um Ungleichheiten in den Chan-

---

[1] Als ich das Wort „Klassenschichtung" in einem Seminar gebrauchte, schüttelte ein belesener Student den Kopf. Es klang in seinem Ohr so ähnlich wie „hölzernes Eisen". – Interessant ist übrigens, daß Th. Geiger aus seiner Einschätzung der deutschen Gesellschaft als einer Klassengesellschaft im Jahre 1932 zu einer falschen Prognose hinsichtlich der Durchsetzungschancen der Nationalsozialisten gelangte (Lit. 7, S. 109 ff.). In einem hochinteressanten und heute noch lesenswerten Exkurs zu dieser damals brennenden Frage – die NSDAP stellte bereits die größte Fraktion im Reichstag – kommt er zu dem Ergebnis, die Masse der kleinen Angestellten würde sich doch wieder von Hitler abwenden. Letztenendes schlügen die Arbeitnehmerinteressen durch, die sie mit der Arbeiterschaft verbänden. Hierfür glaubte er Symptome feststellen zu können. Dies war genaugenommen eine klassentheoretische Argumentation. Es war ein intelligenter Irrtum.

2. Soziale Schichten

cen, 1. sich mit Gütern zu versorgen, 2. wichtige Informationen zu gewinnen und 3. das Handeln anderer Menschen gegebenenfalls auch gegen deren Widerstand zu beeinflussen (d. h. Macht auszuüben bzw. Machtansprüche abzuwehren). Ökonomische Chancen, Informations- und Machtchancen stehen in aller Regel in vielfältiger Wechselbeziehung und sind nur analytisch aus sehr komplexen Bündeln herauszuholen.

Soziale Ungleichheit, verstanden als Ungleichheit sozialer Chancen, braucht sich nicht unbedingt in einer Schichtung auszudrücken. Theoretisch denkbar ist auch ein Kontinuum, auf dem sich ungleiche Individuen in der Weise verteilen, daß es nicht zu voneinander sich abgrenzenden ‚Blöcken‘ kommt. Eine Gesellschaft, in der es gar keine Schichten gibt, jedoch sehr stark ausgeprägte Ungleichheit, die sich ausschließlich in einem Statuskontinuum niederschlägt, wüßte ich jedoch nicht zu nennen. Das Denkmodell des „Statuskontinuums" könnte aber für Teilbereiche mancher Gesellschaften anwendbar sein. Tatsächlich finden wir manchmal Gesellschaften, in denen es neben sich klar abgrenzenden Schichten soziale Bereiche gibt, deren Zugehörige zu ungleich sind, als daß sie durch ihr Verhalten eine gemeinsame Schicht konstituieren könnten, die aber unter sich auch nicht durch ihr Verhalten Grenzen von Art der „Schichtgrenzen" aufrichten. (Das gilt z. B. für weite Bereiche des sogenannten Mittelschichtmilieus, in dem es sehr viele Abstufungen, aber wenig scharfe Grenzen gibt, die wirkliche Barrieren darstellen.)

Von sozialen Schichten sprechen wir, wenn die Gesellschaft gemäß den in ihr geltenden Vorstellungen über soziale Chancen in eine überschaubare Zahl von Blöcken zerlegt ist. Diese ‚Blöcke‘ haben ihre Existenz wie gesagt darin, daß das Handeln der Menschen verdichtete Interaktions- und Kommunikationsfelder innerhalb der Blöcke und Grenzen zwischen den Blöcken konstituiert. Bei der Herausbildung dieser Blöcke spielen folgende Momente eine wichtige Rolle:

Es bestehen objektiv größere Bevölkerungsteile, innerhalb derer dauerhaft soziale Chancen jeweils in ähnlichem Grad und in ähnlicher Art vorliegen, die sich aber in dieser Hinsicht deutlich voneinander unterscheiden. (Es liegt also kein durchgängiges Verteilungskontinuum vor.) Es gibt erlebbare Grenzen, jenseits derer die Chancen anders zu beurteilen sind. Diese diskontinuierliche Verteilung sozialer Chancen ist in ihrer relativen Dauerhaftigkeit bekannt. Über diese Tatsachen (nicht unbedingt über deren Berechtigung) herrscht ein Konsens, so daß die Menschen sich auf diese Tatsache eingestellt haben.

Aus der Handlungsorientierung an der hingenommenen ungleichen und diskontinuierlichen Chancenverteilung entstehen außerordentlich komplexe Interaktionszusammenhänge und verfestigte Orientierungsmuster, die für den Handelnden „objektiven" Charakter haben. Obwohl sie durch das Denken und Handeln vieler Individuen zustande kommen, sind sie dem Einzelhandeln des Individuums als objektiv, d.h. unabhängig von seinem Denken und Tun vorgegeben. Subjektive Einstellungen knüpfen also an objektive Vorgegebenheiten an und konstituieren in ihrer typischen Häufung wieder objektive Verhältnisse, an denen sich wiederum das Handeln der Subjekte orientieren muß.

Es entsteht unter den Ranggleichen ein „sozialer Binnenraum". In ihre Handlungsmuster geht ein, daß es ein begrenztes soziales Feld gibt, innerhalb dessen das Handeln nach anderen Regeln verläuft als beim Interagieren mit Partnern, die jenseits dieses Feldes angesiedelt sind. Der soziale Binnenraum der Ranggleichen, die zugleich über eine Reihe gemeinsamer Merkmale und Chancen verfügen und dies auch wissen, besitzt eine gewisse Vertrautheit. Die gegenseitigen Verhaltenserwartungen beruhen auf vielen konkreten Erfahrungen und werden selten enttäuscht. Man weiß, was man von seinesgleichen zu halten hat. Man kann z. B. oft mit viel Recht von sich auf andere schließen. Über die Grenzen des Binnenraumes hinaus sind die Verhaltenserwartungen dürftiger und unsicherer. Man stößt häufig auf fremdartige Verhältnisse, ein Grund, soziale Kontakte, falls man die Wahl hat, lieber im Binnenraum der eigenen Schicht zu suchen. Dies drückt sich oft auch in den Heiratsgewohnheiten aus (connubium).

Dieser soziale Binnenraum wird freilich in aller Regel nur in bestimmten Lebensbereichen zum bestimmenden Erlebnis für die Individuen. In anderen Lebensbereichen interagiert man über die Schichtgrenzen hinweg. In arbeitsteiligen geschichteten Gesellschaften geschieht dies vor allem in der Arbeitssphäre. Allerdings stehen die Arbeitsrollen mit der jeweiligen Schichtzugehörigkeit meist in einer engen Beziehung, wobei jetzt offen bleiben soll, ob die Arbeitsrolle die Schichtzugehörigkeit konstituiert oder ob letztere für die Zuweisung einer Arbeitsrolle verantwortlich ist oder ob beides ineinander wirkt.

Trotz der genannten starken Verflechtung der Lebenssphären kommt es in aller Regel zu schichtspezifischen Teilkulturen, die sich voneinander absondern. Obwohl eine völlig abgesonderte Existenz einer sozialen Schicht nicht denkbar ist und deshalb soziale Schichten an der Gesamtkultur der Gesellschaft partizipieren, entwickeln sie dennoch auch spezifische Normen, Bräuche und Interpretationsmuster für die Deutung der Wirklichkeit. Diese symbolisieren nicht nur gemeinsame Eigenarten, sondern markieren auch die Grenze zu anderen Schichten.

Die Tatsache, daß die schichtspezifische Teilkultur meist in relativ frühen Sozialisationsphasen angeeignet wird, weist der Familie eine große Bedeutung für die Reproduktion von Schichten zu. Sie ist in den meisten Gesellschaften primäre Sozialisationsinstanz. Aber auch für den Erwachsenen hat es große Bedeutung für seine Identifikation mit einer sozialen Schicht, ob er in einem Familienverband lebt und ob dieser für seinen Alltag große Bedeutung hat. Dies hängt u.a. von der Lebensphase ab.

3. Soziale Klassen 135

Wer nicht nur für sich selbst zu sorgen hat, sondern auch für einen Ehepartner, für Kinder und die Zukunft der Kinder, ist in stärkerem Maß auf eine schichtspezifische Lebensführung festgelegt und durch das Interesse an Statuserhaltung bestimmt als etwa jüngere Ledige. Diese können eher „frei flottieren" und schichtspezifische Lebensformen ignorieren. Der soziale Binnenraum der Ranggleichen besitzt manche Ähnlichkeit mit einer sozialen Großgruppe. Tatsächlich besitzen viele soziale Schichten Gruppencharakter, wenn auch meist in sehr lockerer Form. Zur Gruppe – so locker der Zusammenhalt sein mag – gehört auch die Fähigkeit zum Kollektivhandeln. Hierzu kommt es aber bei vielen sozialen Schichten nicht, obwohl ihre Mitglieder sich durchaus mit ihrer Schicht zu identifizieren pflegen. Diese unterscheiden durchaus zwischen einem „Wir" und den „Anderen". Sie wissen, wer ,dazugehört' und wer nicht, richten sich mit ihrem Handeln darauf ein, verkehren mit ihresgleichen und sondern sich von Angehörigen anderer Schichten ab. Das „Wir" der sozialen Schicht taucht im Verhalten der Subjekte nur als Bezugspunkt des Handelns auf, es wird jedoch nicht selbst als Subjekt eines Handelns gesetzt. Begrifflich ist es nicht ganz leicht, wie man solch eine soziale Struktur klassifizieren soll. Es ist eine nach außen abgegrenzte reale Struktur in dem oben erörterten Sinn: nämlich ein durch Erwartungen und Identifikationsakte stabilisierter Zusammenhang regelmäßiger Interaktionen. Man könnte in einem sehr vagen Sinn von einem System reden oder von einem sozialen Gebilde. Es liegt jedenfalls mehr vor als eine bloße Anzahl von Trägern gleicher Merkmale.

Der von uns vorgetragene sehr weit gefaßte und allgemein gehaltene Schichtbegriff ermöglicht es, bei der Untersuchung konkreter gesellschaftlicher Verhältnisse offen zu bleiben für die Vielfalt historischer Formen sozialer Ungleichheit. Über die spezifische Struktur ist noch nichts vorentschieden. Erst die weitere Untersuchung soll zeigen, ob es sich im Einzelfall um den Typus Klasse, Stand, um einen Mischfall oder um geringfügig strukturierte Blöcke handelt, für die man einen neuen Begriff erfinden müßte. (Es sind Schichten ohne stärkere Kohärenz.)

3. Soziale Klassen

Einige soziale Schichten besitzen besondere Eigenschaften, die uns berechtigen, sie dem Typus einer „sozialen Klasse" zuzurechnen. Versucht man das, was eine „soziale Klasse" ausmacht, einigermaßen übersichtlich darzustellen, so muß man sich darüber klar sein, daß man hierdurch einen Typus gewinnt, dem die Realität immer nur mehr oder weniger entspricht. Im strengen Sinn von einem „Idealtypus" im Sinne von M. Weber zu sprechen, ist m. E. nicht zulässig. Dieser verlangte in seiner Ausarbeitung eine logische Geschlossenheit, die bereits eine spezielle Klassentheorie impliziert. Dies wollen wir aber in diesem Buch vermeiden. Jedoch kommen wir um eine gewisse Typisierung nicht herum. Dies liegt nicht nur an der Vielfalt derjenigen sozialen Schichten, die im Verdacht stehen, „soziale Klassen" zu sein, sondern auch daran, daß die hier gemeinten Phänomene gerade dann auftauchen, wenn sich Gesellschaften im Wandel befinden. Ihrer Struktur nach sind Klassen, wie noch zu zeigen ist, auf eine mögliche oder tatsächliche Dynamik der Gesellschaft bezogen. Sie tendieren entweder dazu, Veränderungen herbeizuführen, oder suchen sie ausdrücklich zu verhindern bzw. aufzuhalten. Daher kommt es, daß man es überwiegend mit sozialen Schichten zu tun hat, die sich erst auf dem Wege zur Klassenformation befinden oder auch dabei sind, diesen Charakter wieder zu verlieren oder sich in einen anderen Klassentypus umzuformen. Man trifft in der Realität selten auf eine „Klasse" wie aus dem Bilderbuch. Es fragt sich sogar, ob nicht alle sozialen Klassen, die sich über längere Zeit behaupten, einige Eigenschaften benötigen, die typologisch eher an „Stände" erinnern. Doch davon später.

Folgende Eigenschaften sind für „soziale Klassen" charakteristisch:

a. Die spezifischen sozialen Chancen ihrer Mitglieder sind primär durch die stärkere oder schwächere strukturelle Position im Bereich des Wirtschaftsprozesses bestimmt. Dies ist die sogenannte „Klassenlage" (in der Terminologie v. K. Marx: „Klasse an sich").[2] Diese Position als „Verhältnis zu den Produktionsmitteln" zu beschreiben (z. B. Eigentum oder Nichteigentum an Produktionsmitteln bzw. andere Formen der unmittelbaren Verfügungsgewalt über Produktionsmittel) ist wohl etwas zu eng. Es kann sich auch um eine Schlüsselstellung im Verteilungsprozeß handeln, wobei nur ein sehr indirekter Einfluß auf die Produktionsweise besteht (z. B. Händleraristokratien in der Antike und in den mittelalterlichen Städten).

b. Eine soziale Klasse versteht sich als Großgruppe und ist in der Lage, solidarisch als Kollektiv zu handeln. Die Identifikation mit der sozialen Einheit führt zum „Wir-Handeln", erschöpft sich also nicht im Bewußtsein der Zugehörigkeit und der Orientierung einzelner Handlungen an dieser Zugehörigkeit, wie es bei vielen nur geringfügig strukturierten

---

[2] Sicher nehmen Marx und Engels an, daß in einer objektiv beschreibbaren Klassenlage („Klasse an sich") Affinitäten liegen zur Herausbildung eines bestimmten Klassenbewußtseins. Aber sie unterstellen hier nicht einen blind wirkenden Automatismus. Sowohl im „Kommunistischen Manifest" (Lit. 10) – dort kurz, aber anschaulich – als auch in anderen Schriften, z. B. im „Achtzehnten Brumaire des Louis Bonaparte" (Lit. 11), wird beschrieben, was alles geschehen muß, damit aus einer Klasse „an sich" auch eine Klasse „für sich" werden kann, bzw. wie es kommt, daß dies nicht immer geschieht.

Schichten der Fall ist. (Nach Marx ist eine Klasse, die nicht nur über bestimmte objektive Eigenschaften verfügt, sondern auch über ein entsprechendes Bewußtsein und somit über kollektive Handlungsfähigkeit, eine Klasse „an und für sich".)

c. Das Kollektivhandeln (wie natürlich auch vieles individuelle Handeln) orientiert sich an einem gesellschaftlichen Antagonismus. Die als widersprüchlich und gegensätzlich erfahrene Gesellschaft wird als dynamisch (veränderlich bzw. veränderbar) erlebt. Dies gilt auch für herrschende Schichten, wenn sie sich als Klasse formieren: Wenn sie für die Erhaltung der bestehenden Ordnung eintreten, dann auf Grund der Auffassung, daß diese von Veränderung bedroht ist. Das kollektive Handeln (die Interaktions- und Kommunikationsform) wird in charakteristischer Weise durch die Frontstellung in der antagonistischen Konstellation geprägt.

d. Für soziale Klassen überhaupt, d. h. sowohl für solche, die eine Veränderung anstreben, wie auch für solche, die sie verhindern wollen, ist eine durch die Kampfsituation bedingte Extrovertiertheit der Handlungsorientierung typisch: sie sind expansiv. Weil sie ihre Kampfbasis verbreitern wollen, sind sie bereit, potentielle Bundesgenossen einzugliedern, auch wenn diese in vieler Hinsicht nicht über die herkömmlichen Zugehörigkeitskriterien verfügen. Dadurch ergibt sich der zunächst paradoxe und für das Selbstverständnis der Gruppe nicht ganz leicht deutbare Zustand, daß zum realen Klassenverband Personen gehören und in ihm eine wichtige Funktion einnehmen, die nicht über die typischen objektiven Merkmale hinsichtlich ihrer Schichtzugehörigkeit verfügen (Kleinbauern in einer proletarischen Revolution eines Agrarlandes, Intellektuelle in der Arbeiterbewegung). Es gibt dann den Sachverhalt: Offenbar kann man zu einer „Klasse für sich" gehören, ohne Mitglied der hierfür zuständigen „Klasse an sich" zu sein. Dieser Sachverhalt, obwohl er natürlich nicht so genannt wird, ist der marxistischen Theorie sehr wohl bekannt. Es ist aber einleuchtend, daß seine Deutung theoretische Anstrengungen und Umwege verlangt. (Kämpferische Klassen haben meistens ihre Intellektuellen, die sich nach objektiven Merkmalen von der Mehrheit der Klasse unterscheiden und deshalb schwer integrierbar sind.)

e. Die Bewußtseinsformen einer Klasse haben stark apologetische Züge. Typischerweise entstehen ausgearbeitete ideologische Systeme. Diese werden nicht nur so formuliert, daß sie der Solidarisierung im Inneren dienen, sondern so, daß sie auch über die Klassengrenzen hinaus verbreitet werden können. Das Klassenbewußtsein, obschon am Klasseninteresse in einer antagonistischen Situation orientiert, artikuliert sich in der Regel so, daß mit Aussicht auf Erfolg ein Anspruch auf Allgemeingültigkeit der eigenen Meinungen erhoben werden kann. In einem Klassenkampf zerfällt in der Regel eine Gesellschaft nicht vollständig.

f. Im Verlaufe von Klassenkämpfen bleibt typischerweise der allgemeine Kommunikationszusammenhang der Gesellschaft in irgendeiner Form erhalten. Jedenfalls setzen Klassenideologien ihn in der Regel voraus, d. h. sie setzen voraus, daß noch miteinander gesprochen wird. Sie artikulieren sich nicht esoterisch, sondern auf der Ebene der Gesamtkultur.
 g. Soziale Klassen haben die Tendenz, sich zu organisieren. Freilich erfassen die besonderen Organisationen selten alle Mitglieder einer Klasse. Am Kollektivhandeln einer Klasse im Klassenkampf sind oft auch Massen nichtorganisierter Klassenangehöriger beteiligt.

4. Stände

a. Auch Stände verkörpern einen speziellen Typus von ,,sozialer Schicht". Was über den Typuscharakter von ,,sozialen Klassen" gesagt worden ist, gilt – etwas abgeschwächt – auch hier. Abgeschwächt: Wir finden ,,Stände" häufiger in Gesellschaften von relativer Stabilität. Die Struktur von Ständen scheint eine Umwelt von größerer Dauerhaftigkeit vorauszusetzen. Sie erlangen deshalb auch selbst oft eine größere Stabilität (z. B. eine institutionalisierte Ordnung) oder sie werden im Falle bruchartiger gesellschaftlicher Wandlungen weggeschwemmt bzw. verlieren ihre Identität, oder aber sie verwandeln sich in ,,soziale Klassen".
 b. Auch Stände sind wie gesagt ,,soziale Schichten". Man könnte analog auch von einer ,,ständischen Lage" sprechen, d. h. von einer gewissen Gemeinsamkeit der sozialen Chancen ihrer Mitglieder. Anders als bei ,,sozialen Klassen" beruhen diese jedoch nicht unbedingt primär auf typischen Positionen im Bereich des Wirtschaftsprozesses. Es kann sich vorrangig auch um Zugang zu gesellschaftlicher Macht oder gesellschaftlich wichtigem Wissen handeln, aus dem dann freilich – gewissermaßen sekundär – auch ökonomische Chancen zu resultieren pflegen.
 c. Stände sind soziale Schichten, die ähnlich wie Klassen zu solidarischem Gruppenhandeln fähig sind. Auch Stände bilden ein Gruppenbewußtsein und Gruppenhandeln aus. Dieses orientiert sich jedoch primär nicht an einem gesellschaftlichen Antagonismus, sondern an dem Bedürfnis, innerhalb der Gruppe eine bestimmte innere Ordnung, Homogenität der geltenden Normen und der Lebensführungsart aufrecht zu erhalten. Selbstverständlich gehört hierzu auch die Wahrung ökonomischer Gruppeninteressen. Jede Lebensführungsart hat ökonomische Voraussetzungen. Gruppenhandeln und Gruppenbewußtsein haben in Ständen stets auch einen Bezug zur Gesamtverfassung der Gesellschaft. In der Regel nehmen Stände in Anspruch, eine bestimmte Funktion in der Gesellschaft auszufüllen, und versuchen, diese zu monopolisieren. Hierbei können sich auch Legitimitätslegenden herausbilden, die mehr oder we-

niger Ideologiecharakter haben. Ob man sie schon als Ideologien im engeren Sinn bezeichnen kann, ist eine offene Frage. Typischerweise fehlt ihnen jene spezifische Prägung, vor allem die wissenschaftsähnliche Ausarbeitung, die moderne Klassenideologien durch ihre Funktion im Klassenkampf erhalten.

d. Standesbewußtsein, gegründet vielfach auf eine Legitimation im gesamtgesellschaftlichen Bezugsrahmen, dient vor allem der Aufrechterhaltung der inneren Ordnung eines Standes: Es liefert deshalb auch die Kriterien für eine genaue Festlegung der Zugehörigkeit, für die Aufnahme neuer Mitglieder bzw. für die Ausstoßung derer, die gegen die Standesnormen verstoßen.

Stände sind im Unterschied zu Klassen nicht expansiv und nicht extrovertiert, sondern exklusiv. Obwohl die Zugehörigkeit zu Ständen faktisch oder institutionalisiert oft erblich ist, leitet sie sich jedoch nicht allein und automatisch aus standesgemäßer Herkunft ab. Stände haben eine oder mehrere körperschaftliche Organisationen, in denen alle Standesangehörigen Mitglieder sind. Auch wer in einen Stand hineingeboren wird, muß ausdrücklich aufgenommen werden; er kann auch ausgestoßen werden. Beide Vorgänge werden in der Regel durch ritualisierte Formen markiert (z. B. durch Initiationsriten oder formalisierte Ausschlußverfahren).

5. Kasten

Neben „sozialen Klassen" und „Ständen" wird oft noch ein dritter Typ von „sozialer Schicht" genannt. Wir wollen auf diesen Typ hier nicht ausführlich eingehen. „Kasten" im strengen Sinn sind institutionalisierte Gruppierungen, in denen die Zugehörigkeit ein für allemal durch Geburt (damit auch durch Herkunft) festgelegt ist. Die indischen Kasten – an diese denkt man zumeist – vermittelten früher auch einen bestimmten Status innerhalb der Rangordnung einer Gesellschaft. Die Zugehörigkeit zu Kasten ist gemäß religiösen Vorstellungen absolut. Es gibt also keinen Aufstieg von einer niedrigen zu einer höheren Kaste bzw. ein Absinken zu einer niedrigeren Kaste (jedenfalls nicht „in diesem Leben". Der Glaube an die „Seelenwanderung" kann freilich die Möglichkeit eines Aufstiegs oder Abstiegs in einem späteren Leben, als Lohn oder Strafe für Verhalten in diesem Leben, einschließen). Freilich kann es geschehen, daß in einer Gesellschaft mit starrer Kastenordnung doch einmal stärkere gesellschaftliche Wandlungen eintreten. Dies führt dann nicht ohne weiteres dazu, daß eine neue Kastenordnung etabliert wird. Das geht nicht. Vielmehr werden die alten Kastenzugehörigkeiten allmählich „überspielt" oder „unwichtig" bzw. „Privatsache". Sicherlich kann man diesen Prozeß im heutigen Indien beobachten, auch wenn er dort noch keineswegs beendet ist.

Der Begriff der „Kaste" wird von Soziologen oft in einem etwas verwässerten Sinn gebraucht, nämlich dort, wo Schichtungen bzw. Klassenstrukturen eine ethnische Komponente enthalten und eine rassistische Argumentation zur Legitimation ihrer Aufrechterhaltung herangezogen wird (z. B. im Zusammenhang mit der sozialen Diskriminierung der Farbigen in den USA oder in Südafrika). Uns scheint aber der Begriff der Kaste hier recht unscharf zu werden, auch wenn sich nicht bestreiten läßt, daß der Ursprung der indischen Kasten ebenfalls z. T. mit Überlagerungen verschiedener Völker, die auch unterschiedlichen Rassen zugehörten, zusammenhängt. Moderner „Rassismus" ist jedoch ein Phänomen eigener Art.

In einem noch blasseren Sinn und meist polemisch wird das Wort „Kaste" für besonders exklusive ständische Gruppierungen verwendet. Das Wort besagt dann eigentlich nur, daß die Barrieren, die einem Eindringen in diesen Kreis entgegenstehen, extrem hoch sind. In diesem Fall ist aber nicht ein soziologisch interessanter eigenständischer Typus gemeint.

6. Hinweise zu Einzelproblemen

a) Sozialer Abstand zwischen sozialen Schichten

Die Größe der Distanz zwischen sozialen Schichten hat oft eine wichtige Bedingung in objektiv beschreibbaren Unterschieden der sozialen Chancen, vor allem solchen ökonomischer Art. Die Alltagswege dessen, der nur wenig Geld ausgeben kann, trennen sich meist schon von allein von denen desjenigen, der sich mehr leisten kann. Vom Grad der Bildung hängt ab, welche Medien und Medienprogramme man bevorzugt und inwieweit man an der „schriftlichen Kultur" der Gesellschaft teilzunehmen in der Lage ist. Wer persönlich Einfluß bzw. Macht auszuüben fähig ist, findet sich leichter mit anderen Menschen zusammen, die ebenfalls solche Möglichkeiten haben.

Eine Beschreibung auf der Ebene objektivierbarer Daten wird zwar auf deutlich erkennbare „soziale Ungleichheit" stoßen, aber nicht ohne weiteres auf jene „Grenzen" und „Barrieren", von denen oben die Rede war. Eher wird sich das Bild eines „Statuskontinuums" bieten, insbesondere, wenn man eine moderne industrialisierte Gesellschaft vor Augen hat. Solche Gesellschaften scheinen aus lauter „fließenden Übergängen" zu bestehen. Z. B. gibt es viele Arbeiterfamilien mit zwei Einkommensbeziehern, deren Familieneinkommen größer ist, als das von Studienratsfamilien mit einem Einkommensbezieher. Mancher gewerkschaftlich organisierte Facharbeiter hat sowohl für seinen Beruf als auch

6. Hinweise zu Einzelproblemen

über politische Zusammenhänge mehr gelernt als viele „Sachbearbeiter" derselben Firma, die man eher dem „mittleren Mittelstand" zuordnen möchte. Ist er auch noch „Vertrauensmann" oder gar Betriebsratsmitglied, dann ist sein „Einfluß" ebenfalls größer. Diese Ebene „objektivierbarer Daten" (die man teils aus der öffentlichen Statistik, teils durch Repräsentativbefragungen gewinnen kann) sagt allerdings schon etwas aus über die Größe möglicher Distanzen.

Wenn man z. B. feststellen kann, daß das Bruttomonatseinkommen eines Oberregierungsrats mit zwei Kindern im Jahre 1929 etwa viermal so groß war wie das damalige durchschnittliche Bruttoeinkommen eines männlichen Industriearbeiters, heute jedoch weniger als das Doppelte beträgt, so kann man vermuten, daß sich auch die „Lebenslagen" bzw. Arten der Lebensführung zwischen „Unterschicht" und „Mittelschicht" einander angenähert, obschon sicher nicht nivelliert haben.[3] Aber die Grenzen zwischen sozialen Schichten werden erst dann wirklich deutlich, wenn man feststellt, wie sich die Menschen durch ihr typisches Verhalten voneinander abgrenzen.

Noch verhältnismäßig gut objektivierbar ist der Grad der „sozialen Segregation" nach Wohngebieten (vgl. Lit. 8). Auch in den Städten der Bundesrepublik gibt es „gute Wohnlagen", „bessere Viertel" und ausgesprochene „Arbeiterviertel". Bemerkenswert ist aber der sehr viel geringere Grad der Segregation im Vergleich zu Städten in vielen Entwicklungsländern oder auch etwa zu unseren Großstädten um die Jahrhundertwende. Am Stadtrand liegen heute die besser ausgestatteten Bungalows der höheren Schichten oft neben bescheidenen Siedlungshäuschen von Arbeitern. Angehörige der gehobenen Mittelschicht haben aus beruflichen Gründen nicht selten ihren Wohnplatz in Arbeitervierteln (z. B. praktische Ärzte, Inhaber von Ladengeschäften).

Außerdem gab es in unseren Großstädten stets ausgedehnte Mischgebiete. In Kleinstädten und Dörfern war und ist – „mangels Masse" – ein räumliches Auseinanderdividieren der sozialen Schichten vielfach gar nicht möglich. Soziale Segregation nach Wohngebieten schafft Distanz unmittelbar nur in einigen Lebensbereichen. In der Sphäre der Berufsarbeit stehen die Getrenntwohnenden oft in festen und dauerhaften Interaktionsbeziehungen. Es gibt Berufe, zu deren Wesen es geradezu gehört, ständig mit Angehörigen anderer sozialer Schichten zu interagieren und zu kommunizieren (Kellner in einem vornehmen Lokal, Kassenärzte in

---

[3] Dies ist natürlich kein korrekter Realeinkommensvergleich. Dieser müßte die Vergleichsgruppen analog definieren, ferner von den Nettoeinkommen ausgehen, die unterschiedliche Arbeitsplatzsicherheit und Altersversorgung usw. berücksichtigen. Trotzdem wird die Veränderung der Größenordnung des Abstands im Bereich der ökonomischen Chancen deutlich.

einem Arbeiterviertel, Sozialarbeiter, die mit der Betreuung von Randgruppen befaßt sind). Dies kann den Habitus solcher Menschen prägen. Soziale Schichten, denen sie nicht zugehören, sind ihnen jedenfalls vertraut. Manche Gewohnheiten oder Sprechweisen übernehmen sie. Immerhin kann die Segregation der Wohngebiete es wahrscheinlich machen, daß Bürgerkinder, die in einem gutbürgerlichen Viertel aufwachsen und in ihrer Nachbarschaft und in der Schule niemals Arbeiterkinder kennenlernen, auch heute noch eine erstaunliche Weltfremdheit und Hilflosigkeit zeigen, wenn sie als jüngere Erwachsene (z. B. beim „Jobben" als Student) mit Angehörigen unterer Schichten in Kontakt kommen.

Räumliche Distanz kann zu sozialer Distanz beitragen, indem sie eine gewisse Interaktionsdichte im Alltag verhindert oder erschwert. Sie wird aber in aller Regel ergänzt und überformt durch symbolische Bedeutungsverleihungen und distanzierende Verhaltensmuster. Letztere können unvermeidbare räumliche Nähe so weit kompensieren, daß große soziale Distanz entsteht. Berufsrollen implizieren einerseits regelmäßige Interaktionsbeziehungen bei der Arbeit. Zugleich werden sie aber oft auch zum Vehikel für eine Zurechnung des Interaktionspartners zu einer anderen sozialen Schicht und transportieren so soziale Distanz in den Alltag. Der Abstand zwischen einem Chemiker und einem Arbeiter in einer großtechnischen Anlage wird nicht so schnell verschwinden, auch wenn der Chemiker gelegentlich dasselbe Bildschirmgerät benutzt wie der Arbeiter, z. B. wenn er sich Informationen über das Funktionieren der Anlage besorgen will. Im übrigen gibt es zahllose „Rollenbräuche", z. B. rollenspezifische Interaktionsrituale mit Gesprächstabus, die über die Rollenzugehörigkeit des Partners hinausweisen und eine soziale Ungleichheit symbolisieren, die mit Schichtzugehörigkeiten korrespondiert. Das gilt auch für unsere Gesellschaft, in der die Norm der „zivilen Höflichkeit" auch der Beziehung zwischen Rangungleichen eine egalitäre Aura gibt.

Die Reproduktion und Aktualisierung von sozialen Grenzen ist in unserer Gesellschaft außerordentlich subtil. Es bedarf langer Lernprozesse, um so weit zu kommen, daß man nicht mehr in „Fettnäpfchen" tritt. Übrigens werden Fehler in dieser Hinsicht (die häufig aus Unkenntnis der Gebräuche resultieren) nicht nur von „Ranghöheren" als „Anbiederung" diskriminiert. Der schlimmste Fehler, den ein Sozialforscher, der ja als Akademiker abgestempelt ist, bei Feldforschungen im Arbeitermilieu begehen kann, ist sicherlich, zu versuchen, sich wie die „einfachen Leute" zu geben und wie sie zu reden.

6. Hinweise zu Einzelproblemen

b) Schichtspezifische Teilkultur und schichtspezifische Sozialisation

Innerhalb der Gesamtkultur entwickeln soziale Schichten, auch dann, wenn sie nicht die Kohärenz von Klassen und Ständen aufweisen, bestimmte Partialnormen, Bräuche, Denkmuster, ja auch sprachliche Sonderformen. Sie werden durch Tradition von einer Generation zur anderen weitergegeben. Das heißt auch, daß sie in aller Regel schon in früher Jugend im Zuge der Sozialisation vermittelt werden. Für soziale „Aufsteiger", die als Erwachsene den Anschluß an eine höhere Schicht finden wollen, ergeben sich dadurch natürlich Schwierigkeiten. Aber auch soziale Absteiger, deren Schicksal sie in eine tiefere Schicht verschlagen hat, bleiben häufig Einzelgänger, falls sie nicht aus ihrer Herkunft (z. B. aus einer auch in unteren Schichten respektierten Allgemeinbildung) Nutzen ziehen bzw. sich nützlich machen können.

„Schichtspezifische Teilkulturen" beruhen nicht nur auf „Bildung" im Sinne des Erwerbs von Bildungsgütern oder auf „Ausbildung" im Sinne des Erwerbs von verwertbaren Qualifikationen. Aber für die Schichtung unserer modernen Gesellschaft haben institutionalisierte Bildungs- und Ausbildungsgänge eine außerordentliche Bedeutung. Nicht nur fachliche Ausbildung, sondern auch sogenannte „Allgemeinbildung", ob nun durch Schule, Hochschule oder in einem gebildeten Elternhaus, Teilnahme am Kulturbetrieb, Lektüre usw. erworben, wird immer noch hoch bewertet. Allgemeinbildung ergänzt die spezielle Berufsqualifikation und wird – trotz Zunahme des Spezialistentums – als Voraussetzung für die Einnahme höherer Berufspositionen hoch geschätzt. Insofern verleihen Bildungs- und Ausbildungsgrade sozialen Status. In einem gewissen Sinn ist dies durchaus funktional in einer arbeitsteiligen Gesellschaft. Ebenso ist es verständlich, wenn diejenigen, die den Abbau von sozialer Ungleichheit fordern, eine Gleichheit der Bildungschancen verlangen, eventuell in der Hoffnung, daß sich dann auch die Bildung selbst „gleicher" verteilt.

In einer Gesellschaft, in der der jeweils erreichte Bildungs- und Ausbildungsstand gemäß anerkannter Kriterien entscheidend für die sozialen Chancen des einzelnen ist, in der also eher der Bildungsgrad ökonomische Chancen eröffnet, als daß letztere den Erwerb von Bildung nach sich ziehen, kommt es freilich zu einer Instrumentalisierung von Bildungsmerkmalen, die mit den gleichzeitig hochgehaltenen Bildungsidealen in Widerspruch gerät. Wenn die „Gebildeten" sich für eine Elite halten, sich untereinander erkennen und von andrängenden Aufsteigern abgrenzen wollen, dann werden vereinfachte Kriterien äußerlicher Art (z. B. richtige Aussprache von Fremdwörtern, Kenntnis der Namen berühmter Dichter usw.) zu handhabbaren Statussymbolen. Hieraus entsteht das, was man als „Bildungsphilistertum" bezeichnet hat. Man findet dieses auch unter heutigen Intellektuellen, die sich als progressiv verstehen; sie benutzen nur andere Symbole als der Akademiker alten Stils. Eine solche Instrumentalisierung der Verfügung über Bildungsgüter kann dazu führen, daß überlieferte Bildungsinhalte mißverstanden werden. Ein nonkonformistischer Autor wie Schiller wird zum Schutzheiligen eines Bildungsbürgertums, das sich gegen „Nichtgebildete" abgrenzt, indem es sie als „Nichtgebildete" diskriminiert. Man kann darüber streiten, ob dieser Gebrauch von Bildungskriterien eher auf ständisches oder klassentypisches Verhalten deutet. Er ist jedenfalls kaum harmloser als Klassenideologien, die die ungleiche Verteilung von ökonomischen Chancen legitimieren.

In den letzten Jahrzehnten hat man sich in der Soziologie und in den angrenzenden Disziplinen viel mit schichtspezifischer Sozialisation befaßt, z. B. mit schichtspezifischen Erziehungsstilen und mit schichtspezifischer Sprachsozialisation. Zweifellos sind dies wichtige Themen, an denen weitergearbeitet werden muß. Allerdings verdienen die bisherigen Befunde Kritik. Es war leichtfertig, den Unterschichten einfach einen autoritären Erziehungsstil zuzuschreiben und diesen auf die typischen Berufserfahrungen von Arbeitern zurückzuführen. Zumindest hätte man erwägen sollen, ob zeitweilig festgestellte Unterschiede der Erziehungsvorstellungen nicht darauf zurückzuführen sind, daß neuere, weniger autoritäre Erziehungsvorstellungen in unteren Schichten später ankommen als in der gehobenen Mittelschicht. Außerdem sollte man nicht nur nach den Erziehungsvorstellungen fragen, sondern auch beobachten, wie tatsächlich erzogen wird. Es könnte sein, daß bisweilen Unterschichtkinder freier aufwachsen als manche Mittelschichtkinder, weil die Eltern nicht so viel Zeit und Kraft auf die Erziehung ihrer Kinder verwenden können wie Mittelschichteltern. Diese wiederum müssen, wenn ihre Kinder sozial nicht absinken sollen, viel Energie darauf verwenden, daß die höhere Schule mit Erfolg absolviert wird und das Studium mit einem Examen abgeschlossen wird. Die Abhängigkeit von den Eltern dauert oft fast bis zum 30. Lebensjahr. Demgegenüber ist es fast unwichtig, ob die Eltern einen „liberalen" Erziehungsstil bevorzugen.

Ebenso ärgerlich ist die Diskussion über die schichtspezifische Sprachsozialisation verlaufen. Die Unterscheidung von „restringiertem Code", der für Unterschichten charakteristisch sein soll, und „elaboriertem Code", zu dem Mittelschichtkinder gelangen, verführte zu der Meinung, Angehörige unterer Schichten seien weniger sprachmächtig, d. h. ja auch weniger denkfähig. So interessant zweifellos Unterschiede im Sprachverhalten der sozialen Schichten sind, so stark hierdurch auch die sozialen Chancen (z. B. in der Berufswelt) bestimmt werden (z. B. Aufstieg in Positionen, in denen hochsprachliche und schriftliche Ausdrucksfähigkeit verlangt werden), so hätte doch auch untersucht werden müssen, ob

6. Hinweise zu Einzelproblemen

die vielfach dialektgefärbte Unterschichtsprache nicht Differenzierungs-, Ausdrucks- und Reflexionsmöglichkeiten eigener Art enthält, die sich von denen der Schriftsprache unterscheiden, welche von Kindheit an die Kommunikation der Mittelschichten bestimmt. (Vgl. hierzu Lit. 1, 12, 13.)

c) „Oben" und „Unten"

Die Begriffe „Schicht" und „Schichtung" implizieren, daß es im großen und ganzen in der Gesellschaft gemeinsame Kriterien gibt, nach denen Menschen „oben" oder „unten" bzw. höher oder niedriger eingeordnet werden. Man hat sich auf eine Rangordnung eingestellt, was nicht bedeutet, daß man sie billigt. Es mag Gesellschaften geben, in denen diese Rangordnung, die ja von ihren Mitgliedern selbst geglaubt und praktisch reproduziert wird, logisch einheitlich und leicht durchschaubar ist. Der Soziologe hätte wohl gern ein so einfaches und klares Schichtungsmodell. Es würde seinen Wunsch nach Systematisierung befriedigen. Aber die Gesellschaft tut ihm meistens nicht diesen Gefallen; und nach ihr müßte er sich ja richten. Er will ja wissen, wie sich die Gesellschaft selbst schichtet. Diese verfährt aber oft inkonsequent. In einem ihrer Bereiche hält sie Einkommensunterschiede für wichtiger, in einem anderen Ausbildungskriterien, in einem dritten den Unterschied zwischen „Selbständigkeit" und „Abhängigkeit" der beruflichen Tätigkeit. Die genannten Variablen, die sie benutzt, sind nicht unabhängig voneinander. Ausbildung steht oft in ursächlicher Beziehung zu Einkommen, Besitzbildung und Einfluß auf die Kommunalpolitik. Es kommt aber auch zu eigentümlichen Kompensationen. Ein Professor braucht in einem vornehmen Hotel nicht mit einem dicken Mercedes vorzufahren, um höflich behandelt zu werden. Der akademische Titel ersetzt ein Statussymbol, das sonst auf hohes Einkommen verweist. Der Generaldirektor einer großen Firma mag ein hohes Einkommen haben, aber sein Vermögen ist geringer als das eines Großaktionärs derselben Firma. Trotzdem ist sein Einfluß in der Firma und außerhalb vielleicht größer, obschon im Bereich der Politik u. U. geringer als der eines Ministers, der weniger als er verdient. Alle drei werden vermutlich zur sogenannten „upper upper class" gezählt. Diese Zuordnung ist realistisch, obwohl in jedem Fall andere Kriterien für maßgebend gehalten werden.

Nun bilden soziale Schichten allerdings auch „Binnenräume" mit eigener innerer Struktur. Es ist somit möglich, daß mehrere solcher „Blöcke" sich so deutlich voneinander absetzen, daß man von mehreren „sozialen Schichten" sprechen muß, obwohl sie innerhalb der gesellschaftlich wirksamen Rangordnung gleich „hoch" oder „niedrig" liegen. Das widerspricht zwar der gewohnten Vorstellung von einer sozialen Schichtung, kommt aber in der Realität häufig vor. Es hätte nicht viel Sinn, selbständige Handwerksmeister, die mehrere Gesellen beschäftigen, höhere Beamte in unteren Laufbahnstufen und größere Bauern als eine soziale Schicht anzusehen – sie selbst tun es sicher nicht –, obwohl es schwer ist, zu sagen, wer nun höher oder niedriger rangiert.

Im übrigen bringt es die Dynamik der gesellschaftlichen Entwicklung mit sich, daß soziale Schichten (manchmal in antagonistischer Weise) miteinander konkurrieren. Das bedeutet ja auch, daß sie zeitweilig Kopf an Kopf liegen. Darüber, wer das Rennen macht, mögen die Theoretiker schon vorentschieden haben. Der Ausgang ist aber ungewiß. So paradox es klingt: Es gibt soziale Schichten, die in der Pyramide der Gesellschaft nebeneinander, nicht übereinander angeordnet werden müssen.

d) Aufstiege und Abstiege

Es gibt kollektive Aufstiege (bzw. Abstiege) und individuelle Aufstiege und Abstiege. Bei kollektiven Aufstiegen denken wir an eine Platzveränderung ganzer Gesellschaftsschichten (bzw. größerer Teilgruppen) im Gefüge der Gesamtgesellschaft, die zu einer qualitativen Veränderung dieses Gefüges führen. Man denkt hier meist an große geschichtliche Vorgänge (z. B. Aufstieg eines Teils des Bürgertums im Zusammenhang mit der Entstehung der „Bürgerlichen Gesellschaft"). Man sollte aber auch weniger auffällige Veränderungen beachten, die längerfristig doch die Struktur der Gesellschaft beeinflussen. Wir erwähnten schon, daß ein ökonomischer Aufstieg der Arbeiterschaft in entwickelten Industriegesellschaften zu solchen Veränderungen der verschiedenen sozialen Chancen führt, daß auch die Lebensformen und die Art des kollektiven Selbstverständnisses sich denen der nächsthöheren sozialen Schicht annähern. Ob es hierdurch gleich zu einer „Verbürgerlichung" der Arbeiterschaft kommt, ob dies zur Entstehung einer „nivellierten Mittelstandsgesellschaft" (Schelsky, Lit. 15, 16) führt, muß auf jeden Fall diskutiert werden, auch wenn man sich vor vorschnellen Urteilen hüten sollte.

Der Aufstieg der unteren Schichten beeinflußt auch die Lebensweise der mittleren Schichten. Im Bereich der Dienstleistungen und des nur geringfügig technisierten Handwerks steigen die Löhne ähnlich wie auch sonst die Arbeiterlöhne. Im Unterschied zur industriellen Produktion wird dieser Anstieg aber nicht voll durch Erhöhung der Arbeitsproduktivität pro Kopf ausgeglichen. Viele Dienstleistungen, insbesondere persönliche Dienste, aber auch Reparaturarbeiten werden teurer. Nähern sich die Unterschichteinkommen denen der Mittelschicht an, so werden früher selbstverständlich in Anspruch genommene Leistungen unbezahlbar, auch wenn sonst die Realeinkommen in der Mittelschicht ebenfalls (allerdings langsamer) gewachsen sind. Hausangestellte gibt es dann nur

6. Hinweise zu Einzelproblemen

noch bei sehr wohlhabenden Leuten. Man gewöhnt sich daran, Reparaturarbeiten im Haushalt selbst vorzunehmen, und überwindet überhaupt die tiefeingewurzelte Scheu vor körperlicher Arbeit.

Solche kollektiven Aufstiegsprozesse, verbunden mit einer Verringerung der Distanzen zwischen sozialen Schichten, erleichtern selbstverständlich individuelle Aufstiege. Unter solchen soll das Überwechseln von Einzelpersonen von einer sozialen Schicht zu einer höheren verstanden werden. Wachsender Massenwohlstand, verbunden mit staatlichen Subventionen, ermöglichen es vielen ambitionierten Unterschichtsfamilien, für ihre Kinder eine Ausbildung anzustreben, mit Hilfe derer diese einen Beruf ergreifen können, der zu einem höheren Status führt, als ihn die Eltern einnehmen. Studenten aus Arbeiterfamilien sind zwar immer noch nicht sehr zahlreich. Es läßt sich aber leicht feststellen, daß zahlreiche Arbeiterkinder in den Bereich der sogenannten „lower middle class" aufzusteigen pflegen.

Innerhalb des großen Mittelschichtbereichs finden wir seit längerer Zeit umfangreiche Aufstiegsprozesse, die nicht als glückliche Ausnahmen, sondern als Verwirklichungen ganz normaler Lebensplanung angesehen werden. (Der größere Teil der heutigen Akademikerschaft stammt aus kleinbürgerlichem Milieu. Die Väter waren zumeist untere und mittlere Angestellte bzw. Beamte, die nicht studiert hatten.)

Werden solche Aufstiegsprozesse zu einer gewohnten Erscheinung, so ergibt sich zwangsläufig, daß die Mitglieder eines Familienverbandes (einschließlich der Verwandtschaft) mehreren sozialen Schichten angehören. Da es aber in aller Regel die Familie ist, die den Schichtstatus vermittelt und dazu auffordert, sich mit ihm zu identifizieren, hat dies zur Folge, daß die Zugehörigkeit zu einer sozialen Schicht überhaupt an Bedeutung verliert. Schichtgrenzen, die quer durch die Familie laufen, können diese zwar in innere Konflikte stürzen. Gelingt aber ein Arrangement für den Alltag, gibt es hierfür Muster, weil inzwischen unzählige Familien mit diesem Problem fertig werden müssen, dann trägt dies zu einer Annäherung an das erwähnte „Statuskontinuum" bei.

Freilich ist danach zu fragen, ob in anderen Lebensbereichen, z. B. im Erwerbsleben, nicht weiterhin schroffe Barrieren bestehen, die die Menschen in abgeschotteten Positionen festhalten. Unser Berufsleben zeigt ein widerspruchsvolles Bild. Einerseits breitet sich ein Berechtigungswesen aus, das es dem einzelnen schwer macht, in Positionen aufzusteigen, für die er nicht in jungen Jahren ein Ausbildungszertifikat erworben hat. Andererseits kennen wir ein Laufbahnwesen, das Aufstiege durch Beförderungen zum Normalfall des Berufsweges macht. Einige der Beförderungen bedeuten faktisch ein Überwechseln in eine andere soziale Schicht. Bürokratische Organisationen besitzen ein Strukturprinzip – jeder muß unten anfangen –, das der Verhärtung von Schichtgrenzen entgegenwirkt. Der Gedanke ist ungewohnt, weil wir bei Bürokratien meist an eine starre Hierarchie der Befugnisse denken.

Im Zuge massenhafter individueller Aufstiege und kollektiver Aufstiegsprozesse werden Schichtungsgrenzen flüssiger. Wenn ehemals kleine privilegierte Schichten immer größer werden, so fällt es ihnen schwer, ihren privilegierten Status aufrechtzuerhalten. Sie geraten unter das ,,Gesetz der Masse". Wenn viele gleichzeitig einen individuellen sozialen Aufstieg anstreben, dann ähnelt ihr Bemühen dem Versuch, auf einer sich abwärts bewegenden Rolltreppe hinaufzusteigen.

Über kollektive und individuelle Abstiege müßte mehr geforscht werden. Sie sind natürlich in der modernen Gesellschaft seltener gewesen als Aufstiege. Eigentlich ist das eine merkwürdige Feststellung. Was bedeutet es eigentlich, wenn in einer Gesellschaft die unteren Schichten nicht mehr die umfangreichsten sind, wenn der Aufbau einer Gesellschaft nicht mehr einer Pyramide, sondern einer Birne gleicht? Muß man dann nicht neu definieren, was ,,oben" und ,,unten" ist? Oder vielmehr: Hat die Gesellschaft vielleicht schon neue Definitionen hervorgebracht? Verkörpern die ausländischen Arbeiter, die einen großen Teil der Arbeitsplätze der inzwischen individuell oder in der Generationenfolge aufgestiegenen ungelernten und angelernten deutschen Arbeiter einnehmen, eine neue Unterschicht der *deutschen* Gesellschaft? Oder stehen sie außerhalb dieser Gesellschaft?

e) Soziale Schichtung in ethnisch nicht homogenen Gesellschaften

Wir erwähnten schon Schumpeters Abhandlung ,,Soziale Klassen im ethnisch homogenen Milieu" (Lit. 17). Mit dem umständlichen Titel machte Schumpeter etwas deutlich, was er im Text stillschweigend voraussetzt, aber nicht ausdrücklich behandelt. Er betont hier, daß auch seine Ausführungen, ähnlich wie die meisten anderen Publikationen zu Klassenproblemen, die Verhältnisse in ethnisch homogenen Gesellschaften vor Augen hätten. In ethnisch nicht homogenen Gesellschaften seien natürlich Besonderheiten zu beachten. Wir wollen hierzu nur einen einzigen Hinweis geben. In ethnisch gemischten Gesellschaften verlaufen häufig die Grenzen der Schichten entlang den Grenzen ethnischer Gruppen. Insbesondere geraten Minoritäten, vor allem dann wenn sie erst jüngst zugewandert sind, in die untersten Bereiche der Gesellschaftspyramide und verbleiben dort.

Der Soziologe, der sich mit Minoritätenproblemen befaßt, sollte solche Befunde nicht vorschnell aus ethnischen oder gar rassischen Eigenschaften erklären wollen. Vielmehr sollte er stets nach der geschichtlichen Ausgangslage fragen und diese soziologisch interpretieren. Aus welcher sozialen Schicht ihres Herkunftslandes kamen die Zuwanderer? Resultiert hieraus bereits eine schichtungsrelevante soziale Schwäche? Wie sieht die Schichtung oder Klassenstruktur des Einwanderungslandes aus? Welche Plätze billigt man Spätergekommenen zu? (Vielleicht, weil sie von Einheimischen gerade freigemacht werden.) Wo wird ihnen der Zutritt verwehrt? (Vielleicht dort, wo um Positionen ohnehin schon gerangelt wird.) Erst dann sollte man auch nach speziellen ethnischen Eigenschaften fragen, die möglicherweise eine Integration erschweren.

Gleichzeitig muß man natürlich die sozialpsychologisch erklärbaren Mechanismen im Auge behalten, die überall da auftreten können, wo eine Minderheit überhaupt „anders" ist. (In welcher Hinsicht sie „anders" ist, ob sie eine andere Hautfarbe hat oder anders kocht, anders spricht, lauter oder leiser ist, ist oft gar nicht so wichtig.)

Klassenstrukturen in ethnisch nicht homogenen Gesellschaften sind niemals unmittelbar aus der Rasse und nur selten unmittelbar aus dem „Volksgeist" der Minorität zu erklären. Die Hervorhebung rassischer Eigenschaften und kultureller Besonderheiten hat jedoch in aller Regel eine ideologische Funktion. Sie legitimiert auf anschauliche Weise eine Diskriminierung, Abgrenzung oder sogar Ausstoßung, deren eigentliche Ursache anderswo liegt. Freilich hat sie dann eine Verstärkerwirkung. Klassenunterschiede in ethnisch heterogenen Gesellschaften zeichnen sich oft durch eine besondere Schärfe und Verhärtung aus. Wo ethnische Minderheiten nicht von vornherein eine soziale Schwäche mitbringen und nicht als Neuankömmlinge mit den schlechtesten Plätzen vorlieb nehmen müssen, finden wir oft das Gegenteil, nämlich eine problemlose Plazierung. Der Minderheit wird dann oft auch die Beibehaltung ihrer ethnischen Eigenheit zugebilligt. Dies gilt oft – freilich nicht immer – für altansässige Minderheiten, aber auch für Einwanderer, die eine begehrte berufliche Qualifikation mitbringen, an der Mangel herrscht.

f) Klassen-Ideologien

Vor allem interessiert man sich in der Soziologie für Ideologien, insofern sie spezielle Ausformungen eines Klassenbewußtseins sind. Natürlich können sich auch andere soziale Gruppierungen eine Ideologie zulegen. Meist meinen wir mit Ideologien umfassende Gedankengebilde, die einen gewissen Grad systematischer und rationaler Ausarbeitung besitzen, dadurch eine Quasiobjektivität erlangen und öffentlich mitteilbar sind. Moderne Ideologien haben oft einen wissenschaftlichen (bzw. pseudowissenschaftlichen) Einschlag. Aber das Maß rationaler Durchformung, ebenso die inhaltliche Reichweite (d. h. das Ausmaß der einbezogenen Themen) kann sehr unterschiedlich sein. Kaum eine andere Ideologie hat einen wissenschaftlichen Level erreicht wie der Marxismus, der gleichwohl auch als Ideologie fungiert. Der Faschismus ist rational sehr viel schwerer faßbar, nicht zuletzt, weil er bewußt – pseudo-rational begründet – irrationale Orientierungsformen einbaut.

Es ist letztendes eine terminologische Frage, ob man Gedankengebilde aus älterer Zeit, die in mythischer, religiöser oder chronikalischer Form die Legitimität von Herrschaftsverhältnissen und sozialer Ungleichheit untermauern, bereits als Ideologien bezeichnen soll. Man verwendet oft auch den Ausdruck „Legitimitätslegenden" (z. B. M. Weber). Die soziale Funktion ist aber dieselbe wie bei modernen Ideologien.

Der heutige Ideologiebegriff verdankt seine Fassung vor allem der marxistischen Tradition. Aus dieser stammt auch die Gleichsetzung von „Ideologie" und „falschem Bewußtsein",[4] die allerdings bedenklich ist. Sie entspricht auch genaugenommen nicht der marxistischen Denkweise, deren Verdienst es ja gerade ist, Ideologien nicht mehr als lügnerische Produkte verschwörerischer Gruppen (z. B. als „Priesterbetrug") anzusehen, sondern als Überbauphänomene, die notwendig aus bestimmten gesellschaftlichen Verhältnissen herauswachsen. Denkt man in marxistischen Bahnen weiter, so ergibt sich, daß die Ideologien aufsteigender Klassen, die im Kampf um ihre Befreiung einen Beitrag zur Emanzipation der Menschheit leisten, auch ein Stück Wahrheit enthalten müssen, insbesondere, insofern sie die Ideologie der bislang Herrschenden entlarven. Dies wird sinngemäß von Marx und den Marxisten auch der „bürgerlichen Ideologie" zugebilligt. Freilich verstrickt – so heißt es – diese sich dann zunehmend in ihren eigenen Fesseln und verliert den Anschluß an die weiterschreitende geschichtliche Wirklichkeit. Denn nunmehr tritt sie in den Dienst der Herrschaftssicherung der bürgerlichen Klasse.

Wir sollten uns bei dem Versuch, einen brauchbaren Ideologiebegriff zu bilden, nicht auf eine solche Gesetzmäßigkeit festlegen lassen, jedoch festhalten, daß Ideologien in aller Regel falsche und wahre Behauptungen enthalten und daß Ideologien, die sich verfestigt haben, in der Tat immer mehr zu einem „falschen Bewußtsein" werden können, wenn ihnen die geschichtliche Wirklichkeit davonläuft.

Das Spezifische, das Ideologien von anderen Bewußtseinsformen unterscheidet, ist in der Funktion zu suchen, die sie für Teilgruppen der Gesellschaft haben, die in unstabilen Verhältnissen ihren Status behaup-

---

[4] Es ist alles ein bißchen paradox. Marx und seine Nachfolger haben viel zum heutigen Verständnis von Ideologien beigetragen. Die Wissenschaft profitiert von ihnen. Aber im allgemeinen waren sie natürlich der Ansicht, daß das recht verstandene proletarische Klassenbewußtsein nicht unter den Begriff „Ideologie" fällt, denn dieses ist ja kein „falsches Bewußtsein". Zwar entsteht es aus einer Klassenlage, aber zugleich sprengt es die Fesseln beschränkten Klassendenkens. Die Befreiung der Arbeiterklasse führt ja zur Beseitigung aller Unfreiheit unter den Menschen.

6. Hinweise zu Einzelproblemen

ten oder verbessern wollen. Diese Funktion betrifft sowohl das Binnenverhältnis als auch die Außenweltbeziehungen dieser Gruppierungen. Im Innern sorgt die Ideologie für geregelte Kommunikation, Solidarität und ruhiges Gewissen. Nach außen rechtfertigt sie Herrschafts- oder Emanzipationsansprüche einer Großgruppe, möglicherweise auch die gesicherte Position einer Gruppe in mittlerer Lage.

Ideologien sind umfassende, irgendwie kohärente Gedankengebilde, welche gegenwärtige gesellschaftliche Verhältnisse deuten, im Interesse der Gruppe bewerten und ihrem Gruppenhandeln Richtung geben. Sehr oft enthalten sie Vorstellungen von einer Zukunft, die entweder herbeigeführt werden soll oder deren Kommen als notwendig zu erwarten ist. Zugleich versuchen Ideologien aber auch die anderen Mitglieder der Gesellschaft von der Legitimität der Ansprüche einer Gruppe zu überzeugen. Sie sollen sie anerkennen, sich ihnen anschließen, zumindest ihren inneren Widerstand aufgeben.

Aus dieser funktionalen Bestimmung ergeben sich typische inhaltliche und formale Eigenschaften von Ideologien.

Die inhaltlichen Behauptungen, Bewertungen und Forderungen sind entsprechend den Gruppeninteressen perspektivisch und selektiv. Gleichzeitig müssen sie aber soweit Allgemeingültigkeit aufweisen oder vorspiegeln, daß sie übertragbar und akzeptabel für Nichtmitglieder sind. Das geistige Niveau von Ideologien (Rationalität bzw. Wissenschaftsähnlichkeit, Differenziertheit von Glaubensvorstellungen, vorausgesetztes Geschichtswissen usw.) ist nicht einheitlich. Denn Ideologien müssen Menschen sehr verschiedenen Bildungsgrades ansprechen und zwar sowohl innerhalb der Großgruppe, deren Interessen sie legitimieren, als auch erst recht in der Außenwelt. Außerdem müssen sie unterschiedlichen Situationen gerecht werden. Plakative Slogans werden genauso benötigt wie differenzierte theoretische Argumentationen. Ideologische Auseinandersetzungen finden auf vielen Ebenen statt und müssen diesem Bedürfnis gerecht werden.

Es gibt originale ideologische Figuren, die unmittelbar aus der Betroffenheit und Lebenserfahrung einer Gruppe entstehen. Aber im Zuge der Ausarbeitung zu einem System werden natürlich auch Deutungsmuster, Wertvorstellungen und Normen aus dem Erbe der herrschenden Kultur übernommen, die vielfach keinen ideologischen Ursprung hatten und die auch weiterhin einen nichtideologischen Sinn behalten. Kein Religionsstifter, auch kein Philosoph kann sich dagegen wehren, daß seine Aussagen ideologisch instrumentalisiert werden. Kein Gläubiger braucht sich zu schämen, Glaubensinhalte weiterhin für wahr zu halten, weil sie von anderen Menschen ideologisch verwendet werden. Er muß sich nur vor falschen Freunden hüten und aufpassen, daß er nicht vor fremde Wagen gespannt wird.

Wenn Ideologien der oben dargestellten Funktion gerecht werden sollen, dann benötigen sie eine gewisse Geschlossenheit und Konsistenz. Diese kann auch durch wissenschaftliche Argumentationsweisen gestützt werden. Das Ideal der Wissenschaft, stets offen zu bleiben für neue Erkenntnisse, welchen zwingen könnten, alte Thesen über Bord zu werfen (z. B. die Maxime, Thesen so zu formulieren, daß sie prinzipiell falsifizierbar sind), entspricht jedoch nicht der Funktion von Ideologien. ,,Offene Flanken" zu zeigen ist die Tugend des Wissenschaftlers, aber nicht des Ideologen. Hieraus entspringen verschleiernde Pseudoschlüssigkeit, verkürzte Systematisierungen und sich wissenschaftlich drapierende Tabuisierungen.

Aus den vielfach verzweigten Aufgaben, denen eine Ideologie gerecht werden muß, resultiert, daß sie in aller Regel ein Gemisch aus Wahrheit, Irrtum, Verschleierung und Selbstbetrug ist und daß ihre Einheit sowohl auf geistvollen Argumentationen wie auch auf ,,mythischer Gesamtschau" und billigen Phrasenverbindungen von lediglich rhetorischem Wert beruht. Es fehlt niemals an anschaulichen Symbolisierungen (Fahnen, ritualisierten Selbstdarstellungen, Wortgebräuchen, die weniger der Mitteilung dienen, als vielmehr Erkennungszeichen für Genossen sind).

Ideologien sind Mehrzweckgebäude im Reiche des Geistes. Je nach Konstellation tragen sie zur Bewußtseinserweiterung oder Verdummung bei. Ideologien sind ihrer Natur nach expansiv. Sie können vielerlei Bedürfnisse erfüllen. Mancher findet in ihnen Heimatersatz, obwohl sie ihn inhaltlich eigentlich nichts angehen. Manche Gruppen werden von ihnen überrollt, unterwandert oder gelähmt.

Ideologien können auch die Wissenschaft befruchten und ihr zu neuen Einsichten verhelfen, nicht zuletzt, weil sie ja immer eine Gesamtschau (manchmal ein Weltbild) enthalten. Der im Spezialismus eingekapselte Fachgelehrte kann veranlaßt werden, sein bisheriges Wissen zu reflektieren und zu neuen Ufern aufzubrechen. Vielleicht gerät er in ein neues Gefängnis. Aber dieses könnte geräumiger sein als sein bisheriges. Ein Freigehege ist besser als ein Käfig und ausreichend für Menschen, deren Geist nicht zum Schweifen neigt, sondern auf maßvolles Revierverhalten eingestellt ist. Beispiele für diese etwas blumig formulierte These bietet die marxistische Wissenschaft in reichem Maß.

g) Klassengesellschaften und Ständegesellschaften

Mit den Begriffen ,,Stand" und ,,Klasse" charakterisieren wir spezielle Typen von sozialen Schichten mit stärkerer Kohärenz (u. a. sind sie ,,Großgruppen"). Die innere Struktur dieser Sozialgebilde ist aber in besonders starkem Maß auf das Außenweltsverhältnis orientiert. Das gilt

6. Hinweise zu Einzelproblemen

auch – wenngleich nicht so ausgeprägt – für soziale Schichten mit geringerer Kohärenz. Es hat keinen Sinn, von „Schichten" zu reden, ohne an eine „Schichtung" zu denken.

„Soziale Klassen" kann man sich zunächst schlecht vorstellen in einer Gesellschaft, die nicht eine „Klassengesellschaft" ist. Damit eine „soziale Klasse" existiert, scheint sie weitere Klassen zu brauchen, mit denen sie sich auseinandersetzt. „Stände" brauchen, so meint man, eine „ständische Gesellschaft". Vielleicht strahlen soziale Klassen wirklich ein „Ferment" aus, das in ihrem Umfeld zur Herausbildung weiterer Klassen stimuliert. „Stände" – selbst korporativ organisiert – könnten, falls sie über Macht verfügen, die benachbarten sozialen Schichten auffordern oder dazu zwingen, sich ebenfalls zu ständischen Korporationen zusammenzuschließen. Dies alles leuchtet ein. Der Blick auf die ältere und neuere Geschichte zeigt aber, daß die Gesamtstruktur der Gesellschaft nur ganz selten vollständig unter die Begriff „Ständegesellschaft" oder „Klassengesellschaft" zu bringen war.

Auch in sogenannten „ständischen Gesellschaften" hatte keineswegs jeder seinen Platz. Es gab stets Gruppen von nicht integrierten „Standlosen", die zeitweilig bedrohlich zunahmen. Ständische Gesellschaften verfügen auf verschiedenen Rangebenen jeweils über eine bestimmte, nicht ohne weiteres vermehrbare Zahl von Plätzen. Wächst die Bevölkerung, dann bleiben immer mehr Menschen übrig. Dann blühen die Landstreicherei, das Bandenwesen und die Bettelei.

Ferner fanden regelmäßig „Ständekämpfe" statt, die bei näherem Hinsehen eigentlich „Klassenkämpfe" waren. In der dynamischen Klassengesellschaft des Hochkapitalismus finden wir wiederum ständische Relikte aus früheren Zeiten, aber auch neue Zusammenschlüsse, denen man nicht ganz absprechen kann, „Standesvereinigungen" zu sein, obwohl sie zur Durchsetzung ihrer Interessen auch Kampfmittel aus dem Arsenal der Klassenkämpfe verwenden. Außerdem zeigt sich, daß sich der Trend zur Herausbildung eines die ganze Gesellschaft erfassenden Klassenantagonismus auch umkehren kann. Der „Mittelstand" sinkt keineswegs ins Proletariat ab. Die Mittelschichten werden sogar umfangreicher. Freilich verflüchtigt sich vielfach deren „ständischer" Charakter. Was bleibt, ist ein großes Konglomerat von Schichten mit geringer Kohärenz und diffusen Grenzen, die irgendwie in der „Mitte" liegen. Es entsteht keine „nivellierte Mittelstandsgesellschaft" (Schelsky), sondern eine Gesellschaft mit allerlei verschiedenartiger sozialer Ungleichheit, von der sich schlecht sagen läßt, ob sie so etwas wie eine „herrschende Klasse" besitzt. Verwendet man den Begriff „Power Elite" (C. W. Mills), so behauptet man zwar, daß es eine herrschende Gruppe gibt, gibt aber bereits zu, daß sie heterogenen Ursprungs ist und ihre Macht aus verschiedenen Quellen herleitet, die klassentheoretisch jedenfalls nicht eindeutig gedeutet werden können. Von den Phänomenen „Macht" und „Herrschaft" ist noch im nächsten Kapitel die Rede.

Die Begriffe „Klassengesellschaft" und „Ständegesellschaft" können nur als Typenbegriffe benutzt werden. Sie sind gedankliche Konstrukte, mit Hilfe derer kaum jemals eine ganze Gesellschaft erfaßt werden kann. Mehr noch als die Begriffe „Stand" und „Klasse" sind sie keine Begriffsschachteln (Klassifikationsbegriffe), in denen man einen realen Sachverhalt vollständig unterbringen kann, sondern Instrumente, mit Hilfe derer man bestimmte Züge einer Gesellschaft deutlich machen kann, andere dabei jedoch ausklammern muß.

Hat man es mit einer Gesellschaft wie der bundesrepublikanischen zu tun, so entdeckt man ein besonders buntes Gemisch aus alten und neuen Klassenstrukturen, ständischen Inseln, konturlos gewordenen Statusgruppen mit ausgefransten Rändern, heterogenen Spitzengruppen, die nicht wagen, sich selbst als „upper-upper-class" zu bezeichnen und unter sich nicht nur konkurrieren, sondern auch an Verständigungsschwierigkeiten leiden. Die sogenannten „Teileliten" sprechen verschiedene Sprachen. Man müßte annehmen, eine solche Gesellschaft sei höchst instabil. Merkwürdigerweise ist dies nicht der Fall. Zwar ist es modisch, Gefühle der Angst und Desorientiertheit zur Schau zu tragen. In Wahrheit haben die Menschen sich in ihrem alltäglichen Verhalten auf Dauerhaftigkeit der Verhältnisse eingestellt und mit dieser Einstellung seit nahezu vier Jahrzehnten Erfolg gehabt. Sowohl die Erwartungsmuster wie auch die institutionelle Ordnung haben sich als verläßlicher erwiesen als in vielen anderen Ländern. Wie ist das möglich?

7. Lehrbeispiele

a. Fritz Reuter läßt in seinem Buch „Ut mine Stromtid" (1862/64, Kap. 38) seinen Onkel Bräsig sagen: „Die große Armut in der Stadt kommt von der großen Powerteh her." Der vordergründig dümmlich anmutende Satz ist natürlich hintersinnig. Arbeiten Sie den eigentlich gemeinten Sinn heraus und erläutern Sie ihn an Beispielen aus der Gegenwart (evtl. aus Entwicklungsländern) oder aus unserer jüngeren Vergangenheit (z. B. aus der Zeit, in der Fritz Reuter lebte).

b. Ich habe einmal den Satz geschrieben: „Manche Angestellte unterscheiden sich von den Arbeitern nur dadurch, daß sie sich von den Arbeitern unterscheiden." Ähnlich wie in dem Satz des Onkel Bräsig verbirgt sich hinter ihm eine ernstgemeinte Aussage. Welcher Sachverhalt könnte gemeint sein?

7. Lehrbeispiele

c. Wenn man sich die Berufsstatistik näher ansieht, entdeckt man, daß der Anteil der Frauen unter den Arbeitern sehr viel geringer ist als in der Angestelltenschaft. Die Berufsstellungsgruppe „Angestellte" ordnen wir im allgemeinen höher ein als die der Arbeiter. Vielfach rechnet man – wenn auch mit Vorbehalten – die Angestellten eher zur Mittelschicht, die Arbeiter eher zu Unterschicht. Bedeutet nun dieser Befund, daß Frauen bessere Chancen im Erwerbsleben besitzten als Männer und daß ihnen häufiger der Aufstieg in eine höhere soziale Schicht gelingt, denn es ist ja anzunehmen, daß viele weibliche Angestellte aus Arbeiterfamilien stammen?

Diese Schlußfolgerung ist natürlich unsinnig. Begründen Sie, warum sie falsch ist. Diskutieren Sie, inwiefern die Berufsstellungsgruppen der Statistik für eine Schichtungsanalyse brauchbar und inwiefern sie irreführend sind.

Diskutieren Sie auch, was es für die soziale Selbsteinschätzung von Arbeiterfamilien bedeuten könnte, wenn der Bruder Facharbeiter, seine Schwester Büroangestellte wird. Anscheinend kommt dies sehr häufig vor.

d. In der Soziologie wird gelegentlich von Proletaroiden gesprochen, und zwar seit W. Sombart, der, soviel ich weiß, den Ausdruck zum ersten Mal gebraucht hat. (Übrigens verwendet ihn auch Th. Geiger, Lit. 7.) Gemeint sind Menschen, deren Lebenslage genauso von Armut und Unsicherheit gekennzeichnet ist wie die der sogenannten „klassischen" Proletarier (z. B. Industriearbeiter zur Zeit des Hochkapitalismus). Manchmal geht es ihnen noch schlechter. In einer oder mehreren Hinsichten unterscheiden sie sich aber von ihnen.

Versuchen Sie, unter klassentheoretischem Gesichtspunkt eine Definition der Begriffe „proletarische Lage", „Proletarier" und „Proletariat" zu finden. Beschreiben Sie dann einige Gruppen, auf die diese Definition nicht paßt, obwohl ihre Lage genauso ärmlich und unsicher ist. Erörtern Sie, warum die Unterscheidung von „Proletariern" und „Proletaroiden" nicht nur eine begriffliche Spitzfindigkeit ist und auch nicht nur Bedeutung für die Erklärung vergangener Phänomene hat. Wie setzt sich die ärmere Bevölkerung in den meisten schnell gewachsenen Metropolen von Entwicklungsländern zusammen?

Ein Tip: In den Schriften von Marx taucht öfter das Wort „Lumpenproletariat" auf. Offenbar ist ein ähnlicher Personenkreis gemeint wie mit dem Begriff „Proletaroide". Das Wort wurde auch später in der marxistischen Literatur gebraucht. Was kann einen Vorkämpfer der proletarischen Revolution dazu veranlassen, so arme und offensichtlich ebenfalls unterdrückte Menschen mit einem so verächtlichen Namen zu belegen? Hatte er Grund, sich über sie zu ärgern?

e. In der Literatur, insbesondere dort, wo von der Entstehung des Industriekapitalismus die Rede ist, wird immer wieder vom „freien Lohnarbeiter" gesprochen. Das Wort „frei" wird oft ausdrücklich in einem Doppelsinn gebraucht. So spricht man auch gern von einer „Freisetzung" in einem doppelten Sinn, wenn davon die Rede ist, daß Angehörige der „unterbäuerlichen Schicht" in die Stadt ziehen und Industriearbeiter werden. Was ist damit gemeint? Versuchen Sie, sich diesen Sachverhalt deutlich zu machen, indem Sie die Industriearbeiter des späten 19. Jahrhunderts mit Gruppen der ländlichen Unterschicht vergleichen, aus der sie ja oft stammten, z. B. Knechte, Insten, Häusler, Kötter, Kätner, „Dreschgärtner" (Schlesien), Heimweber, Vertragstagelöhner, freie Tagelöhner. Bedenken Sie dabei aber auch, daß Fabrikarbeiter der damaligen Zeit oft in Werkswohnungen untergebracht wurden, im Laden des Fabrikbesitzers einkaufen mußten und teilweise nicht nur mit Geld, sondern auch mit Gegenständen, die in der Fabrik hergestellt worden waren, entlohnt wurden (Truck-System).

f. Welcher sozialen Schicht bzw. welchen sozialen Schichten würden sie die Studierenden heutiger Universitäten zurechnen? Ihrer Herkunftsschicht? Oder der Akademikerschaft, in die sie hineinstreben? (Nehmen wir an, letzere sei eine Schicht, worüber man natürlich diskutieren kann.) Oder bildet die Studentenschaft in unserer Gesellschaft eine eigene soziale Schicht? (Das würde bedeuten, daß es soziale Schichten gibt, in denen die Masse der Individuen nur wenige Jahre verbleibt.) Oder muß man sagen: Das Problem, aber auch die Chance eines Studierenden besteht darin, daß er für einige Zeit außerhalb der Schichtungspyramide der Gesellschaft steht? Was bedeutet es aber für eine Schichtungstheorie, wenn eine große Zahl von Menschen von der sozialen Schichtung nicht oder nur indirekt erfaßt wird. (Man könnte in diesem Zusammenhang auch an Soldaten, die ihren Wehrdienst ableisten, denken. Vielleicht müßte man hier auch die Situation von Arbeitslosen erörtern.)

Sollte es so etwas wie eine „Freisetzung" von Bindungen an eine bestimmte soziale Schicht geben, welche Bedeutung könnte dies für Lebenslage, Orientierungsformen und kollektives Verhalten haben?

g. Zwei Soziologieprofessoren machen sich nach einer Tagung beim Wein über ihre Wissenschaft lustig.

A: „Ich neige dazu, von einem Drei-Schichten-Modell auszugehen (oder, wenn Sie wollen, von einem Drei-Klassen-Modell). Die Oberschicht ist in der Lage, Spesen zu kassieren, und darf sie verwenden, wie sie will. Die Mittelschicht bekommt auch Spesen. Aber ihre Verwendung ist streng geregelt. Wenn man seine Frau mit auf eine Dienstreise nimmt, muß man dies selbst bezahlen. Deshalb läßt man sie meist zu

Hause. Wer zur Unterschicht gehört, hat keine Aussicht, Spesen ersetzt zu bekommen."
B: „Auch ich tendiere zu einem Drei-Schichten- (bzw. Klassen-)Modell. Aber ich habe ein anderes Unterscheidungsmerkmal – den Terminkalender: Die Unterschichtangehörigen brauchen keinen Terminkalender. Die Mittelschichtler führen Terminkalender. Die Angehörigen der Oberschicht lassen ihren Terminkalender führen."
A: „Komisch, nach Ihrem Modell bin ich vornehmer als nach meinem. Darüber müßte ich mal nachdenken."
Denken Sie darüber nach, ob sich hinter den verwendeten Kriterien (Spesen, Terminkalender) ernsthafte Variablen verbergen, die einerseits eine Zuordnung zu unterschiedlichen sozialen Schichten nahelegen, andererseits aber auch widersprüchliche oder zweideutige Soziallagen erzeugen können.

h. Wir haben weiter oben von Unterschieden der sozialen Chancen in drei Dimensionen gesprochen: Chancen hinsichtlich der wirtschaftlichen Versorgung (Einkommen, Besitz), Chancen im Zugang zu wichtigen Informationen (u. a. Bildung, Ausbildung, aber auch Verfügung über Heilswissen), Chancen, das gesellschaftliche Geschehen beeinflussen zu können (u. a. Macht bzw. Ohnmacht).

Wir sagten, daß diese Dimensionen nicht unabhängig voneinander zu betrachten seien. Z. B. können günstige wirtschaftliche Positionen Bildungschancen eröffnen. Politische Macht einer sozialen Gruppe wird dieser oft auch Einkommensverbesserungen bringen. Politische Ohnmacht und Ausbeutung stehen oft in einer Wechselbeziehung.

Könnte es sein, daß einer dieser Dimensionen grundsätzlich ein Vorrang bei der Erklärung von Gesellschaftsstrukturen beizumessen ist? Ist es stets der „Unterbau" (die „Produktionsverhältnisse"), der letztenendes den „Überbau" (politische Organisation, Kultur, Bildung usw.) bestimmt? Oder könnten unter besonderen Verhältnissen auch die anderen Dimensionen einen strukturellen Vorrang haben? Untersuchen Sie diese Fragen am Typ des mittelalterlichen Grundherrn, der gleichzeitig dem Kriegeradel angehörte, an der hohen Geistlichkeit des Mittelalter (z. B. Bischöfe, Äbte), die gleichzeitig Feudalherren waren, am „merchant adventurer" im Zeitalter der Entdeckungen, dessen Segelschiff mit Kanonen bestückt war, am Star-Chemiker (Vater Studienrat), der in die Vorstandsetage eines Chemie-Konzerns aufsteigt, und am Gewerkschaftsboss (früher Facharbeiter, später Betriebsrat), der Minister wird.

Diskutieren Sie danach die Begriffe „Technokratie", „Regime der Manager" (Burnham, Lit. 4), „Priesterherrschaft der Intellektuellen" (Schelsky, Lit. 14). Inwieweit sind diese Begriffe immer noch dem herkömmlichen Klassenbegriff bzw. der marxistischen Klassentheorie verpflichtet? Inwieweit stellen sie eine entscheidende Neuerung dar? Inwieweit sind sie ernst zu nehmen?

Nachbemerkung: Die Lehrbeispiele dieses Kapitels sind überwiegend von der Art, daß nicht in kürzerer Zeit eindeutige Antworten auf die gestellten Fragen gefunden werden können. Es reicht aus, wenn man alternative Hypothesen einander gegenüberstellt. Zum Teil verlangen die Lehrbeispiele das Nachschlagen in Lexika bzw. das Aufsuchen spezieller Literatur. Es genügt manchmal, wenn man versteht, warum manche Fragen vorläufig offenbleiben.

8. Literaturhinweise

1) H. P. Bahrdt: Erzählte Lebensgeschichten von Arbeitern, in: M. Osterland (Hg.): Arbeitssituation, Lebenslage und Konfliktpotential, Festschrift für Max E. Graf zu Solms-Rodelheim, Frankfurt/M. 1975.
2) K. M. Bolte: Stichwort: Schichtung, in: R. König (Hg.): „Soziologie" (Fischer-Lexikon), Frankfurt/M. 1958.
3) K. M. Bolte, D. Kappe, Fr. Neidhardt: Soziale Ungleichheit, Opladen 1975 (Beiträge zur Sozialkunde, Reihe B, Heft 4).
4) J. Burnham: Das Regime der Manager (1941), Stuttgart 1951.
5) R. Dahrendorf: Über den Ursprung der Ungleichheit unter den Menschen, Tübingen ²1966 (Recht und Staat 232).
6) R. Dahrendorf: Soziale Klassen und Klassenkonflikt in der industriellen Gesellschaft, Stuttgart 1957.
7) Th. Geiger: Die soziale Schichtung des deutschen Volkes, (1932), Neudruck Stuttgart 1967.
8) U. Herlyn (Hg.): Stadt und Sozialstruktur, München 1974.
9) B. Jany, L. Wallmuth: Arbeit und Gesellschaft. Ein Grundkurs in Soziologie, Weinheim-Basel 1978.
10) K. Marx/Fr. Engels: Das Kommunistische Manifest (1848), in: K. Marx, Fr. Engels, Werke (MEW), Bd. 4, Berlin 1964.
11) K. Marx: Der 18. Brumaire des Louis Bonaparte, in: MEW, Bd. 8, Berlin 1960.
12) U. Oevermann: Schichtenspezifische Formen des Sprachverhaltens und ihr Einfluß auf die kognitiven Prozesse, in: H. Roth (Hg.): Begabung und Lernen, Stuttgart 1969.
13) U. Oevermann: Die falsche Kritik an der kompensatorischen Erziehung, in: Neue Sammlung, 1974, Heft 4.
14) H. Schelsky: Die Arbeit tun die anderen. Klassenkampf und Priesterherrschaft der Intellektuellen, Opladen 1975.
15) H. Schelsky: Die Bedeutung des Klassenbegriffs für die Analyse unserer Gesellschaft, in: ders.: Auf der Suche nach der Wirklichkeit. Gesammelte Aufsätze, Düsseldorf-Köln 1965.

8. Literaturhinweise 159

16) H. Schelsky: Wandlungen der deutschen Familie in der Gegenwart, Dortmund 1953.
17) J. Schumpeter: Die sozialen Klassen im ethnisch homogenen Milieu (1927), in: ders.: Aufsätze zur Soziologie, Tübingen 1953.
18) M. Weber: Wirtschaft und Gesellschaft, Tübingen ⁴1956, 1. Hlbbd., S. 177ff., 2. Hlbbd., S. 532ff.
19) E. Wiehn: Theorien der sozialen Schichtung. Eine kritische Diskussion, München 1968.

Zur ersten Orientierung über die Thematik sind geeignet Nr. 2, 5. Danach sollte man zu Nr. 3 greifen, um einen größeren Überblick zu bekommen. Dieses Buch ist übrigens auf die Bedürfnisse von Sozialkundelehrern abgestellt. Zur Ergänzung sei auf Nr. 9 und 19 verwiesen.

Zur Erstorientierung über die marxistische Klassentheorie sei auf das 1. Kapitel von Nr. 6 verwiesen. R. Dahrendorf versucht dort geschickt, das unvollendet gebliebene 52. Kapitel des 3. Bandes des „Kapitals", in dem Marx „soziale Klassen" behandeln wollte, „zu Ende zu schreiben", indem er geeignete Passagen aus dem Gesamtwerk von Marx zusammenstellt und mit verbindenden Worten versieht. Dies ist deshalb verdienstvoll, weil Marx das Klassenthema niemals explizit gesondert abgehandelt hat. In dem 52. Kapitel hatte er dies vor. Aber es bricht gerade da ab, wo es interessant wird.

Im „Kommunistischen Manifest" (Nr. 10) sind besonders diejenigen Passagen interessant, in denen die Voraussetzungen dafür dargestellt werden, daß Proletarier zu gemeinsamem Klassenbewußtsein und kollektivem Handeln gelangen. In Nr. 11 sind jene Stellen interessant, in denen „Klassen an sich" von „Klassen für sich" unterschieden werden. Dies wird am Beispiel der französischen Parzellenbauern in der Mitte des 19. Jahrhunderts dargestellt.

Nr. 7 ist im Text des Kapitels ausführlicher erwähnt worden. Das Buch ist nach wie vor lesenswert. Wichtig sind die Exkurse über den Nationalsozialismus und die Ausführungen zum Thema „Proletaroide", nicht zuletzt deshalb, weil diese nach Geigers Meinung sich politisch anders verhalten als „Proletarier".

Zu Nr. 18 ist zu bemerken: Die Terminologie M. Webers entspricht nicht der heute in Deutschland üblichen. Die Partien in „Wirtschaft und Gesellschaft" sind nicht leicht interpretierbar. Sie verkörpern auch keine ausgearbeitete Klassentheorie. Wenn man sich in sie hineinvertieft, kann man aber Ansätze zu einer Klassentheorie finden, die eine interessante Alternative zu der Marxschen darstellt.

In Schelskys Familienbuch (Nr. 16) findet man die bekannte, aber oft mißverstandene These von der „nivellierten Mittelstandsgesellschaft". Um diesen Begriff hat sich eine heftige Diskussion entzündet. Schelsky nimmt in Nr. 16 auf diese Diskussion Bezug, nennt die relevante Literatur, modifiziert aber meiner Meinung nach seine ursprüngliche These, obwohl es so aussieht, als ob er sie verteidige. In Nr. 14 vertritt Schelsky, zweifellos polemisch überspitzt, die These, die Intellektuellen versuchten, sich als eine herrschende Klasse neuen (oder alten) Typs zu etablieren. Er redet hier von „Priesterherrschaft". Diese These ist natürlich heftig umstritten.

Nr. 17 (Schumpeter) ist vor allem interessant wegen des Vergleichs der unterschiedlichen Prädispositionen des Adels und der Bourgeoisie, eine Klassenherrschaft auszuüben. Im ganzen handelt es sich für meinen Begriff eher um eine funktionalistische Schichtentheorie, obwohl durchweg von Klassen die Rede ist.

Nr. 1, 12 und 13 sind aufgeführt wegen der Behandlung der schichtspezifischen Sprachsozialisation.

In Nr. 4 vertritt J. Burnham (ursprünglich Marxist trotzkistischer Prägung) die These, die Klassenherrschaft der Kapitalisten würde nicht durch eine proletarische Revolution abgelöst, sondern durch eine ,,Revolution der Manager". Durchaus auch in marxistischen Bahnen denkend, meint Burnham, diejenige Klasse herrsche, welche über die Produktionsmittel verfüge. Dies seien aber bereits heute sowohl im Westen wie auch im Osten in Wahrheit die Manager, nicht mehr die Kapitalisten (im Westen), auch nicht die Arbeiter (im Osten). Das Buch ist nicht sehr tiefgründig, die Hauptthese aber diskutierenswert.

Nr. 8 ist in unserem Zusammenhang interessant, weil es mehrere Beiträge zur sozialen Segregation im Stadtgebiet enthält.

Nr. 9 enthält didaktisch geschickt angelegte Partien zum Klassenbegriff. Außerdem steht dort ein Text von mir, den ich z. T. wörtlich in dieses Kapitel eingearbeitet habe.

VIII. Macht, Herrschaft, Autorität, politisches Handeln, Politik

> Ein Diktator wacht auf ganz beklommen:
> Meine Macht ist mir weggeschwommen.
> Und ich brauch' krasse Macht,
> weil's in der Masse kracht.
> Jetzt meutern sogar schon die Frommen.

1. Vorbemerkungen

Die Begriffe ,,Macht" und ,,Herrschaft" gebraucht man auch außerhalb der Sphäre der Politik. Aber vor allem haben sie natürlich ihre Bedeutung bei der Analyse politischer Phänomene. ,,Autorität" finden wir überall, aber auch dieser Begriff gewinnt eine besondere Brisanz dort, wo Autorität Einfluß auf politische Prozesse hat. Es ist deshalb sinnvoll, im Zusammenhang dieses Kapitels auch die Begriffe ,,politisches Handeln" und ,,Politik" zu erläutern, um dann einige Bemerkungen zu politischer Herrschaft anzuschließen.

Mit ,,Macht", ,,Herrschaft" und ,,Autorität" meinen wir meist Komponenten in asymetrischen sozialen Beziehungen. Das schließt dreierlei ein:

Erstens: Soziale Beziehungen sind situationsüberdauernd. Die Definition der einzelnen Situation ordnet sich in eine kontinuierliche oder diskontinuierliche Folge von Situationen ein, im Verlaufe derer man es immer wieder mit denselben Interaktionspartnern zu tun hat. Auch dann, wenn man nicht mit ihnen unmittelbar interagiert, kann die Existenz dieser Beziehung handlungsleitend sein. Bei ,,Herrschaft" ist dieser die einzelne Situation übergreifende und an Vergangenheit und Zukunft orientierte Charakter einer Beziehung selbstverständlich. Bei ,,Macht" könnte man fragen, ob es auch ,,Augenblicksmacht" gibt. Davon wird noch die Rede sein. Bei ,,Autorität" mag es ebenfalls vorkommen, daß sie sich in dramatischen Situationen ganz schnell aufbaut und danach wieder gegenstandslos wird oder zerfällt.

Außerdem ist zu beachten, daß ,,Macht", ,,Herrschaft" und ,,Autorität", wenn man sie grob betrachtet, zwar meist längere Zeit andauern, bei näherem Hinsehen jedoch großen Schwankungen unterworfen sind. Der Mächtige ist in manchen Augenblicken ohnmächtig. Meist merkt es nur keiner. Freilich, es möglichst niemand merken zu lassen, ist die Kunst des

Mächtigen. Trotzdem interessieren uns jedoch „Macht", „Herrschaft" und „Autorität" in ihrer Dauerhaftigkeit in sozialen Beziehungen. Unser Thema sind also, genauer ausgedrückt: „Macht-", „Herrschafts-" und „Autoritätsverhältnisse".

Zweitens: Die hier gemeinten Beziehungen sind ihrer Art nach komplex. Ein „Machtverhältnis" enthält auch noch andere Komponenten, z. B. oft auch Autorität. Dasselbe gilt auch für Beziehungen, die man primär als eine „Autoritätsbeziehung" bezeichnen möchte. Daneben können noch Beziehungsdimensionen anderer Art eine Rolle spielen, z. B. solche der Kooperation, des Lehrens und Lernens. Herrschaftsverhältnisse sind in aller Regel besonders komplex. Herrschaft findet meist mit Hilfe von Institutionen statt, die vielerlei Regelungen treffen und Dienste anbieten, die mit „Herrschen" im engeren Sinn nur ganz wenig zu tun haben.

Trotzdem hat es Sinn, das, was Macht, Autorität und Herrschaft im engeren Sinn ausmacht, analytisch herauszuarbeiten, voneinander abzusetzen und konkrete Beziehungen als primär durch Macht oder Herrschaft oder Autorität geprägt zu bezeichnen.

Drittens: Asymmetrisch wollen wir solche Beziehungen nennen, in denen strukturell der Einfluß der einen Seite auf das Handeln der anderen Seite stärker ist als umgekehrt. Man müßte eigentlich noch einen gemeinsamen Oberbegriff zu „Macht", „Herrschaft" und „Autorität" finden. Mir fällt kein geeignetes Wort ein. „Sozialer Einfluß" ist zu vage. Gemeint ist jedenfalls ein dauerhafter, übergewichtiger sozialer Einfluß, d. h. eine soziale Beziehung, in der die Chance besteht, durch soziales Verhalten das Verhalten anderer immer wieder nach eigenem Willen so zu bestimmen, daß sie sich anders verhalten, als sie sich sonst verhalten hätten. „Macht" und „Autorität" wären dann Spezialfälle dieses Einflusses. Daneben könnte man auch an andere Einflußarten denken, z. B. übergewichtiger Einfluß durch Überzeugung aufgrund größeren Wissens, der sich nicht immer gleich zu Autorität verdichten muß, oder auch Einfluß durch sexuelle Attraktivität. „Herrschaft" ist dann wiederum ein Spezialfall von „Macht". Jedes Herrschaftsverhältnis ist auch ein Machtverhältnis. Aber nicht jedes Machtverhältnis verfestigt sich so, daß man von Herrschaft reden kann.

2. Soziale Macht, Machtverhältnisse

Soziale Macht taucht als Komponente in vielen sozialen Beziehungen auf. Sie ist dadurch gekennzeichnet, daß ein Partner die Chance hat, seinen Willen bei anderen Personen auch gegen deren Widerstreben durchzusetzen. Als ein Machtverhältnis soll eine soziale Beziehung bezeichnet wer-

2. Soziale Macht, Machtverhältnisse

den, für die Macht in dem eben genannten Sinn die Gesamtbeziehung bestimmt. Unsere Definition schließt sich fast wörtlich an M. Weber an (vgl. Lit. 12, 1. Hlbbd., S. 28): „Diese Macht bedeutet jede Chance, innerhalb einer sozialen Beziehung den eigenen Willen auch gegen Widerstreben durchzusetzen, gleichviel worauf diese Chance beruht." M. Weber sagt hier, „innerhalb einer sozialen Beziehung", was ja sicher bedeuten soll, daß eine soziale Beziehung, die von Macht geprägt ist, auch andere Elemente enthält. Das Wörtchen „auch" muß so verstanden werden, daß in einer Machtbeziehung keineswegs dauernd Widerstand gebrochen wird. Jedoch, das wollen wir festhalten, überschattet diese Möglichkeit die gesamte Beziehung.

Gemeint ist hier grundsätzlich soziale Macht, d. h. Macht über Menschen. Sie setzt sich gegebenenfalls gegen Widerstand von Menschen durch soziales Handeln durch (d. h. durch Handeln, das auf das Handeln anderer Menschen bezogen ist). Macht über die Natur (über Dinge) ist hier nicht gemeint, es sei denn, die Verfügung über Dinge ist zugleich typischerweise auch eine intendierte Machtausübung über Menschen. Eigentum an Sachen kann eine Machtquelle sein, muß es aber nicht. Aber selbstverständlich sichert die rechtlich gesicherte exklusive Verfügung über Sachen nicht nur deren ungestörten Genuß durch den Eigentümer, sondern stärkt seine Position derart, daß er andere unter Druck setzen kann.

Max Weber betont den „amorphen" Charakter des Machtbegriffs: „Alle denkbaren Qualitäten und alle denkbaren Konstellationen können jemand in die Lage versetzen, seinen Willen in einer gegebenen Situation durchzusetzen" (a. a. O., S. 28). Es kann sich um ökonomische Macht handeln, z. B. um Marktmacht, d. h. um monopolistische oder oligopolistische Positionen, die über längere Zeit bestimmte Anbieter oder Nachfragende dazu befähigen, den Partnern bestimmte Tauschbedingungen aufzuzwingen, obwohl formal das Prinzip des Tauschs unter freien und gleichberechtigten Partnern aufrechterhalten bleibt. Es kann sich auch um die exklusive Verfügung über Produktionsmittel handeln, welche diejenigen, die keine Produktionsmittel besitzen, dazu zwingt, ihre Arbeitskraft an den Produktionsmittelbesitzer zu verkaufen. Auch hier handelt es sich um ungleiche Marktpositionen. Auf dem Arbeitsmarkt ist in aller Regel der Arbeitgeber stärker, weil er nicht gezwungen ist, sofort die Arbeitskraft zu dem Preis, den der Anbieter von Arbeitskraft haben will, einzukaufen, sondern sein Geld auch zurückhalten oder anderweitig verwenden kann, ohne in Armut zu versinken.

Es müssen schon besondere Umstände auftreten, z. B. langandauernde Menschenknappheit in einem Einwandererland – das völlige Fehlen einer „industriellen Reservearmee" –, bis diese strukturelle Ungleichheit gemildert wird. So war es früher längere Zeit in den USA, wo die Industriearbeiterlöhne dann auch erheblich höher waren als in alten Industrieländern. Die Unternehmer versanken freilich nicht in Armut, sondern trieben den technischen Fortschritt in der Produktion schneller voran als ihre europäischen Kollegen und kamen so durch Erhöhung der Produktivität der teuren Arbeitskraft ebenfalls auf ihre Kosten.[1] Macht kann auch dem Monopol der Verfügung über Mittel zur Anwendung physischer Gewalt entspringen, d. h. aus der Verfügung über Waffen oder besserer Waffen als sie andere haben. Der Drohung mit Gewalt (die freilich glaubhaft sein muß) kommt hierbei größere Bedeutung zu als der Anwendung von Gewalt. Denn letztere destruiert ja – zumindest vorübergehend – die geordneten alltäglichen Interaktionsbeziehungen, an deren Aufrechterhaltung der Mächtige in der Regel ein Interesse hat. Nicht selten profitiert er von ihnen.[2]

Macht kann schließlich auf einem Monopol hinsichtlich der Verfügung über Informationen im weitesten Sinn beruhen, die von anderen dringend benötigt werden. Darunter kann auch „Heilswissen" fallen, sofern es in einer Gesellschaft für wahr und unentbehrlich gehalten wird, ebenso auch die Verfügung über magische Praktiken. Bei der Monopolisierung von Wissen entsteht das Problem, daß dieses, zumindest partiell, aus der Hand gegeben werden muß, wenn es im Sinne der Machtausübenden wirksam werden soll. Dann ist es aber nicht mehr exklusiv. Die Verfügung über ein bestimmtes Wissen kann nur dann zur Machtquelle werden, wenn diejenigen, die es weitergeben, ihre Partner zu bestimmten Gegenleistungen (Gehorsam, Patentgebühren etc.) zwingen können, die langfristig wieder ihre Machtstellung befestigen, d. h. sie z. B. instand setzen, ökonomische Macht anzureichern. Außerdem kann man wohl sa-

---

[1] Interessant ist, daß die im vorigen Kapitel erwähnten Ansätze zu einer Klassentheorie M. Webers einsetzen am Phänomen der ungleichen Marktbeziehungen. Der Klassengegensatz von Kapitalisten und Lohnproletariat ist für M. Weber ein Spezialfall von Klassenbildung und Klassenmacht in der Weltgeschichte. Sehr viel häufiger ist nach seiner Meinung die Schuldknechtschaft, in die immer wieder agrarischen Kleinbesitzer bei Großgrundbesitzern geraten, da erstere nicht die Reserven besitzen, um Jahre mit schlechten Ernten zu überleben und deshalb auf die Hilfe größerer Besitzer angewiesen sind. Damit setzt die Dynamik der Entstehung und Verschärfung von Klassengegensätzen ein. Dies führt zur Verfestigung von Machtverhältnissen in der Form von Herrschaft: Schuldknechtschaft, Schollenbildung, Hörigkeit, Zwang zu Fronarbeit usw.; vgl. Lit. 12, 2. Hlbbd., S. 531 ff.

[2] Die Strategie des gewaltlosen Widerstandes beruht darauf, eine Konstellation herbeizuführen, in der derjenige, der über die Mittel zur Anwendung physischer Gewalt verfügt, gezwungen ist, entweder gegen seinen Willen diese Mittel anzuwenden – er möchte dies in diesem Augenblick lieber vermeiden – oder den Forderungen der Gegenseite nachzugeben. Insofern schließt gewaltloser Widerstand die Ausübung von Zwang ein, ist also ein Versuch zur Machtausübung.

2. Soziale Macht, Machtverhältnisse

gen, daß Macht aufgrund eines Informationsmonopols nur dann nicht bloß „Augenblicksmacht" ist, wenn man nicht von einem statischen Bestand an Wissen ausgeht (der ja bei Weitergabe bald verbraucht wäre), sondern von einem Kern von Wissen und von Qualifikationen, die dazu befähigen, in einem bestimmten Bereich immer wieder neue und aller Voraussicht nach unentbehrliche Informationen zu produzieren.

Das was der Medizinmann jeweils wahrsagt, ist nunmehr zwar allen bekannt und, wenn das Ereignis eingetreten ist, auch uninteressant. Jedoch akkumuliert er dadurch Macht, daß er geheimhält, wie er immer wieder zu wichtigen Weissagungen gelangt. Alle wissen, daß er auch in Zukunft der einzige sein wird, der wiederum neue Weissagungen unentbehrlicher Art (z. B. wann der Regen kommt) aussprechen kann. Expertenmacht kann sich in einer Industriegesellschaft nur entwickeln, wenn aufgrund einer langfristigen Ausbildung, die nicht jeder durchlaufen kann, eine bestimmte Gruppe sich auf einem bestimmten Gebiet ein „Innovationsmonopol" aufbaut. Dazu gehört freilich, daß die Gesellschaft glaubt, auf einen ständigen Fluß von wissenschaftlichen Erkenntnissen, Lagebeurteilungen und Erfindungen angewiesen zu sein.

In diesem Zusammenhang ist selbstverständlich auch an Macht über Medien zu denken. Wenn in einer Gesellschaft ein unabweisbares Informationsbedürfnis besteht, das nicht durch informelles Weitererzählen von Person zu Person befriedigt werden kann, sondern organisatorischer und technischer Hilfsmittel bedarf, dann kann sich ein Monopol hinsichtlich dieser Hilfsmittel bei einer Gruppe ausbilden, die über diese Mittel verfügt. (Meist ist es eine Gruppe, die auch aus anderen Gründen mächtig ist. Es gibt aber auch eine originäre Macht der Presse.) Macht kann diese Gruppe dann ausüben, wenn sie die Informationen, die sie verbreiten will, auswählt, andere geheimhält.

Man denkt hier auch an „Meinungsmanipulation". Dieser Begriff bereitet begriffliche Schwierigkeiten. Denn genaugenommen wird demjenigen, der „manipuliert" wird, nicht eine Meinung gegen sein Widerstreben aufgedrängt. Er glaubt ja gern und ohne Vorbehalt, was ihm vorgesetzt wird. Andererseits ist die Voraussetzung hierfür, daß die Manipulatoren aufgrund einer Monopolstellung in der Lage sind, die Meinungen in andere Richtungen zu lenken, als sie sich ohne diesen Einfluß entwickelt hätten. Hier ergibt sich die Frage, ob der Begriff der Macht entgegen unserer Definition in der Weise ausgeweitet werden müßte, daß auch solche Arten der Beeinflussung unter ihn fallen, in denen die Beeinflußten dies überhaupt nicht merken.

Daß die verschiedenen Quellen der Macht sich gegenseitig ergänzen können und dies in der Regel tun, ist selbstverständlich. Der mittelalterliche Ritter verfügte nicht nur über besondere Waffen, die sich kein Bauer leisten konnte und mit denen er physische Gewalt ausüben konnte. Als Berufskrieger hatte er auch gelernt, sie zu gebrauchen. Als Berufskrieger konnte er aber nur fit bleiben, wenn er nicht zu arbeiten brauchte. Dies war möglich, weil sein Leben als Berufskrieger auch Herrschaft über Hörige sicherte, die für seinen Lebensunterhalt zu sorgen hatten.

3. Herrschaft

Macht tritt wie gesagt in vielerlei Form auf. Sie kann relativ dauerhaft, aber auch diskontinuierlich bzw. ephemer sein. Sie kann partiell oder umfassend sein, institutionell verfestigt oder informell. In einigen Fällen verdichtet, verfestigt und akkumuliert sie sich zu Herrschaft. Herrschaft ist ein Spezialfall von Macht. Für die hier gemeinte Beziehung ist spezifisch die Chance, bei einer angebbaren Gruppe von Menschen für gegebene Befehle in einem umfassenden Themenbereich mit großer Regelmäßigkeit Gehorsam zu finden.

Auch bei dieser Begriffsbestimmung liegt ein enger Anschluß an M. Weber vor (vgl. Lit. 12, 1. Hlbbd., S. 28). Jedoch sind folgende Modifikationen vorgenommen: Der Ausdruck ,,in einem umfassenden Themenbereich", den wir hinzufügen, ist eine leider nur unscharfe Kennzeichnung einer Tatsache, die wir jedoch mit Recht im üblichen Sprachgebrauch voraussetzen: Wir reden nicht von Herrschaft, wenn sich die Chance, Gehorsam zu finden, nur auf ein spezielles Thema bezieht.

Der Verkehrsschutzmann herrscht nicht. Ob der betriebliche Vorgesetzte herrscht, ist im Einzelfall schwer zu beantworten. Auch wenn er zur Realisierung von Herrschaft beiträgt, braucht er nicht selbst zu herrschen. Wichtig ist vor allem die Frage, ob die Durchsetzung des Gehorsams in einem begrenzten Themenbereich auch in andere Lebensbereiche überschwappt. Da viele Arbeitnehmer einen großen Teil ihres Lebens in einem hierarchisch geordneten Betrieb in untergeordneter Position zubringen und da dieser Teil ihrer Existenz wesentlich ihre Gesamtexistenz bestimmt, hat es Sinn, vom Betrieb als einem System zu sprechen, in dem Herrschaft reproduziert wird.

Der Ausdruck ,,mit großer Regelmäßigkeit" (statt ,,jederzeit" wie bei M. Weber) soll die Tatsache berücksichtigen, daß Herrschaftsakte, die Gehorsam suchen, keineswegs zu jedem Zeitpunkt Aussicht auf Erfolg haben. Die Betrachtung konkreter Herrschaftsausübung wird gerade darauf zu achten haben, daß diese im einzelnen oft diskontinuierlich ist, obwohl Kontinuität der Herrschaft stets erstrebt wird, und der Herrschaftserfolg wesentlich davon abhängt, ob jeweils der richtige Zeitpunkt für eine erfolgreiche Durchsetzung des eigenen Willens gefunden wird. Dies unterscheidet Herrschaft über Menschen von sogenannter ,,Herr-

3. Herrschaft

schaft über eine Maschine", die sozusagen „lückenlos" ist. Wenn Maschinen freilich öfter unvoraussehbare Störungen haben, neigen wir zu anthropomorpher Betrachtung. Wir sagen, sie hätten „Launen". Jedoch gehört zur Herrschaft eine gewisse Dauerhaftigkeit. Sie verwirklicht sich durch Gehorsam, der eine dauerhafte „Einstellung" der Gehorchenden voraussetzt. Diese Einstellung bildet sich meist nicht punktuell oder ad hoc. Diese „Einstellung" ist nicht mit „Anerkennung" identisch. Es gibt widerwilligen dauerhaften Gehorsam.

Im allgemeinen werden Herrschende sich jedoch bemühen, bei den Beherrschten eine positiv bewertende Anerkennung ihrer Überlegenheit zu finden. Dies ist natürlich die beste Grundlage für Gehorsam. Sie werden also danach streben, auch „Autorität" zu gewinnen. Jedoch kann sich Herrschaft auch auf einen widerwilligen Gehorsam stützen, der sich freilich zu einer – eventuell resignativen – Einstellung verfestigt hat. Wo jemand einem Stärkeren nur von Fall zu Fall nachgibt, würden wir nicht von Herrschaft reden, wohl dagegen von Macht.

Vor allem werden die Herrschenden versuchen, Herrschaft zu legitimieren. „Legitimität" und „Autorität" sind nicht dasselbe, obwohl es Legitimation durch Autorität gibt. Aber es gibt auch Autorität, die nicht dazu legitimiert, die Zwangsmittel, die zu jeder Herrschaftsbeziehung gehören, zu gebrauchen. Ferner finden wir Legitimität, die nicht unbedingt eine Autoritätsbeziehung einschließt. In der Soziologie sprechen wir von legitimer Herrschaft, wo die Beherrschten die Ausübung von Herrschaft, also auch die Forderung von Gehorsam und die Anwendung von Zwang und Gewalt durch den Herrscher in ihrer Form und ihrem Inhalt gemäß den für den Normalfall in der Gesellschaft geltenden Normen für gerechtfertigt halten. Was der Soziologe selbst für legitim oder illegitim hält, ist nicht entscheidend. (Eine Abweichung von diesen Normen, vor allem von den formalen Regeln, kann in Ausnahmefällen für „irgendwie" gerechtfertigt gehalten werden. Z. B. kann dies für Revolutionen, Widerstandshandlungen, spontane Eingriffe in Notsituationen gelten. M. E. fällt diese Rechtfertigung „irgendwie", die deutlich den Ausnahmecharakter hervorhebt und eine besondere Begründung erfordert, nicht unter den Begriff „Legitimität". Aber darüber kann man streiten.)

M. Weber hat bekanntlich seine Herrschaftstypologie an Legitimationstypen angehängt (Lit. 12, 2. Hlbbd., S. 551 ff.) Auch er schließt illegitime Herrschaft nicht aus. Aber er meint, daß Herrschaft sich in aller Regel doch zu legitimieren versuche. Weiterhin glaubt er, daß sich aus der Art der Legitimation Unterschiede zwischen typischen Formen der Herrschaftsausübung erklären ließen, vor allem auch der jeweilige Charakter des Verwaltungsstabes. So finden wir bei „charismatischer Herrschaft" die Figur des „Jüngers", bei „traditionaler Herrschaft" entweder den „patrimonialen Hausbeamten" oder den „Standesherrn", bei „legaler Herrschaft" den „bürokratischen Beamten". Ob eine Typologie von Herrschaftsformen, die von typischen Legitimationsweisen ausgeht, die einzig mögliche ist oder auch falsche Einschätzungen zur Folge haben kann, soll uns jetzt nicht beschäftigen. Fruchtbar ist sie auf jeden Fall gewesen.

Zuletzt noch eine Warnung: Man darf nicht „Legalität" (d. h. die Regel, daß alle hoheitlichen Handlungen sich aus Gesetzen, die gesetzlich entstanden sind, begründen müssen) mit „Legitimität" verwechseln. „Legalität" ist eine Form der „Legitimation" neben anderen (z. B. Tradition, Charisma). Legitimation durch Legalität ist zwar für den modernen Rechtsstaat charakteristisch. Jedoch wird sie offenbar auch in ihm nicht in allen Fällen für ausreichend gehalten. (Z. B. halten wir Gesetze für „illegitim", wenn sich herausstellt, daß sie der Verfassung oder ihrem Geist widersprechen. Manche staatliche Maßnahmen während des Nazi-Regimes gelten heute nicht nur als unmoralisch, sondern auch als „illegitim", obwohl sie im Einklang mit damals geltenden Gesetzen standen.) Die uns geläufige Form der Legitimation durch Legalität impliziert nicht unbedingt eine Zuschreibung von Autorität denjenigen Personen und Instanzen gegenüber, die für die Durchführung staatlicher Interventionen verantwortlich sind. In einer Demokratie versteht sich ja das Volk als „Souverän", d. h. als den „Höchsten". Der Staat als „Apparat" ist ihm dienstbar. Gehorchen muß der einzelne trotzdem, aber er braucht keine Ehrfurcht vor den Beamten oder gewählten Vertretern zu haben. Freilich: „Idee" und „Wirklichkeit" einer Demokratie sind zweierlei.

4. Autorität

Autorität ist sozialer Einfluß, der dadurch entsteht, daß Personen, Gruppen oder Institutionen von anderen Personen in irgendeiner Hinsicht eine Überlegenheit zugesprochen wird und diese auch Anerkennung findet. Die Anerkennung dieser Überlegenheit beinhaltet zugleich auch einen gewissen Verzicht auf Selbstbestimmung. Entweder wird die eigene Zuständigkeit für selbständige Entschlüsse oder die Fähigkeit, zu einem eigenem Urteil in bestimmten Fragen zu gelangen, oder die eigene Fähigkeit zur Ausführung bestimmter Handlungen in Zweifel gezogen. Die Anerkennung der Überlegenheit des Autoritätsträgers gibt diesem die Chance, das Verhalten derer, die ihm vertrauen, zu determinieren. Zu solcher Beeinflussung kommt es oft auch ohne ausdrückliches Tun des Autoritätsträgers.

Die vorliegende Begriffsbestimmung charakterisiert Autorität primär nicht als eine Eigenschaft dessen, der Autorität hat, sondern durch das

Verhalten derer, die dem Autoritätsträger eine bestimmte Eigenschaft (Überlegenheit) zusprechen und sich entsprechend auf diese Eigenschaft einstellen. In der Tat läßt sich Autorität als spezifisches soziales Phänomen nicht als eine bestimmte Eigenschaft des Autoritätsträgers fassen. Sagt man, er besitze ,,Überlegenheit", so besagt dieser Satz inhaltlich nichts über den Autoritätsträger als solchen, sondern nur etwas über seine Beziehung zu anderen Personen. Außerdem ist er zu unspezifisch. Es gibt viele Eigenschaften des Autoritätsträgers, die zur Entstehung von Autorität beitragen können (Klugheit, körperliche Kraft, imposantes Auftreten, Redekunst, Legitimität verschiedener Art – an ihm könnte ein Charisma haften, oder er gilt als ,,Verkörperung" (Symbol) der Tradition. Oder es sind Fertigkeiten im ,,Image-building", Tapferkeit usw.). Aber all diese Eigenschaften sind weder auf einen Nenner zu bringen, noch bewirken sie einzeln oder zusammen zwangsläufig Autorität. Das Spezifische von Autorität kommt erst zustande, wenn sich bei anderen Personen aufgrund der Anerkennung einer Überlegenheit ein bestimmtes Verhalten einstellt.

Bemerkenswert ist, daß es vielen Menschen schwerfällt, sich durch bewußtes Handeln Autorität zu verschaffen. Autorität darf nicht mit ,,autoritärem Verhalten" verwechselt werden. Letzteres entdecken wir oft gerade dort, wo es an Autorität fehlt. Umgekehrt kann derjenige, der Autorität besitzt, sich häufig auch ohne autoritäres Verhalten durchsetzen. Autorität bildet sich häufig auch ohne Willen, Aktivität und Wissen des Autoritätsträgers heraus. Sie ist deshalb auch nicht durch spezifische Verhaltensweisen des Autoritätsträgers zu definieren.

,,Autorität" muß begrifflich von Macht unterschieden werden, obwohl sie in der sozialen Wirklichkeit häufig mit Macht gekoppelt auftritt. Während für ,,Macht" spezifisch ist, daß der Wille des Mächtigen sich auch gegen Widerstand durchsetzen kann, ist für Autorität kennzeichnend, daß die Beugung unter Autorität nicht die Erwartung einschließt, eigener Widerstand könne gebrochen werden. Wo dies der Fall ist, haben wir es mit einer Beziehung zu tun, in der neben Autorität auch Macht vorliegt. Beides kann einander ergänzen.

5. Mischphänomene und Grenzfälle

Wir haben von Kerneigenschaften von Autorität gesprochen, sofern sich diese deutlich und unmittelbar handlungsbestimmend in Interaktionssituationen darstellt. Bezieht man die psychologische Dimension mit ein, also die jeweiligen seelischen Hintergründe, so stößt man rasch auf schwer einschätzbare Grenzfälle. Wir sprechen manchmal von ,,drückender Autorität" auch da, wo der Autoritätsträger nicht die Chance hat, ein

Widerstreben mit Zwangsmitteln oder gar physischer Gewalt zu brechen. Die Psychoanalyse belehrt uns darüber, daß sich nahezu unentrinnbare innere Zwänge aufbauen können, die noch wirksam sind, wenn derjenige, der die Autorität ausstrahlt, längst gestorben ist. Sind solche „inneren Zwänge" nicht auch als Ausfluß von Macht zu bezeichnen?

Ferner ist daran zu denken, daß Menschen sich überwiegend ja in Situationen befinden, in denen nicht nur zwei Partner interagieren. Meist sind auch Dritte direkt oder indirekt beteiligt. So kann es uns geschehen, daß wir einer bestimmten Person keine Autorität zuschreiben. Wir glauben sie durchschaut zu haben. Aber dieselbe Person strahlt auf andere Menschen große Autorität aus, obwohl sie im engeren Sinn nicht über Macht verfügt. Da wir aber von den Menschen, die unsere soziale Umgebung ausmachen, abhängig sind, passen wir uns – zumindest äußerlich – der „Autorität" an. Genaugenommen beugen wir uns der Macht von Autoritätshörigen. Diesen Fall kann man oft im „Subsystem" der Wissenschaft beobachten.

Ein Grenzfall liegt m. E. auch dort vor, wo – wie heute oft – von „funktionaler Autorität" gesprochen wird (Lit. 5). Diese Art von Autorität wird für relativ harmlos gehalten. In der Tat ist unser ganzes Leben durchsetzt von Handlungen, bei denen wir uns auf das Urteil von Menschen verlassen, die in einem bestimmten Sachgebiet, auf dem sie aufgrund einer „Funktion", die sie ausüben (meist einer beruflichen Funktion) besser Bescheid wissen als wir. Wir konzedieren ihnen auf diesem Sachgebiet eine Überlegenheit und verzichten auf eigenes Urteil (zu dem wir vielleicht gar nicht in der Lage wären). Zwar vollziehen wir formal einen eigenen Entschluß, aber dieser besteht in der bewußten Unterordnung unter den Vorschlag des Fachmanns, dessen Begründung wir gar nicht oder nur partiell nachvollziehen können. („Wenn der Arzt meint, das sei nicht nur eine leichte Erkältung, und ich solle mich ins Bett legen, hat er wohl recht, auch wenn ich mich gar nicht so krank fühle." „Wenn der Autoelektriker meint, die Batterie müsse ausgetauscht werden, Aufladen helfe nichts mehr, was ich bisher glaubte, dann kaufe ich eben eine neue Batterie.") Nach unserer Definition fällt solches Verhalten auch unter den Begriff „Autorität", obwohl unser Verhalten ganz rational ist. Zum rationalen Handeln gehört auch das Wissen um die Grenzen der eigenen Rationalität. Außerdem rekurriere ich auf eigene Ersatzerfahrung bzw. Ersatzinformationen. Meine Erfahrung oder Menschenkenntnis sagt mir: „Diese Autowerkstatt ist solide." „Dieser Arzt ist mir empfohlen worden." Außerdem ist diese Autoritätszuschreibung partikular. Ich glaube keineswegs, daß der Autoelektriker zu einer höheren Art von Menschen gehört. Ich weiß, daß ich in einem anderen Fachgebiet besser Bescheid weiß als der Arzt, und er gut daran täte, dort auf meinen Rat zu hören. Obwohl es also vielerlei alltägliche und durchaus vernünftige Au-

5. Mischphänome und Grenzfälle

toritätszuweisung gibt, die meine „Identität" als „autonome Persönlichkeit" nicht bedroht, ist solche partikulare funktionale Autorität doch nicht ganz harmlos. Aus ihr resultieren in einer arbeitsteiligen Gesellschaft, in der es zahlreiche Gruppen von Spezialisten mit langfristiger Ausbildung gibt, mitunter politische Konstellationen, bei denen man wieder fragen muß: „Was ist jetzt ‚Autorität'?", „Was ist ‚Macht'?" In der Gesundheitspolitik haben Ärzte nun einmal größeren Einfluß, als die übrige Bevölkerung (trotz allgemeinen, gleichen und geheimen Wahlrechts). Und unsere Bildungspolitik wird nun einmal mehr durch Pädagogen als durch Schülereltern bestimmt. Jede Demokratie steht vor dem Problem, wie sie einerseits das größere Fachwissen berufsbezogener Expertengruppen nutzt, andererseits aber nicht den Interessen derselben Gruppen dienstbar wird.

Der Sachverhalt „Autorität" ist wie gesagt nur analytisch von dem Sachverhalt „Macht" zu trennen. Dies zu tun ist aber nützlich, wenn man komplexe Konstellationen untersuchen will, in denen sich „diffuse Macht", Macht, die sich zu „Herrschaft" verfestigt hat, und „Autorität" vermischen und in typischen Formen gegenseitig ergänzen. Zu der gegenseitigen Ergänzung kommt es insbesondere deshalb, weil derjenige, der Macht besitzen will, seinen überlegenen Einfluß auch dann behalten möchte, wenn er gerade nicht mächtig ist oder es sich nicht leisten kann, es auf einen Konflikt ankommen zu lassen, und ferner weil Herrschende natürlich froh sind, wenn ihnen freiwillig aus Überzeugung oder gar aus Liebe gehorcht wird.

Die Kontinuität der Machtchancen, das Entlanghangeln von einer Situation, in der der Herrschende wirklich mächtig ist, zur nächsten Gelegenheit, die wieder Durchsetzungsmöglichkeiten bietet, kennzeichnet die Herrschaftsausübung früherer Zeiten weit mehr, als es uns bewußt ist. Der moderne bürokratisch organisierte Staat ermöglicht fast zum ersten Mal in der Geschichte ein Durchregieren von ganz oben nach ganz unten ohne zeitliche Unterbrechung. Die Aktenkundigkeit aller Vorgänge erlaubt den Regierenden in jedem Augenblick auch die Kontrolle darüber, ob und wie der Herrschaftswille unten angekommen ist. Wenn der moderne Staat unregierbar wird, dann liegt das nicht an einem Mangel an Machtmitteln, sondern daran, daß diese auswuchern und nicht mehr handhabbar sind. Der deutsche König im Mittelalter hingegen mußte sein Gewerbe im Umherziehen ausüben. Immer war er mit Gefolge und Heer unterwegs, um jeweils vor Ort das Chaos und die Aufsässigkeit zu beseitigen, die sich in den Jahren seiner Abwesenheit angesammelt hatten. Schon aus diesen Gründen mußte er mit Autorität, Legitimität oder auch mit bloßem Imponiergehabe die Machtlücken ausstopfen. „Imponiergehabe" ist übrigens auch ein Phänomen, bei dem man schwer einschätzen kann, ob man es als eine „Drohung" oder als eine reduzierte Form von „Autoritätsausübung" betrachten soll.

Begriffliche Schwierigkeiten könnte auf den ersten Blick ein Phänomen bereiten, das man oft als „Identifikation mit dem Aggressor" bezeichnet. Daß es in seiner pathologischen Form nicht ohne weiteres mit soziologischen Begriffen faßbar ist, braucht nicht zu verwundern. Daß Menschen die Peitsche lieben, die sie schlägt, ist eine Perversion, die in einer Ambivalenz ihrer Gefühle begründet ist. Aus dieser ergibt sich keine eindeutige Einstellung, welche die Zuordnung zu soziologischen Kategorien wie „Macht" oder „Autorität" ermöglichen würde. Inwieweit man in der verbreiteten Tendenz, sich von bloßer Stärke (bzw. Macht) derart imponieren zu lassen, daß man nicht nur nicht an Widerstand denkt, sondern sich mit ihr identifiziert, so etwas wie eine „Kollektiv-Neurose" sehen muß, ist nicht leicht zu beantworten. Es zeigt sich hier, daß soziologische Begriffe, die sich in aller Regel am Begriff des „Handelns" orientieren, ein Minimum an Rationalität des Verhaltens voraussetzen. Die Übertragung von Begriffen aus der Psychoanalyse auf soziale Phänomene ist manchmal unvermeidlich, aber bereitet dann natürlich systematische Schwierigkeiten. Allerdings sollte man mit solchen Erscheinungen der Identifikation mit dem Aggressor nicht die leidvolle Erfahrung vieler Unterdrückter verwechseln, die erlebt haben, daß es einem unter einem großen bösen Tyrannen immer noch besser geht, als wenn man zwischen einer Vielzahl von kleinen Tyrannen hin und hergestoßen wird.

6. Politisches Handeln

Weit verbreitet ist die Meinung, Politik sei das Tun, das den Staat ausmacht bzw. sich auf ihn bezieht. Politisches Handeln sei entweder das Handeln der Staatsorgane oder ein Handeln, das versuche, die Tätigkeit staatlicher Instanzen zu beeinflussen. M. E. ist dieser Begriff des Politischen zu eng. Erstens muß man berücksichtigen, daß es den Staat in unserem heutigen Sinn ja gar nicht zu allen Zeiten gegeben hat. Wenn als Staat definiert wird ein politischer Verband, der innerhalb eines bestimmten Gebietes die Anwendung legitimen physischen Zwanges monopolisiert (M. Weber, Lit. 12, 1. Hlbbd., S. 29), so muß man feststellen, daß in früheren Zeiten, z. B. auch im europäischen Mittelalter, die meisten Herrschaftsgebilde vielleicht staatsähnlich, jedoch nicht Staaten waren. Weder verfügten sie über ein geschlossenes, eindeutig abgegrenztes Gebiet (es gab vielfältig sich überkreuzende Herrschaftsansprüche, vgl. C. Schmitt, Lit. 11) noch auch schaffte es unter feudalen Verhältnissen die oberste regierende Instanz, sich die Anwendung von physischem Zwang oder physischer Gewalt vorzubehalten. Erst ganz allmählich gelang es, das Gerichtswesen zu zentralisieren, das Fehderecht auszuschalten und den

"Landfrieden" bzw. "Königsfrieden" durchzusetzen. Eben dies war ein wichtiger Schritt auf dem Wege zur Etablierung des Staates in unserem heutigen Sinn. Aber auch unser heutiger Sprachgebrauch bezeichnet manche Vorgänge als politisch, die weder aus Handlungen der Staatsorgane bestehen noch Handlungen sind, die eine Einwirkung auf das Staatshandeln zum Ziel haben. Größere Arbeitskämpfe zwischen Tarifpartnern nennen wir politische Vorgänge, auch wenn der Staat sich noch nicht als Schlichter eingeschaltet hat.

Andererseits bezeichnen wir nicht alles Tun staatlicher Organe als politisch, obwohl es sich um Ausführung von politischen Entscheidungen handelt. Staatliche Verwaltung ist nicht dasselbe wie Politik, obwohl sie sicherlich an Politik orientiert ist und politische Auswirkungen hat. Es wäre aber auch nicht richtig, alles, was in einer Gesellschaft geschieht, schlechthin als politisch zu bezeichnen, obwohl es sicherlich kaum eine Lebenssphäre gibt, die nicht irgendwie durch politische Rahmenbedingungen und politische Entscheidungen betroffen ist. Würde man sie aber dann auch selbst durchweg politisch nennen, so verlöre der Begriff jede Trennschärfe. Besser ist es, eine Gegenstandssphäre als "politisch" oder "politisiert" zu bezeichnen, wenn das ihr zuzuordnende soziale Handeln typischerweise "politisches Handeln" ist. Sonst sollte man von "politischer Relevanz" reden. So ist das Leben innerhalb vieler Familien sicherlich nicht politisch. Aber vieles, was in der Familie geschieht, hat eine politische Relevanz. Z.B. können Schulreformen, die aus politischen Entscheidungen hervorgehen, den häuslichen Frieden bedrohen. Zweckmäßig ist es zunächst, festzulegen, welcher Typ des Handelns als "politisches Handeln" gelten soll. Freilich ist es dabei gleichzeitig nötig, auf gewisse Eigenarten des sozialen Feldes zu achten, die dazu herausfordern oder es ermöglichen, sich in ihm politisch zu verhalten. Es steht aber nicht ein für allemal fest, um welche Felder es sich dabei handelt. Es gibt Sphären des gesellschaftlichen Lebens, die im Laufe der Zeit politisiert werden, d.h. einen anfangs "unpolitischen" Charakter verlieren. Auch das Umgekehrte kann geschehen.

Politisches Handeln ist ein Handeln, das im unvollständig regulierten Zwischenfeld zwischen Subsystemen einer Gesellschaft stattfindet, die in heterogener Weise institutionalisiert sind. Politisches Handeln versucht, das Verhältnis der Subsysteme zueinander zu beeinflussen.

Politisches Handeln setzt voraus, daß dieses Verhältnis der Subsysteme zueinander potentiell dynamisch ist. Politisches Handeln hat es stets mit der Veränderlichkeit der Gesellschaft zu tun. Es kann eine konservierende Absicht oder eine Intention auf Veränderung haben. Nur solange und nur da, wo es den veränderlichen (unvollständig regulierten) Handlungsspielraum gibt, ist nach unserer Definition und auch nach dem vorherrschenden Sprachgebrauch Politik möglich. Totalitäre Systeme haben deshalb die Tendenz, in ihrem Innern die Möglichkeit von Politik einzuschränken. (Auf die Tragfähigkeit des Begriffs ,,totalitär" soll hier nicht eingegangen werden.) Ausführung von politischen Entscheidungen im ,,vollständig institutionalisierten" bürokratischen Apparat ist nicht oder nur in einer sehr reduzierten Form politisches Handeln; aber es ist natürlich fast immer ,,politisch relevant".

Politisches Handeln ist in seinem Kern ein Out-group-Verhalten, d. h. ein Handeln zwischen heterogen institutionalisierten Gruppen und Systemen. Es kann also nicht vollständig durch die Interessen, Werte, Normen und konkrete Verhaltenserwartungen einer Gruppe oder eines Subsystems bestimmt sein (auch wenn der Handelnde sich als Exponent einer Gruppe versteht). Es muß sich stets auf eine Pluralität von Interessen, Werten, Normen usw. einstellen, auch wenn diejenigen anderer Gruppen und Subsysteme von den Handelnden nicht akzeptiert werden. Da politisches Handeln in einem sozialen Feld stattfindet, in dem von einer größeren Zahl mehr oder weniger organisierter Menschen entsprechend den vorliegenden heterogenen Interessen und Wertvorstellungen unterschiedliche Ziele verfolgt werden, kann eine Beeinflussung des Verhältnisses der Subsysteme zueinander faktisch nicht ohne Macht geschehen.

Wer politisch handelt, muß sich darauf einstellen, daß er in diesem Feld nichts erreicht, wenn er nur persönlich irgendetwas tut. Er erreicht nur etwas, wenn er seine eigene Aktivität ,,multipliziert", d. h. auch das Handeln anderer Menschen auf seine Linie bringt. Da diese sich aber nur zum Teil aus eigenem Antrieb dazu bereitfinden, sich oft widersetzen werden, muß er mit Widerständen rechnen und diese zu überwinden versuchen. D. h. er muß entweder eigene Macht entwickeln oder sich Mächtigen anschließen. Eventuell muß er ,,Gegenmacht" aufbauen. Er muß auf jeden Fall ein positives Verhältnis zu ,,Macht" haben.

Da in dem genannten Handlungsfeld Ziele in aller Regel nicht durch einmaliges spontanes Tun verwirklicht werden können, muß politisches Handeln Kontinuität besitzen. Die einzelnen Schritte, die dem Ziel näherführen, müssen zweckrational geplant werden. (D. h. die Relation von Zweck und Mitteln muß ins Bewußtsein gehoben und optimiert werden.) Da in diesem Feld aber stets mit ähnlich rationalen Handlungsweisen anderer Menschen und Gruppen, die andere Ziele verfolgen, zu rechnen ist, muß deren tatsächliches und mögliches Verhalten in das eigene Kalkül einbezogen werden. Insofern ist politisches Handeln ,,strategisch". (Ich würde den Begriff ,,strategisch" jedenfalls so definieren und nicht, wie es heute modischer Sprachgebrauch ist, jede Art von Planung oder Zukunftsantizipation schon als ,,Strategie" bezeichnen.)

Politisches Handeln ist praktisch, es orientiert sich wesentlich daran, was machbar ist. (,,Politik ist die Kunst des Möglichen", sagte wohl

Bismarck.) Dies zu betonen ist nicht trivial, weil in dem Handlungsfeld, von dem die Rede ist, stets nur ein kleiner Teil der eigenen Wünsche erfüllbar ist, man sich also stets, wenigstens vorläufig, mit Kompromissen abfinden muß. Politisches Handeln ist nicht utopisch, obwohl eine edle Utopie im Hinterkopf sehr wohl ein wichtiges Korrektiv in dem alltäglichen Umgang mit ,,Machbarkeiten" sein kann.

Politisches Handeln bewegt sich auf einer gewissen, in vieler Hinsicht unerfreulichen, oft die Grenzen des Humanen streifenden Abstraktionsebene. Zwar muß der Berufspolitiker entsetzlich viele Menschen persönlich kennen und sich ihre Namen merken. Aber trotzdem hat er es stets mit ,,Anonymität" zu tun, mit Staaten, Parteien, Organisationen, Bewegungen, Gesetzen, öffentlicher Meinung, Verhältnissen, d. h. mit lauter Phänomenen, deren Vergegenwärtigung dazu zwingt, zunächst einmal die Eigenart von Personen und Einzelschicksalen auszuklammern. Das schließt nicht aus, daß es ein politisches Ziel sein kann, individuelle Freiheit und Chancen für persönliche Entfaltung für viele Menschen zu realisieren (Lit. 1, S. 110ff.).

Da in dem unvollständig institutionalisierten und veränderlichen Zwischenfeld zwischen Subsystemen ständig neue Handlungsalternativen auftauchen, ist der bewußt vollzogene Akt der Entscheidung ein häufiges Merkmal politischen Handelns.

Folgt man dem üblichen Sprachgebrauch, so ist politisches Handeln natürlich nicht nur im Zwischenfeld zwischen Subsystemen einer Gesellschaft möglich, sondern auch im Zwischenfeld zwischen zwei und mehr Gesellschaften. Auf die Mehrdeutigkeit des Begriffs ,,Gesellschaft" kann hier nicht eingegangen werden, z. B. auf die Frage, ob und wann von einer Pluralität von Gesellschaften gesprochen werden kann, ob dann reale Gesellschaften oder Gesellschaftstypen gemeint sind, ob es sinnvoll ist, von ,,nationalen Gesellschaften" zu reden, oder ob man diese schon als Subsysteme einer übergreifenden Gesellschaft, z. B. der Gesellschaft eines Kontinents oder der Weltgesellschaft, verstehen soll (vgl. Kap. X).

7. Drei Bedeutungen des Wortes ,,Politik"

Den Begriff ,,Politik" entwickeln wir aus dem Begriff des ,,politischen Handelns". (Dies ist nicht selbstverständlich.) Auch dann sind – entsprechend dem üblichen Sprachgebrauch – mehrere Definitionen des Wortes Politik nötig, die sich in ihrem Inhalt nicht genau decken. Es lohnt sich aber nicht, hier neue künstliche Wörter einzuführen, weil sich aus dem Kontext leicht erkennen läßt, was gemeint ist.

a. Politik ist ein situationsübergreifender, langfristiger Zusammenhang von politischen Handlungen. Der Zusammenhang hat z. T. Interaktions-

charakter, z. T. ergibt er sich aus der wechselseitigen strategischen Orientierung von aufeinander bezogenen, aber nicht interaktiven Handlungen. Im Sinne dieses Begriffs von Politik sagen wir: Jemand geht in die Politik.
  b. Politik ist kohärentes, die einzelnen Situationen übergreifendes politisches Handeln eines Individuums oder eine Gruppe („Jemand treibt Politik").
  c. Politik ist ein Gefüge kohärenter, koordinierter, auf ein bestimmtes Ziel gerichteter politischer Handlungen („Jemand treibt eine Politik").

Auch die drei Definitionen des Substantivs „Politik" rekurrieren ausdrücklich auf einen bestimmten Verhaltenstyp, nämlich den des „politischen Handelns". Wir gehen dabei von der Auffassung aus, daß es keine „Zonen" gibt, die „an sich" politisch oder „an sich" unpolitisch sind. Mehr oder weniger „politisch" können ganz verschiedene soziale Felder werden, insofern das soziale Handeln in ihnen mehr oder weniger den Charakter des „politischen Handelns" annimmt. Es gibt also verschiedene Grade der Politisierung sozialer Felder, je nachdem, ob sie von Handlungsstrukturen politischer Art durchsetzt sind und ob Themenbereiche mit politischer Intention angegangen werden oder nicht. Selbstverständlich sind gesellschaftliche Bereiche, die in dem o. a. Sinne nicht oder nur geringfügig politisiert sind – das gilt in vielen Zeiten z. B. für den Bereich der Familie – sehr oft von Politik betroffen und für die Politik bedeutsam.

8. Politische Herrschaft

Nicht jede Art der Herrschaft werden wir als „politische Herrschaft" bezeichnen. Wollen wir letzteren Begriff verwenden, so bedarf unsere allgemeine Definition von Herrschaft einer Ergänzung. Politische Herrschaft ist die Chance, in einem angebbaren Ensemble von heterogen institutionalisierten Subsystemen einer Gesellschaft für gegebene Befehle in einem umfassenden Themenbereich mit großer Regelmäßigkeit Gehorsam zu finden. Dies impliziert in dem schwer überschaubaren sozialen Feld einer Pluralität von Subsystemen die Notwendigkeit eines organisierten Systems von Institutionen.

Benötigt werden:
Erstens: Kommunikationsinstitutionen (gebraucht werden Informationen für die Herrschenden über die jeweiligen Chancen, Gehorsam zu finden, Informationen über Sachverhalte, deren Kenntnis zur Willensbildung nötig ist, Informationen zur Kontrolle über Ausführung der Befehle und Folgen der Ausführung oder der Nichtausführung von Befehlen. Die Gehorchenden müssen ferner über das von ihnen erwartete Verhalten informiert werden. Die Vermittlung der Einstellung, die Bereitschaft

zu Gehorsam garantiert, geschieht ebenfalls durch Kommunikationsinstitutionen). Man könnte fragen, ob politische Herrschaft zu ihrer Aufrechterhaltung auch des Mediums einer politischen „Öffentlichkeit" bedarf, die bei der Reichweite der hier stattfindenden Kommunikationsvorgänge gewisse Einrichtungen (Institutionen) voraussetzt. Selbst in Diktaturen, in denen viele Entscheidungen „unter Ausschluß der Öffentlichkeit" stattfinden, können die Herrschenden schwer darauf verzichten, sich gelegentlich unter Umgehung aller Instanzenzüge und vorgebahnten Informationskanäle an das gesamte Volk zu wenden. Freilich handelt es sich dann nicht um eine „Öffentlichkeit", wie wir sie als Voraussetzung jeder Demokratie ansehen.

Zweitens: Institutionen zum Zweck der Erzwingung von Gehorsam (z. B. Organisationen zur Anwendung physischer Gewalt, ferner Sanktionsinstanzen und schließlich Institutionen zur Abwehr von Einflüssen, die von außen her die Dauerhaftigkeit und den umfassenden Charakter von politischer Herrschaft bedrohen könnten).

9. Lehrbeispiele

a. Welche Bedeutung hat das Wort „authority" im Englischen? Deckt es sich genau mit dem deutschen Wort „Autorität"? (In den USA gibt es eine „Tenessee Valley Authority".) Was bedeutet in der älteren Staatlehre „auctoritas" im Unterschied zu „potestas"?

b. Hat das englische Wort „to control" dieselbe Bedeutung wie das Wort „kontrollieren" im Deutschen? (Die Antwort auf diese Frage ist deshalb nicht ganz einfach, weil manchmal – offenbar infolge angelsächsischen Einflusses – das Wort „kontrollieren" bei uns ähnlich wie im Englischen verwendet wird.)

c. „Demokratie" fällt unter den Begriff „politische Herrschaft". Wörtlich bedeutet das Wort „Volksherrschaft". Wenn das Volk herrscht, wer wird dann beherrscht? Oder darf man das Wort „Demokratie" nicht so wörtlich nehmen? Welche Funktionen werden in einer Demokratie, die den Namen verdient, dem Volk bzw. den Staatsbürgern zugewiesen? In welcher Hinsicht besteht gleichwohl Herrschaft?

d. Der Begriff „Anarchie" wird in der Umgangssprache oft gleichbedeutend mit „Unordnung" oder „Chaos" benutzt. Was bedeutet das Wort seinem Wortsinn nach? Was für eine „Ordnung" schwebte den Anarchisten vor, wenn sie sich eine „anarchische" Zukunft ausmalten? Worin liegt der Grund für den über 100jährigen Streit mit den Marxisten, mit denen sie ja allerlei Gemeinsamkeiten hatten?

178   VIII. Macht, Herrschaft, Autorität, politisches Handeln, Politik

e. Ist es eigentlich korrekt, von einer „herrschenden Klasse" zu reden, wenn man unsere Definition zugrundelegt? Natürlich hat dieser Ausdruck einen Sinn. Man wird ihn schwer entbehren können. Diskutieren Sie, was er in jedem Falle mit „Herrschaft" zu tun hat.

f. Hauseigentümer und Mieter schließen einen Mietvertrag. Zwischen zwei gleichberechtigten Partnern wird also vereinbart, welche Verpflichtungen und Leistungen die Partner auf Gegenseitigkeit übernehmen. Im Grunde wird hier eine Art von langfristigem Äquivalententausch eingeleitet. Wie kommt es, daß Vermieter im allgemeinen mächtiger sind als Mieter?

g. Warum gibt es eigentlich ein Arbeitsrecht und seit wann? Warum genügte es nicht, die Beziehungen zwischen Arbeitgebern und Arbeitnehmern durch die Bestimmungen des BGB und die schon früh existierende „Gewerbeordnung" zu regeln?

h. In der Wissenschaft spricht man oft von der „herrschenden Lehre". Kann eine Lehre herrschen? Falls der Ausdruck nur bildlich zu verstehen ist, was meint er dann genau?

i. Wir kennen den Begriff des „politischen Beamten". Hiermit ist eine festumrissene Gruppe von Beamten gemeint, für die besondere dienstrechtliche Bestimmungen gelten. Welche Beamten sind damit gemeint? Wodurch unterscheidet sich ihre Position von der anderer Beamter? Haben die Regelungen einen bestimmten Sinn, der mit dem erörterten Begriff von „politischem Handeln" zu tun hat?

Diskutieren Sie in diesem Zusammenhang allgemein, wo und in welcher Weise das Handeln von Beamten nicht nur politisch relevant, sondern auch politisch sein kann. Selbstverständlich kommt dies auch bei Beamten vor, die nicht den formalen Status von „politischen Beamten" haben.

j. Was ist gemeint, wenn man sagt: „Hier muß eine politische Lösung gefunden werden" (nicht eine rein juristische oder bürokratische)?

k. Was meinen wir, wenn wir über einen Politiker sagen: „Das ist ein unpolitischer Mensch"? Er handelt doch politisch.

l. In den vergangenen 15 Jahren wurde oft von einer „Politisierung" der Hochschule und der Schule geredet. Vielfach war diese Feststellung kritisch gemeint. Andere haben eine „Politisierung" gefordert und sie, wo sie eintrat, positiv beurteilt. Was ist in diesem Zusammenhang mit „Politisierung" gemeint? Waren Schule und Hochschule früher nicht „politisch"?

10. Literaturhinweise 179

m. In den letzten Jahren hieß es immer wieder, die Studentenschaft habe kein „politisches Mandat". Von studentischer Seite wurde gegen diese Auffassung Sturm gelaufen. Um was ging eigentlich der Streit? Sicherlich hat doch niemand verlangt, Studenten und Studentengruppen dürften sich nicht mit Politik befassen.

10. Literaturhinweise

1) H. P. Bahrdt: Großvaterbriefe. Über das Leben mit Kindern in der Familie, München 1982, insbes. S. 110ff.
2) D. Claessens: Rolle und Macht, München ²1972.
3) R. Dahrendorf: Gesellschaft und Demokratie in Deutschland, München 1956, insbes. S. 225ff., 245ff.
4) F. Engels: Der Ursprung der Familie, des Privateigentums und des Staates, in: Marx-Engels Werke (MEW), Bd. 21, Berlin 1962.
5) H. Hartmann: Funktionale Autorität. Systematische Abhandlung zu einem soziologischen Begriff, Stuttgart 1964.
6) N. Luhmann: Macht, Suttgart 1975.
7) H. Plessner: Die Emanzipation der Macht, in: ders.: Diesseits der Utopie. Ausgewählte Beiträge zur Kultursoziologie, Düsseldorf-Köln 1966, S. 190ff.
8) H. Popitz: Zum Verständnis von Autorität, in: J. Matthes (Hg.): Lebenswelt und soziale Probleme, Verhandlungen des 20. Deutschen Soziologentages zu Bremen 1980, Frankfurt/M. 1981, S. 78ff.
9) H. Popitz: Prozesse der Machtbildung, Tübingen ²1962 (Recht und Staat 362).
10) H. Schelsky: Der Mensch in der wissenschaftlichen Zivilisation, in: ders.: Auf der Suche nach Wirklichkeit, Düsseldorf 1965.
11) C. Schmitt: Staat als ein konkreter, an eine geschichtliche Epoche gebundener Begriff (1941), in: ders.: Verfassungsrechtliche Aufsätze aus den Jahren 1924–1954, Berlin 1958.
12) M. Weber: Wirtschaft und Gesellschaft, Tübingen ⁴1956, 1. Hlbbd., insbes. S. 28ff., S. 122ff., 2. Hlbbd., insbes. S. 541ff., S. 551ff., S. 557ff.
13) M. Weber: Politik als Beruf (1919), in: ders.: Gesammelte politische Schriften, Tübingen 1958, S. 493ff.

Für die Begriffe Macht, Herrschaft, Staat und Legitimität sind die angegebenen Partieen von M. Weber in „Wirtschaft und Gesellschaft" (Nr. 12) grundlegend. Zum näheren Verständnis der Entstehung von Machtverhältnissen vgl. vor allem H. Popitz (Nr. 9). Die dort ausgewerteten Beispiele eignen sich auch gut für didaktische Zwecke. Zum Thema „Macht" vgl. ferner H. Plessner (Nr. 7) und N. Luhmann (Nr. 6); letztere Publikation enthält einen systemtheoretischen Zugang. Zum Begriff der Autorität vgl. H. Popitz (Nr. 8), wo Autorität allerdings etwas anders definiert wird als in diesem Kapitel. H. Hartmann (Nr. 5) behandelt das Thema „funktionale Autorität", das in diesem Kapitel angesprochen wurde. Zum Thema „Staat" sei F. Engels (Nr. 4) erwähnt, der die klassische marxistische Position entwickelt, ferner C. Schmitt (Nr. 11), der den Weberschen Begriff des

Staates in diesem Aufsatz m. E. sehr scharf herausarbeitet. D. Claessens (Nr. 2) zeigt, daß man das Machtproblem auch in der Rollentheorie nicht vernachlässigen darf. Zum Begriff des „politischen Handelns" vgl. auch M. Weber (Nr. 13). Die „Großvaterbriefe" (Nr. 1) hat der Verf. angeführt, weil dort versucht wird, im Zusammenhang mit dem Thema „Politische Erziehung in der Familie" kurz, aber etwas länger als in diesem Kapitel, „politisches Handeln" in seiner Besonderheit zu charakterisieren. Einige Abschnitte wurden hier wörtlich übernommen.

IX. Bemerkungen zum Begriff der „Gesellschaft"

> Ein Mann sagt: Ich fühl' mich nicht fit.
> Demnächst werd' ich Eremit.
> Die Wüste lockt mich.
> Doch die Gesellschaft blockt mich.
> Sie folgt mir auf Schritt und Tritt.

1. Zur älteren Bedeutung des Wortes „Gesellschaft"

Eine gründliche Erörterung des Begriffs der „Gesellschaft" verlangte ein eigenes Buch; jedenfalls würde sie den Rahmen dieses Buches sprengen. Außerdem wurden in den vergangenen Kapiteln schon einige Hinweise gegeben, z. B. in dem Kapitel über soziale Gruppen bei der Erörterung des Begriffspaars „Gemeinschaft" und „Gesellschaft", und zwar in der Bedeutung, wie sie F. Tönnies zu fassen suchte. Es ist deshalb zweckmäßig, sich jetzt auf wenige Bemerkungen darüber zu beschränken, was man im Hinterkopf parat halten sollte, wenn von „Gesellschaft" oder von „*der* Gesellschaft" die Rede ist.

Wir sprachen schon davon (vgl. Kap. V), daß es einen vorsoziologischen Sprachgebrauch gibt, nach dem das Wort „Gesellschaft" nicht jene umfassende Bedeutung besitzt, wie sie in der Soziologie üblich ist. Diese Sprechweise wirkt aber heute noch nach. Wir reden von „Staat" *und* „Gesellschaft". Demnach wäre der Staat nicht ein Gebilde der Gesellschaft. Wir kennen seit einigen Jahrzehnten den Begriff „Gesellschaftspolitik". Damit meinen wir eine Politik, die entweder bewahrend oder verändernd auf die Struktur der Gesellschaft einwirken will. Früher, z. B. tat dies W. H. Riehl (Lit. 4), sagte man „Socialpolitik". Später hat sich der Begriff „Sozialpolitik" eingeengt. Man verstand darunter die Summe der meist staatlichen Maßnahmen, die bei offenkundigen „sozialen Schäden" helfend, ausgleichend und reparierend eingreifen sollten. Die Gesamtstruktur der Verhältnisse wurde dabei nicht in Frage gestellt. Die Wissenschaft, die sich mit diesen Maßnahmen befaßt, führt ebenfalls den Namen „Sozialpolitik". Diese Einengung wurde aber später wieder als unbefriedigend empfunden. Auch die sozialpolitischen Maßnahmen im engeren Sinn sollten sich in einen umfassenden Kontext einordnen und rechtfertigen. Eventuell sollten sie einen Beitrag zu Strukturverbesserungen leisten. Kurioserweise kehrte man nicht zu dem alten Begriff der „Socialpolitik" zurück, wie er W. H. Riehl und dem alten „Verein für Socialpolitik" (er schreibt sich heute noch mit „c") vorgeschwebt hat, sondern erfand ein neues Wort ,,Gesellschaftspolitik". Ein Vertreter des Fachs ,,Sozialpolitik" (Achinger), dem es gerade darum ging, den umfassenden strukturpolitischen Sinn der vielen sozialpolitischen Maßnahmen deutlich zu machen, gab einem seiner Bücher den Titel ,,Sozialpolitik als Gesellschaftspolitik" (Lit. 1). Dieser Buchtitel war nicht ,,doppelt-gemoppelt", sondern beinhaltete ein Programm.

Aber auch das Wort ,,Gesellschaftspolitik" meint nicht alle Arten von Politik, sondern nur einen Ausschnitt. Offenbar unterstellt dieser Begriff also, daß es außerdem noch andere Bereiche der Politik gibt, die nichts oder nur indirekt etwas mit der Gesellschaft zu tun haben. Auch hier wirkt noch die alte Gegenüberstellung von ,,Staat" und ,,Gesellschaft" nach. Nicht näher brauchen wir hier auf ,,Gesellschaft" im Sinne eines gegründeten und organisierten Verbandes einzugehen (z. B. Aktiengesellschaft, Deutsche Gesellschaft für Soziologie). Auch die ,,gute Gesellschaft", in der sich eine kleine Oberschicht zusammenfindet und von der übrigen Gesellschaft abgrenzt, braucht uns nicht zu interessieren. Immerhin sollten wir ein Ohr dafür haben, wenn wir hören, daß bestimmte Bälle veranstaltet wurden, um die höheren Töchter in die ,,Gesellschaft" einzuführen. Gehörten sie vorher nicht dazu? Ist ,,Gesellschaft" hier eine Sphäre, die erst jenseits der Familien, der Schule und der Nachbarschaft beginnt?

Uns interessiert hier jedenfalls nur der allumfassende Begriff ,,Gesellschaft", wie er jetzt in der Soziologie – trotz gelegentlich irritierender Sprachgebräuche – gültig ist.

2. Der soziologische Begriff von ,,Gesellschaft"

Ganz allgemein könnte man sagen: Unter einer Gesellschaft verstehen wir alle Geschehnisse, Prozesse und Strukturen insofern sie einen Zusammenhang von zeitlicher Kontinuität bilden, der direkt oder indirekt auf wechselseitigen, prinzipiell verstehbaren sozialen Handlungen beruht.

Diese Begriffsbestimmung ist freilich sehr vage und deshalb unbefriedigend. Es zeigt sich aber, daß der Versuch, sie zu präzisieren, sofort zu unerwünschten Folgen führt. Er würde uns auf eine bestimmte Gesellschaftstheorie festnageln. Auf jeden Fall meint diese Begriffsbestimmung nicht nur eine ,,Summe alles dessen, was unter Menschen passiert"; also nicht nur einen ganz allgemeinen Oberbegriff für alles Soziale, den sich ein Soziologe zurechtlegt, sondern einen realen ,,Zusammenhang". Worin dieser Zusammenhang besteht, muß natürlich näher erklärt werden.

3. Zusammenhang einer Gesellschaft

Es ist nicht gesagt, daß eine Gesellschaft ein einziger Interaktionszusammenhang sei. Zwar wird ihr „Zusammenhang" letztendes durch wechselseitiges soziales Handeln begründet. Dazu gehören aber nicht nur Interaktionen, die zumindest einen Konsens hinsichtlich der unmittelbaren Handlungsziele unter Partnern voraussetzen, sondern auch „strategische" Handlungsweisen, kämpferisches Verhalten aller Art. Es kann auch ein Handeln sein, welches lediglich berücksichtigt, daß andere Menschen sich so und nicht anders verhalten haben, ohne daß noch eine spezielle Rückkopplung stattfindet. Viele Handlungen sind außerdem mit anderen Handlungen nur in der Weise verbunden, daß sie Folgehandlungen sind.

Ferner kann der hier gemeinte Zusammenhang sehr indirekter Natur sein. Er kann über ziemlich abstrakte Vorstellungen, in denen vielerlei Geschehnisse als „Sozialgebilde" oder „soziale Prozesse" zusammengefaßt werden, vermittelt sein, oder auch über vorliegende Interessen, geltende Normen und Wertvorstellungen.

4. „Verstehbarkeit" sozialer Zusammenhänge

Allerdings hatten wir unterstellt, daß die Handlungen, die aufeinander bezogen sind, „prinzipiell verstehbar" sein sollen. Das heißt natürlich nicht, daß alles Handeln den anderen Menschen innerhalb einer Gesellschaft verständlich sei. Vieles Handeln bleibt weitgehend unverständlich. Die Soziologie befaßt sich ja gerade ausführlich mit der Analyse von Akten und Praktiken, die alle dem Zweck dienen, sich fremdes Handeln verstandlich zu machen, eigenes Handeln verstandlich werden zu lassen bzw. auch mit noch verbleibender Fremdheit fertig zu werden. Jedoch gilt nicht nur für jede alltägliche Interaktion, sondern auch für kompliziert vermittelte Orientierungen in der Gesellschaft die „Generalthesis der Reziprozität der Perspektiven"[1]

---

[1] Vgl. A. Schütz, Lit. 5, Bd. I, S. 12ff.: „In der natürlichen Einstellung des täglichen Lebens nehme ich es als selbstverständlich hin, daß es intelligente Mitmenschen gibt. Ich impliziere damit prinzipiell, daß die Gegenstände dieser Welt dem Wissen meiner Mitmenschen zugänglich sind, also entweder bekannt oder erkennbar sind. Dies weiß ich und nehme es fraglos als selbstverständlich hin. Ich weiß aber auch und nehme es als selbstverständlich an, daß genau genommen dieser „selbe" Gegenstand für mich etwas anderes bedeuten muß als für jeden beliebigen meiner Mitmenschen. Das Alltagsdenken überwindet die Differenzen

Ohne die prinzipielle Unterstellung des Subjekts, daß das Handeln anderer verstehbar ist und verständlich gemacht werden kann und daß auch das eigene Tun für andere verständlich werden kann, was zweifellos eine „Idealisierung" ist, denn die Realität birgt immer Zonen des Unverstandenen und Unverständlichen, hätte unser Verhalten in der Gesellschaft eine qualitativ andere Struktur.

5. Zur „Grenze" realer Gesellschaften

Dies hat auch seine Bedeutung dafür, wo wir die Grenze einer Gesellschaft setzen. Der auf wechselseitigen prinzipiell verstehbaren sozialen Handlungen beruhende „Zusammenhang" ist zweifellos schwer abgrenzbar. In der Praxis nehmen wir ja immer wieder andere Grenzen realer Gesellschaften an, je nach Gesichtspunkten. Wir reden von „nationalen Gesellschaften" oder auch von der Gesellschaft einer Region oder von der „Weltgesellschaft". Wir denken dabei nicht nur an die „Verdünnung" der auf Wechselseitigkeit des Handelns beruhenden Beziehungen, sondern auch an Kulturgrenzen, die der Verstehbarkeit entscheidende Barrieren setzen. Sind diese Barrieren sehr hoch, bleibt das Verstehen nur ganz rudimentär, haben die Begegnungen Ausnahmecharakter, verlangen sie besondere, außeralltägliche Formen der Situationsbewältigung, so kann man sagen: Hier treffen nicht nur „Teilkulturen" aufeinander, sondern hier berühren sich zwei Gesellschaften mit unterschiedlicher Kultur.

Es ist aber immer wieder eine Ermessensfrage, ob man bei starker ethnischer und kultureller Heterogenität ein Nebeneinander zweier Gesellschaften annimmt oder sich einen Gesellschaftstypus vorstellt, der sich eben durch stark getrennte Bereiche und kulturelle Heterogenität auszeichnet. (In ehemaligen Kolonialgebieten findet man hierfür viele Beispiele. Isoliert im Busch lebende Wildbeuter, die nur gelegentlich von einem Weißen besucht werden, bilden sicher eine eigene Gesellschaft. Ackerbau treibende Indios im Hochland von Peru, die ihre eigene Sprache sprechen, aber regelmäßig einen Teil ihres Lebensunterhalts durch Lohnarbeit auf den Haciendas von Weißen oder Mestizen erwerben, sind sicher Teil einer übergreifenden, jedoch ethnisch und kulturell stark differenzierten Gesellschaft.)

individueller Perspektiven, die aus jenen beiden Punkten folgen, durch zwei grundlegende Idealisierungen:
  Die Idealisierung der Vertauschbarkeit der Standorte; (...) die Idealisierung der Kongruenz der Relevanzsysteme. (...)
  Die beiden Idealisierungen, die der Vertauschbarkeit der Standorte und die der Kongruenz der Relevanzsysteme konstituieren zusammen die Generalthese der reziproken Perspektiven."

6. Gesellschaft als „System", „Gesellschaftsformation"

Bisher war noch nicht das Wort „Gesellschaftssystem" gefallen. Dies liegt daran, daß ausschließlich von realen Gesellschaften die Rede war. Diese sind immer nur mehr oder weniger „systemisch" strukturiert. Es ist durchaus sinnvoll, sie sich mit Hilfe eines gedanklichen Konstrukts, nämlich eines „Systemmodells" verständlich zu machen. (Vgl. Kap. VI) Das tun nicht nur die Soziologen, sondern auch viele andere Menschen, die nicht Wissenschaftler sind, wenn sie sich über die menschliche Welt, in der sie leben, in ihrer Gänze Gedanken machen. Ohne solche gedankliche Modellkonstruktionen könnte man weder Überblick über das Ganze gewinnen, noch auch innere, nicht offen zutage liegende Zusammenhänge verstehen. Modelle sind aber nicht die Realität selbst, noch photographische Abbilder der Realität, sondern vereinfachende und stilisierende Verdeutlichungen von etwas, was sie nicht selbst sind.

Das Systemmodell, das eine Gesellschaft im Sinne der strukturell-funktionalen Theorie vorstellig macht, wird also ignorieren oder als „sekundär" oder „Abweichung" hinstellen, was funktional nicht im Sinne der Erhaltung der gegenwärtig vorfindlichen Verhältnisse ist. „Kontingenzen" (als zufällig Erscheinendes, was sich nicht in Erwartungsstrukturen einordnet) und Widersprüchliches, was gleichwohl zur Wirklichkeit der realen Gesellschaft gehört, gerät in Gefahr, ausgeblendet zu werden.

Man kann auch mit einem anderen „Systemmodell" an die gesellschaftliche Wirklichkeit herangehen, z. B. mit dem marxistischen Begriff der „Gesellschaftsformation". Auch dann wird ein gedankliches Konstrukt verwendet und als Schablone an die Wirklichkeit angelegt, das diese vereinfacht und stilisiert. Die Dynamik des Gesellschaftsprozesses und die inneren Spannungen in einer Gesellschaft kommen bei diesem Begriff besser in den Blick, freilich nur Prozesse und Spannungen einer bestimmten Art. Stabilisierungsmechanismen, die es zweifellos auch gibt, kommen typischerweise zu kurz.

7. Die Namen der Gesellschaftstypen

Wir pflegen reale Gesellschaften mit Typenbegriffen zu kennzeichnen. „Typen" sind Ergebnisse von Typisierungen. Von einem Typus mögen wir eine noch relativ differenzierte Vorstellung haben. Finden wir einen Namen für ihn, so vermittelt dieser noch einmal eine vereinfachte Vorstellung. Er hebt nur einen Gesichtspunkt heraus. Mit welchem Typennamen man eine bestimmte Gesellschaft belegt, sagt etwas darüber aus, unter welchem Gesichtspunkt man ihre Verhältnisse modellhaft vereinfachend deuten will. Manchmal tut man dies auch beiläufig ohne ausdrückliche Absicht. Da das Kind einen Namen haben muß, gibt man ihm einen und bemerkt nicht, daß man ihm einen Stempel aufdrückt.

Dies wird deutlich, wenn man darauf aufmerksam wird, daß ein und dieselbe Gesellschaft von verschiedener Seite mit unterschiedlichen Namen belegt wird. Jeder Name signalisiert eine bestimmte Weise der Typisierung und lenkt die weiteren Gedanken, die bei einem derart komplexen Gegenstand selektiv sein müssen. So kann man eine antike Gesellschaft eine „Polis-Gesellschaft", aber auch eine „Sklavenhalter-Gesellschaft" nennen; eine andere Gesellschaft bezeichnet man entweder als eine „bürgerliche Gesellschaft" oder als eine „kapitalistische" oder als eine „Industriegesellschaft".

Es kann natürlich einen guten Sinn haben, wenn man bei der Namengebung – um jetzt die marxistische Terminologie zu gebrauchen – entweder den Aspekt des Entwicklungsstandes der „Produktivkräfte" oder die „Produktionsverhältnisse" oder auch den „Überbau" der politischen Ordnung anspricht. Man muß nur wissen, was man damit tut.

Auf jeden Fall sollte man sich durch die Grammatik, die uns nahelegt, eine Gesellschaft mit einem Hauptwort zu bezeichnen und diesem dann ein Verbum in einer Aktivform beizufügen, nicht dazu verführen lassen, in „der" Gesellschaft oder in einer bestimmten Gesellschaft (z. B. der „bürgerlichen Gesellschaft") ein Subjekt zu sehen, das etwas Bestimmtes tut, beabsichtigt bzw. wie ein anderes Subjekt dem Individuum gegenübertritt. Die Gesellschaft hat keine eigene, von den Individuen abgehobene Subjektivität. Sie hat in der Regel auch nicht die Quasi-Subjektivität einer Großgruppe (die entsteht, wenn eine Vielzahl von Individuen sich als ein „Wir" erleben und handeln). Eher ist die Gesellschaft, wenn wir in ihr einen realen Zusammenhang menschlicher Handlungen sehen, ein Bedingungsrahmen, der immer schon existiert, wenn der einzelne handelt, und in den sich die Einzelhandlungen einfügen müssen. Insofern kommt der Gesellschaft „Objektivität" zu und insofern kann sie als ein „Gegenüber" erlebt werden.

8. Gesellschaftliches Bewußtsein

Man muß freilich beachten, daß „gesellschaftliches Bewußtsein" im Sinne einer Vorstellung von „der" Gesellschaft als ganzer im Alltag sich nur selten aktualisiert. Dasselbe gilt auch für ein „Gesellschaftsbild".[2]

---

[2] Dieser Ausdruck wurde von den Autoren der Studie „Das Gesellschaftsbild des Arbeiters" (Lit. 3) gewählt, weil die Vorstellungen von der Gesamtheit der gesellschaftlichen Verhältnisse häufig eher bildhaft sind. Der näherliegende Aus-

Der Mensch ist ein soziales Wesen, das ständig auch „Soziales" objektiviert. Das bedeutet aber keineswegs, daß er sich den Gesamtzusammenhang einer menschlichen Gesellschaft ständig als Bezugsrahmen vor Augen halten muß. Viele Menschen tun dies überhaupt nicht, die anderen nur gelegentlich. Es ist auch denkbar, daß Menschen zwar eine Vorstellung von einer ganzen Gesellschaft haben; diese besteht jedoch nicht nur aus Menschen: Es gehören auch Götter und Dämonen dazu, manchmal auch ausgewählte Tierarten (Totem-Tiere).

9. Literaturhinweise

1) H. Achinger: Sozialpolitik als Gesellschaftspolitik, rde 47, Hamburg 1958.
2) G. Hartfiel, K. H. Hillmann (Hg.): Wörterbuch der Soziologie, Stuttgart ³1982 (Artikel „Gesellschaft").
3) H. Popitz, H. P. Bahrdt, H. Kesting, E. A. Jüres: Das Gesellschaftsbild des Arbeiters, Tübingen 1957.
4) W. H. Riehl: Die Naturgeschichte des Volkes als Grundlage einer deutschen Socialpolitik (1853), Stuttgart ⁹1894.
5) A. Schütz: Gesammelte Aufsätze, Bd. 1: Das Problem der sozialen Wirklichkeit, Den Haag 1971, S. 12 ff.
6) F. Tönnies: Gemeinschaft und Gesellschaft (1887), Darmstadt 1963.
7) A. Vierkandt (Hg.): Handwörterbuch der Soziologie (1931), Stuttgart 1959 (dort die Artikel: F. Tönnies, „Gemeinschaft und Gesellschaft", S. 180ff., Th. Geiger, „Gesellschaft", S. 201 ff.).
8) Wörterbuch der marxistisch-leninistischen Soziologie, hg. v. W. Eichhorn u. a., Opladen 1971 (Artikel: „Gesellschaftsformation, ökonomische").

Zur Erstinformation zum Begriff „Gesellschaft" sei Nr. 2 empfohlen. Zu älterer Verwendung des Wortes Gesellschaft vgl. Nr. 7 und 6. Nr. 1 (Achinger) und Nr. 4 (Riehl) werden hier aufgeführt wegen der Bemerkungen zu den Begriffen „Sozialpolitik" und „Gesellschaftspolitik" in diesem Kapitel.
Zum Begriff der „Gesellschaftsformation" vgl. Nr. 8. Auf Nr. 5 (Schütz) wird in diesem Kapitel Bezug genommen, wo von der „Generalthesis der Reziprozität der Perspektiven" die Rede ist. Nr. 3 (Popitz u. a.) wird erwähnt wegen des Begriffes „Gesellschaftsbild".

druck „Gesellschaftliches Bewußtsein" hat eine Aura von Rationalität und läßt an bestimmte Bewußtseinsinhalte denken. Für viele Menschen, die durchaus eine Vorstellung vom Ganzen der Gesellschaft haben, paßt dieser Begriff. Daneben fand sich in der Studie eine größere Gruppe, die über ein solches Gesamtbild der Gesellschaft offensichtlich nicht verfügte, die aber natürlich vielerlei Vorstellungen von „Sozialem" besaß.

X. Ratschläge zum Studium soziologischer Theorien

> Es bleibt von Ideologie verrammelt
> dein Hirn, wenn deine Theorie vergammelt.
> Doch wenn du alles hinterfragen mußt,
> spürst du schon bald in deinem Magen Frust.
> Gewiß mußt du an manchen Fetisch rühren,
> willst du dein Studium theoretisch führen.
> Jedoch auf jeden Geistesschatz zu hauen
> bringt nichts. Vergiß nicht ohne Hatz zu schauen!

Mancher, der dieses Kapitel liest, wird sagen: ,,Das ist ein alter Hut." Ein anderer, der noch nie einen Hut getragen hat, plötzlich aber vom Regen in die Traufe kommt – wem passiert das nicht während des Studiums –, greift aber gern nach einem alten Hut, wenn er einen findet. Um im Bilde zu bleiben: Theorien werden oft wie Hüte verwendet: Sie schützen, wie gesagt, gegen schlechtes Wetter, lassen ihren Träger größer erscheinen, als er ist, und erleichtern seinen Mitmenschen, ihn sozial einzuordnen. Die individuellen Gesichtszüge werden zwar erst vollständig sichtbar, wenn man den Hut abnimmt. Mancher trägt aber auch einen Hut, um sich bedeckt zu halten.

So sollte man aber nicht mit Theorien umgehen. Es bekommt einem nicht. Auch den Theorien tut es nicht gut. Zunächst einmal: Theorien sind nichts besonders Vornehmes. Es gibt ganz einfache Theorien. Auch im Alltag orientieren wir uns ständig mithilfe von Theorien. Wenn ich mich an einem sonnigen Herbsttag entschließe, nicht auf dem Göttinger Hainberg, sondern anderswo spazieren zu gehen, und sage: ,,An solchen Orten ist es an Tagen wie heute voll, denn natürlich wollen die Menschen die letzten schönen Tage im Jahr ausnützen", so steckt hinter dieser kurzen Aussage eine Theorie. (Ganz so einfach ist diese Theorie übrigens nicht, denn sie bezieht typische Möglichkeiten des Wahlverhaltens hinsichtlich der Freizeitverwendung von Menschen mit ein, für die je nach Wetter und Jahreszeit unterschiedliche Prioritäten gelten, kalkuliert ferner einen von diesen Menschen nicht intendierten Effekt ein und veranlaßt mich zu einem vom Üblichen abweichenden Wahlverhalten.)

Von einer Theorie kann man dann sprechen, wenn Aussagen von einem gewissen Allgemeinheitsgrad stringent so miteinander verknüpft werden, daß dadurch eine noch allgemeinere Aussage entsteht, die mein Wissen bereichert. Mein Wissen ist dadurch vermehrt, daß Einzelwissen in einen größeren Zusammenhang eingeordnet wird, falls dieser mich als solcher interessiert. Aber oft geht es mir auch darum, mit Hilfe einer Theorie spezielle Zusammenhänge zu erklären. Mit „stringent" ist gemeint, daß man sich bei der Zusammenfügung der Einzelaussagen nicht bloßen Assoziationen überläßt oder mit der Feststellung begnügt, daß zwei Sachverhalte gleichzeitig auftreten. Vielmehr wird zwischen den Inhalten, welche die Aussagen meinen, entweder ein logischer oder kausaler oder funktionaler Zusammenhang festgestellt. (Auf die Feinheiten wollen wir uns hier nicht einlassen, z. B. darauf, was an Logik immer auch in kausalen Zurechnungen steckt, oder ob funktionale Deutungen von Tatsachenzusammenhängen nicht eigentlich eine spezielle Form einer kausalen Erklärung darstellen.)

In der Soziologie gibt es unzählige kleine Theorien, die nicht komplizierter sind als die unseres Sonntagsspaziergängers. Es gibt natürlich auch viel umfassendere Theorien und Theoriensysteme, zu deren Studium man Jahre benötigt, in die man sich einleben muß, was leider oft die Folge hat, daß man in andere theoretische Systeme nur noch schlecht umsteigen kann. Es läßt sich aber keine grundsätzliche Schwelle ausmachen, die anzeigt, daß die kleinen Theorien hier aufhören und jetzt die großen oder womöglich die „eigentlichen" Theorien beginnen.

Es ist auch nicht so, daß große Theorien mehr Qualität haben, z. B. stringenter sind als kleine Theorien. Natürlich hängt eine kleine Theorie, die etwa erklärt, warum zur Zeit ausländische Arbeiter sehr oft in sanierungsbedürftigen Vierteln wohnen, ein bißchen in der Luft, wenn sie nicht Bezug nimmt auf umfassendere Theorien über neuere Stadtentwicklung in Gesellschaften mit kapitalistischem Wirtschaftssystem. Andererseits sind die großen Theorien in aller Regel deshalb luftiger, weil es schwerer ist, weltumfassende Aussagen durch empirische Befunde zu verifizieren. Sie behalten deshalb auf lange Zeit oder für immer hypothetischen Charakter. Der amerikanische Soziologe Merton hatte sicher guten Grund, wenn er für Theorien „mittlerer Reichweite" plädierte. Jedenfalls ist Mißtrauen gegen die ganz umfassenden theoretischen Gebäude geboten. Wenn sie alle gesellschaftlichen Bereiche in einem System vereinigen und dieses in einen lückenlosen Prozeß von der Steinzeit bis übermorgen einordnen, dann sind sie zwangsläufig weitgehend spekulativ.

Leider braucht man sie aber doch. Erstens liefern sie interessante Hypothesen. Darauf kommen wir gleich zu sprechen. Außerdem braucht der Soziologe ja auch so etwas wie eine Weltanschauung. Dazu hat er ein Recht wie jedermann; er hat auch ein Recht, seine Weltanschauung soziologisch auszudrücken. Allerdings wird dadurch aus ihr noch keine Soziologie. Letztere will ja eine Wissenschaft sein und muß sich vor Spekulationen hüten bzw. sie wenigstens unter Kontrolle halten.

„Spekulativ" nennen wir Theorien, die das Feld möglicher Erfahrung überschreiten. Sie können gleichwohl in sich „stringent" in dem genannten Sinn sein. Hypothesen hingegen sind legitim und unentbehrlich. Sie überschreiten die Erfahrungen, die es zur Zeit gibt. Sie sind Theorien, die logische, kausale und funktionale Verknüpfungen herstellen und so zu einer allgemeineren Aussage von großer Plausibilität gelangen. Diese Aussage ist aber nicht als endgültige wahre Behauptung gemeint, sondern als ein Entwurf, als ein Vorgriff auf ein Ergebnis, das durch Erfahrung noch abgesichert werden muß. Der Forscher weiß, daß er ohne solche (möglichst plausiblen) Ergebnisentwürfe kaum Erfahrungen machen kann. Er würde sonst ständig zwischen „trial and error" hin und her stolpern und erstickte schließlich im Material. Wenn es aber der Sinn einer Hypothese ist, der Erfahrung den Weg zu bereiten, dann muß sie so gebaut sein, daß sie durch Erfahrung bestätigt, aber auch widerlegt werden kann. Sie überschreitet dann nicht den Kreis möglicher Erfahrungen, sondern nur den vorhandener Erfahrungen mit der begründeten Hoffnung, daß weitere Erfahrungen hinzukommen werden.

Die ganz großen „Globaltheorien" erfüllen diesen Anspruch sicher nicht. Es ist aber kein Zweifel, daß manche umfassenden Theorien, trotz der ihnen innewohnenden spekulativen Bestandteile, der Wissenschaft entscheidend weitergeholfen, ja dazu beigetragen haben, daß manche Probleme auf höherem wissenschaftlichen Niveau angegangen wurden. Dies gilt sicher für den Marxismus, obwohl auch er spekulative Deutungen, z. B. über den Gang der Weltgeschichte, enthält. Deshalb muß man sich mit den großen Theoriegebäuden beschäftigen; außerdem spiegeln sie oft in gedrängter und halbwegs rationaler Form das gesellschaftliche Bewußtsein einer Epoche oder einer Klasse oder einer Bewegung wider. Insofern sind sie selbstverständlich ein Gegenstand der Soziologie.

Aber im ganzen gesehen hat der Soziologe es mit kleineren Theorien zu tun, deren Hypothesen entweder inzwischen empirisch bestätigt sind oder die noch als Hypothesen fungieren, also die Empirie leiten – oder besser: ihr dienen sollen.

Hier wird noch ein anderer Grund deutlich, weshalb Theorien in der Soziologie nichts besonders Vornehmes sind. Die Soziologie will soziale Tatsachen beobachten und erklären. Das ist nicht so selbstverständlich, wie es klingt. Mit der Gesellschaft und ihren Erscheinungen hat man sich seit Jahrtausenden befaßt. Als Auguste Comte, den man als einen der Väter der Soziologie ansehen kann, das Wort „Soziologie" um die Mitte des vorigen Jahrhunderts einführte, befand sich die europäische Gesellschaft in einer schweren Krise: Kriege, Revolutionen, Bürgerkriege, Industrielle Revolution, Entstehung des Proletariats und Säkularisierung führten auch zu erbitterten geistigen Kämpfen. Comte hielt die verworrenen Weltanschauungskämpfe für fruchtlos und gefährlich. Er war keineswegs ein unpolitischer Gelehrter. Er wünschte sich Fortschritt und

X. *Ratschläge zum Studium soziologischer Theorien*   191

eine friedliche Welt. Dieses Ziel hielt er für erreichbar, wenn das Thema „Gesellschaft" aus den ideologischen Kontexten herausgelöst würde und man zuerst einmal feststellte, was geschieht und warum es so und nicht anders geschieht. Erst dann sei vernünftiges Handeln möglich. Er verlangte, diejenigen, die sich mit gesellschaftlichen Problemen befassen, sollten so ähnlich vorgehen wie Naturwissenschaftler. (Bevor er das Wort „Soziologie" geprägt hatte, sprach er von „sozialer Physik".)

Ob die politische Hoffnung Comtes nun utopisch war und ob er sein selbstgesetztes Programm erfüllte, braucht uns jetzt nicht zu interessieren. Die Soziologie wurde jedenfalls zu einer „positiven Wissenschaft" (was nicht dasselbe wie „Positivismus" ist). Sie beschäftigt sich primär damit, was da ist, oder besser, was „vorfindlich" ist, nicht mit dem, was sein sollte, was „eigentlich" ist oder was Gott mit dem Menschen bei seiner Erschaffung vorhatte.

Dazu genügt aber das theoretische stringente Verknüpfen von Aussagen von einem gewissen Allgemeinheitsgrad nicht. Auch diese müssen ja auf Wahrnehmungen und Beobachtungen von sozialen Verhaltensweisen und sozialen Verhältnissen basieren und tun dies auch. Ein Theoretiker, der ohne Rücksicht auf methodisch gesicherte empirische Befunde drauflos theoretisiert, hält sich eben an ungeprüfte eigene und fremde Erfahrungen bzw. sogenannte „Erfahrungen". Diese sind aber in Wahrheit nicht jungfräulich, sondern oft bereits durch ehrbare, aber nicht überprüfte Alltagstheorien überformt. Außerdem enthalten sie Vorurteile und Ideologeme aller Art. Deshalb kann eine Theorie, obschon in sich widerspruchsfrei und konsequent, im Ergebnis inhaltlich falsch sein.

Außerdem ist Erfahrung (auch die methodische Empirie mit ihren Signifikanz-Berechnungen) allemal selektiv, d. h. mit großer Wahrscheinlichkeit perspektivisch. Deshalb müßte jede Theorie, wenn sie zu allgemeineren Aussagen fortschreitet, diese eigentlich als Fragen (bzw. Hypothesen) verstehen, die einer erneuten Überprüfung durch Erfahrung auf einer ergänzten Basis bedürfen.

Eine Theorie in der Soziologie kann sich also nicht allein auf ihren Beinen halten. Sie braucht die Dienste der Empirie. Umgekehrt benötigt aber auch die Empirie die Dienste des Theoretikers, sonst ist sie nicht in der Lage, vorgefaßte Meinungen auszuschalten und Methoden auf ihre Aussagekräftigkeit zu überprüfen. Rangstreitigkeiten sind also überflüssig. Jeder ist jeweils sowohl der Hilfswissenschaftler als auch der Schulmeister des andern.

In der Praxis der Forschung ist übrigens eine strenge Arbeitsteilung von empirischer und theoretischer Arbeit nicht möglich; wo sie versucht wird, geht irgendetwas schief. Empiriker, die nicht selbst – und sei es am Abend, wenn sie nach der Feldarbeit ein Bier trinken – ein bißchen theoretisch herumbasteln, werden Zahlenfriedhöfe anlegen. Theoretiker, die nicht gelegentlich nach dem Statistischen Jahrbuch greifen, werden wohl kaum eine brauchbare Klassentheorie entwickeln. Für Studenten ergibt sich daraus folgendes: Es gibt Lehrveranstaltungen, die unter „Theorie" und solche, die unter „Empirie" firmieren. Ähnliches gilt auch für die Bücher, die sie lesen. Aber das sind nur typologische Unterschiede bzw. Unterschiede der inhaltlichen Gewichtung. Man kann theoretisch wichtige Einsichten in Übungen zur empirischen Sozialforschung gewinnen. Am Beispiel von Befragungssituationen kann man lernen, was Interaktion und was Macht ist. Umgekehrt kann man bei der Theoriediskussion nebenbei mitbekommen, d. h. Erfahrungen darüber machen, wie sich Meinungen in einer so seltsamen Population wie der von Wissenschaftlern verbreiten, welchen Rhythmus geistige Arbeit im Unterschied zu Industriearbeit hat und wie es zugeht, wenn man aneinander vorbeiredet, ohne daß man es merkt oder wahrhaben will.

Wir müssen noch auf etwas eingehen, was weiter oben nur beiläufig anklang. Es gibt Theorien, die eine Aussage über die existierende Gesellschaft oder einzelne gesellschaftliche Tatsachen machen. Andere Theorien in der Soziologie befassen sich damit, wie Soziologen die Gesellschaft beobachten und über sie nachdenken müssen, damit etwas Wahres herauskommt. Ihre Ergebnisse teilen also über die Gesellschaft nichts Inhaltliches mit. Es handelt sich bei diesen Theorien um spezielle Wissenschaftstheorie und Methodologie. Es wird an Begriffen gebastelt. Diese werden zu Klassifikationssystemen zusammengefügt. Es wird darüber nachgedacht, wie man aus Einzelbefunden allgemeine Schlüsse ziehen kann und ob es „objektive" Erkenntnisse über die Gesellschaft geben kann, wenn man selbst ein Mitglied der Gesellschaft ist. Aber da stocke ich schon.

Es wäre schön und wichtig, wenn man diese beiden Arten von Theorien immer auseinanderhalten könnte. Denn es wäre ja ärgerlich, wenn man eine begriffliche Überlegung, die nur ein Instrument für die Gewinnung einer Erkenntnis bereitstellen will, bereits für eine Erkenntnis von sozialer Wirklichkeit hielte. Solche Verwechslungen sind gar nicht so selten.

Doch wenn ich wissen will, welche Schwierigkeiten ich beim Versuch, objektive Aussagen über die Gesellschaft zu machen, habe, weil ich selbst der Gesellschaft angehöre – und zwar einer bestimmten Gesellschaft, in der es möglich ist, daß einzelne ihrer Mitglieder die Chance und das Recht haben, über die Gesellschaft Aussagen zu machen (womöglich noch dafür bezahlt werden) –, dann muß ich selbstverständlich auch über diese Gesellschaft selbst reden. Ferner: Die Objekte der Soziologie sind ja Menschen, die über sich und ihre soziale Umwelt schon längst eine Meinung haben, bevor sich ein Soziologe meldet. Er ist selbst einer von diesen Menschen und hat auch einmal eine solche Meinung gehabt. Wissenschaftliches Tun besteht nun nicht einfach darin, wissenschaftlich in-

X. Ratschläge zum Studium soziologischer Theorien

takte Aussagen auf der grünen Wiese aufzubauen, sondern darin, daß ich mein immer schon vorhandenes gesellschaftliches Bewußtsein mit wissenschaftlichen Mitteln präzisiere, revidiere und so formuliere, daß es überprüfbar wird. Dann muß ich mich aber doch damit beschäftigen, wie es zugeht, wenn eine Gesellschaft sich über sich ein Bild macht und unter welchen besonderen gesellschaftlichen Bedingungen Soziologie überhaupt möglich ist und eine Nachfrage nach einer solchen Disziplin entsteht, d. h. ich muß über die reale Gesellschaft des 19. und 20. Jahrhunderts nachdenken.

Wenn ich also darüber nachdenke, wie Erkenntnisse über die Gesellschaft möglich sind, dann muß ich mir gleichzeitig darüber Gedanken machen, wie konkrete Menschen, die in einer bestimmten Gesellschaft leben, es anfangen, wenn sie Vorstellungen über ,,Soziales'' oder über die ,,Gesellschaft'' entwickeln. Und wenn ich über reale Strukturzusammenhänge einer Gesellschaft nachdenke, muß ich berücksichtigen, inwieweit diese Strukturen durch ,,Alltagstheorien'' der beteiligten Menschen oder sogar durch weitreichende handlungsleitende Ideen bzw. Ideologien mitgeformt sind, die ihrerseits soziologischen Theorien ähnlich sind oder eventuell sogar – in neuerer Zeit wäre das möglich – aus der Soziologie selbst stammen.

Hinzu kommt noch ein Weiteres: Welche Begriffe und Denkmethoden ich wähle, bestimmt sich nicht nur aus der Struktur meines Gehirns, sondern auch vom Gegenstand her, den ich bearbeiten will. (Von den persönlichen Vorlieben und Gewohnheiten ganz zu schweigen.) Wünschenswert wäre natürlich, daß ein Wissenschaftler, der mit einem bestimmten Instrumentarium zu einem schönen runden Ergebnis gekommen ist, sich noch einmal hinsetzt und versucht, ob bei Verwendung eines anderen Werkzeugkastens dasselbe herauskommt. Aber Wissenschaftler sind auch nur Menschen. Deshalb bleiben sie bei den Begriffen, Denkmethoden und Modellen ihrer Schule, in der sie alle Korridore, Klassen- und Direktorenzimmer kennen.

Die Geschichte der Soziologie zeigt, daß die großen Schulen der Soziologie entstanden sind, wenn bestimmte gesellschaftliche Situationen den Wissenschaftlern bestimmte Probleme vor die Füße warfen. (,,Problem'' heißt im Griechischen wörtlich: ,,Das vor jemand Hingeworfene''.) Zur Lösung dieses Problems entwickelte man ein Instrumentarium. Ob es nun Eitelkeit, Arbeitsökonomie oder schlichte Gewohnheit war, jedenfalls wurden diese Instrumente bald auch auf andere Themen angewendet, für die sie nicht paßten. So kommt es, daß eigentlich alle theoretischen Schulen auf einem Auge blind sind.

Die Systemtheoretiker, die sich vor allem dafür interessieren, wie sich ein System aus sich heraus reproduziert, d. h. auf dynamische Weise stabil bleibt, haben wenig Sinn für grundsätzliche Veränderungsprozesse. Hier ist nicht nur methodische Kritik, sondern auch Ideologiekritik am Platz. Man kann sich leicht vorstellen, daß die strukturfunktionale Systemtheorie in einem Einwanderungsland wie den USA entstanden ist, in dem das politisch-praktische Problem der Integration von Einwanderern aus Süd- und Osteuropa in eine angelsächsisch geprägte Gesellschaft im Vordergrund stand. Aber eine Theorie, die dem Thema „Integration" besondere Aufmerksamkeit widmet, ist möglicherweise schwach auf der Brust, wenn sie Phänomene deuten will, die das Gegenteil von Integration sind, wie etwa „sozialen Wandel" und „Konflikte". Wer sich auf dialektische Denkbewegungen versteht, ist u. U. sensibel für die Motorik des sozialen Wandels, insbesondere wenn dieser sich in kontroversen geistigen Auseinandersetzungen artikuliert und zu revolutionären Umbrüchen herausfordert. Hier kann man viel von Marx und den Marxisten lernen. Weniger freilich können diese über Sinn und Wirkungsweise von Institutionen Auskunft geben.

Handlungstheoretiker stellen immer fest, daß soziale Gebilde und Strukturen ihre Existenz nur dadurch haben, daß menschliche Subjekte sie durch ihr soziales Handeln reproduzieren. Soziale Veränderungen entstehen letztenendes aus typischen Veränderungen im Handeln von Einzelsubjekten. Das ist natürlich nicht falsch. Und es ist richtig, wenn sie dann ihre ganze Aufmerksamkeit der Struktur des Handelns und insbesondere des Interagierens zuwenden. Wer dieses Forschungsinteresse hat, wird vor allem solche sozialen Abläufe untersuchen, an denen man die interagierenden Einzelsubjekte noch deutlich erkennen kann und bei denen diese auch eine Chance haben, selbstgesteckte Ziele zu erreichen, dies auch zu erleben und sich mit Partnern persönlich über gemeinsame Ziele oder einen Kompromiß zu verständigen. Das sind vor allem Mikrostrukturen mit ihren Face-to-face-Situationen. Hier kann ja das Individuum noch etwas ausrichten. Hier erlebt es, daß es einen gewissen Handlungsspielraum, also auch Freiheit hat. Für solche Abläufe werden dann Methoden und Begriffe geschaffen. Makrostrukturen geraten dabei leicht aus dem Blick; für sie fehlt das geeignete Instrumentarium. So kann es kommen, daß die Welt überschaubarer, runder und etwas rosiger erscheint, als sie es ist. (Das gilt allerdings nicht für M. Weber, den man ja auch als Handlungstheoretiker bezeichnen kann.)

Kurz: So wichtig es ist, zwischen Theorien, die über die Gesellschaft oder über Soziales handeln, von solchen zu unterscheiden, die sich mit dem soziologischen Denken befassen, so muß man doch sehen, daß das Gesellschaftsbild eines Theoretikers auch seine Denkweise über die Gesellschaft beeinflußt und daß bestimmte Denkweisen und Methoden wiederum zu einer selektiven Wahrnehmung sozialer Tatsachen führen. Gerade an den großen Theoriegebäuden läßt sich dies gut beobachten. Sie lassen sich als Ganze sowieso nicht einer der beiden Arten von Theorien zuordnen, sondern enthalten stets Einzeltheorien aus beiden Sparten.

Zuletzt ein paar Hinweise für die Studien-Praxis:
1) Theorien sind meist einäugig, das gilt in fataler Weise gerade für die großen Globaltheorien. Der Student sollte versuchen, im Laufe des Studiums wenigstens in zwei Theoriegebäude soweit einzudringen, daß er nicht in die Fänge von Dogmatismus und Orthodoxie gerät.
2) Theorien haben nur dann einen Wert, wenn sie etwas mitteilen, was man vorher noch nicht gewußt hat. Die bloße Übersetzung einer Sachverhaltsbeschreibung in abstrakte Begriffe ist noch keine Theorie.
3) Theoretische Sätze, zu denen man kein konkretes Beispiel finden kann, sind verdächtig. Sie verkörpern meist nur eine freischwebende Spielerei und entspringen einem Bedürfnis nach Symmetrie. Letztere existiert freilich nur auf dem Papier.
4) Die Sprache der Theorie sollte nicht komplizierter sein als die Sache, über die sie redet. Die ist meist schon kompliziert genug. Theoretisieren in Wort und Schrift ist nicht bloßes Ausdrucksverhalten eines Subjekts, sondern Kommunikation. In keinem Fall sollte es ein Imponiergehabe sein. Fachtermini sollten nicht als Statussymbole oder als Abzeichen für die Zugehörigkeit zu einer Gruppe benutzt werden.
5) Theoriegebäude sind ein schlechter Heimatersatz. Wenn man sich in ihnen so wohl fühlt wie am häuslichen Herd, wird es Zeit fremdzugehen.

Nachträge zu den Literaturhinweisen

I. Begriffe in der Soziologie

B. L. *Whorf:* Über einige Beziehungen des gewohnheitsmäßigen Denkens und Verhaltens zur Sprache, in: ders.: Sprache, Denken, Wirklichkeit, Reinbek b. Hamburg 1963. – *I. Segerstedt:* Die Macht des Wortes. Eine Sprachsoziologie, Zürich 1947. – *E. Topitsch:* Über Leerformeln. Zur Pragmatik des Sprachgebrauchs in Philosophie und politischer Theorie, in: Probleme der Wissenschaftstheorie. Hrsg. v. E. Topitsch, Wien 1960.

II. Soziales Handeln

A. Lorenzer: Sprachspiel und Interaktionsformen, Frankfurt/M. 1977. – *R. Münch:* Theorie des Handelns. Zur Rekonstruktion der Beiträge von T. Parsons, E. Durkheim und M. Weber, Frankfurt/M. 1982. – *A. Schütz und T. Parsons:* Zur Theorie sozialen Handelns, Frankfurt/M. 1977.

III. Soziale Normen

E. Durkheim: Über soziale Arbeitsteilung. Studie über die Organisation höherer Gesellschaften, Frankfurt/M, ²1988. – *K. Eichner:* Die Entstehung sozialer Normen, Opladen 1981. – *K. Lautmann:* Wert und Norm, Köln/Opladen 1969

IV. Soziale Rolle

D. Claesseus: Rolle und Macht, München ³1974. – *U. Coburn-Staege:* Der Rollenbegriff. Ein Versuch der Vermittlung zwischen Gesellschaft und Individuum, Heidelberg 1973. – *B. Kirchhoff-Hund:* Rollenbegriff und Interaktionsanalyse. Soziale Grundlagen und ideologischer Gehalt der Rollentheorie, Köln 1978. – *K. Hurrelmann:* Einführung in die Sozialisationstheorie, Weinheim und Basel 1986.

V. Soziale Gruppe

G. Simmel: Soziologie. Untersuchungen über die Formen der Vergesellschaftung, Berlin ⁴1958. – *B. Deckmann/C. Ryffel:* Soziologie im Alltag. Weinheim u. Basel, ²1983. – *A. Vierkandt:* Gesellschaftslehre; (Zweite völlig umgearbeitete Auflage) Stuttgart 1928.

VI. Soziale Struktur und soziales System

K. H. Tjaden: Soziales System und Sozialer Wandel. Untersuchungen zur Geschichte und Bedeutung zweier Begriffe, Stuttgart 1969. – *K. H. Tjaden* (Hg.): Soziale Systeme, Neuwied u. Berlin 1971. – *N. Luhmann:* Soziale Systeme. Grundriß einer allgemeinen Theorie, Frankfurt/M. ²1988.

VII. Schichten, Klassen, Stände

P. Bourdieu: Die feinen Unterschiede, Frankfurt/M. 1982. – *P. Bourdieu:* Sozialer Raum und Klassen, Frankfurt 1985. – *R. Kreckel* (Hg.): Soziale Ungleichheiten (Soziale Welt, Sonderband 2) Göttingen 1983. – Unsere Bourgeoisie, Kursbuch 42, Berlin 1975.

VIII. Macht, Herrschaft, Autorität, politisches Handeln, Politik

R. Bendix: Herrschaft u. Industriearbeit, Frankfurt/M. 1960. – *G. Lenski:* Macht und Privileg, Frankfurt/M. 1973. – *G. Sorel:* Über die Gewalt, Frankfurt/M. 1969.

Namenregister

Achinger, H. 182, 187
Bahrdt, H. P. 34, 84, 106, 158, 179, 180, 187
Bales, R. F. 127
Berger, P. 46, 84
Bernsdorf, W. 84, 106
Bolte, K. M. 158
Brown, J. A. G. 99, 106
Brunner, O. 28, 29
Bühl, W. L. 127
Burisch, W. 99, 106
Burnham, J. 157, 158, 160

Claessens, D. 78, 84, 106, 179, 180
Comte, A. 190
Cooley, Ch. H. 98

Dahrendorf, R. 66, 67, 78, 83, 124, 127, 158, 179
Defoe, D. 36
Dreitzel, H. P. 84

Eichhorn, W. 29, 187
Engels, F. 136, 158, 179

Fürstenberg, F. 109, 127

Gehlen, A. 51, 84
Geiger, T. 131, 132, 155, 158
Giese, M. 84
Gluckman, M. 127
Goffman, E. 66, 67, 68, 84

Habermas, J. 43, 47
Hartfiel, G. 64, 187
Hartmann, H. 83, 127, 179
Hartmann, N. 49
Hempel, C. A. 28, 29
Herlyn, I. 106
Herlyn, U. 158
Hillmann, K. H. 64, 187
Hintze, O. 28, 29
Hofstätter, P. R. 106

Homanns, G. C. 102, 106
Humboldt, W. v. 103
Jany, B. 158
Jüres, E. A. 34, 187

Kappe, D. 158
Kern, B. 106
Kesting, H. 34, 187
König, R. 106
Krappmann, L. 84

Lévi-Strauss, C. 107, 127
Linton, R. 66, 69, 83, 84
Luckmann, T. 46, 84
Luhmann, N. 95, 107, 123, 127, 179

Marx, K. 129, 136, 137, 155, 158, 159, 194
Mayo, E. 99
Mead, G. H. 78, 84
Merton, R. K. 83, 84, 127, 189
Mills, C. W. 153
Mills, T. M. 106
Mohl 13
Mühlmann, W. E. 106

Neidhardt, F. 106, 158
Niklas, B. W. 84

Oestreich, G. 28, 29
Oevermann, U. 158

Parsons, T. 107, 124, 127
Plessner, H. 79, 84, 179
Popitz, H. 34, 48f., 64, 67, 84, 94, 106, 179, 187
Popper, R. 18

Reuter, F. 154
Richter, H. E. 106
Riehl, W. H. 13, 103, 181, 187
Roethlisberger, F. J. 99
Rühlker, C. 84

Schäfers, B. 106
Scheler, M. 51, 64
Schelsky, H. 88, 106, 146, 153, 157, 158, 159, 179
Schmitt, C. 172, 179
Schütz, A. 40, 46, 183, 187
Schumpeter, J. 129, 148, 159
Schwonke, M. 106
Seiffert, H. 29
Simmel, G. 84
Sombart, W. 155
Spittler, G. 64

Taylor, F. W. 99
Thomas, K. 80, 84
Tönnies, F. 13, 97, 106, 181, 187
Topitsch, E. 28, 29
Toynbee, A. J. 52

Vierkandt, A. 106, 187

Wallmuth, L. 158
Weber, M. 21 ff., 28, 29, 33, 35, 46, 53, 65, 129, 150, 159, 163, 164, 166, 167, 172, 179, 194
Wiehn, E. 159
Wunder, H. 28, 29

Sachregister

Analytische Begriffe 24ff., 48
Anthropologische Aussagen 24, 50
Anzeichen 40, 42
Asymmetrische Beziehungen 162
Ausdrucksverhalten 39f.
Autorität 161ff., 167, 168ff.
Begriff 11ff., 121
Bezugsgruppe 70f., 89f.
Biologismus 52
Brauch 52f., 71
Dialektik 11ff.
Definition 15ff.
Empirie 190f.
Entfremdung 77ff.
Face-to-face-groups 98, 100f.
Familie 10f., 87, 94, 102, 134f., 147
Feudalismus 29f.
Funktion 113ff., 116f.
Funktionale Autorität 170f.
Geltung 153ff.
Gemeinschaft 97ff.
Gesellschaft 97ff., 116, 181ff.
Gesellschaftliches Bewußtsein 186ff.
Gesellschaftsbild 186
Gesellschaftsformation 185ff.
Gesellschaftsordnung 117f.
Gesellschaftspolitik 181f.
Gesellschaftssystem 185ff.
Gesprächsrituale 75f.
Gesten 39f.
Gewohnheiten 52f.
Großgruppen 100f., 102, 135, 136f.
Gruppenziele 91
Habitualisierungen 52
Handeln 30ff., 43f., 50f., 52
Handlungstheorien 194
Herrschaft 59, 161ff., 166ff., 176f.
Hypothese 189ff.

Idealtypische Begriffe 21ff., 24
Identität 77ff.
Ideologie 137, 138f., 149ff.
Information 37, 38ff., 42
Informelle Gruppe 99f.
Interaktion 37ff., 91f.
Interaktionismus 66
Internalisierung 59f., 72ff.
Interessenlagen 53
Interrollenkonflikt 71
Intra-Rollenkonflikte 71f.

Kampf 37, 41f.
Kaste 139ff.
Kausalität 123
Kavaliersdelikte 62
Klassengesellschaften 152ff.
Klassenlage 136
Klassifikations-Systeme 26f., 113ff.
Kleingruppen 86ff., 101ff.
Kommunikation 38ff.
Komplexitätsreduktion 95, 119

Legalität 168
Legitimität 167f.
Lumpenproletariat 155

Macht 42, 161ff., 174
Manipulation 165
Markt 118ff., 163f.
Minoritäten 148f.
Modelle, Modellbegriffe 19ff., 121ff., 185f.

Nivellierte Mittelstandsgesellschaft 146
Normative Strukturen 55ff., 109f.
Normen 48ff., 68ff., 92f.
Normenkonflikte 56ff.
Normensysteme 55ff.
Normenwandel 56f., 58

Operationelle Begriffe 18f.

Sachregister

Politik 161ff., 172ff., 175f.
Politisches Handeln 172ff.
Primärgruppen 98
Proletaroide 155
Rationalisierung 34
Reizüberflutung 51
Rolle 66ff., 94ff., 142
Rollenattribute 71
Rollenerwartung 71f.
Rollendistanz 78
Rollenidentität 77
Rollenlernen 78ff.
Rollensegmente 71f.
Rollen-Situationskonflikt 80
Rollenwechsel 80
Sanktion 49, 52ff., 54, 56, 57ff., 70f., 92ff.
Schichtspezifische Sozialisation 144ff.
Sinn 32, 35
Sitte 53
Situation 43f., 50ff., 75ff.
Situations-Definition 74ff., 76
Sozialer Aufstieg 146ff.
Soziale Beziehungen 50, 91, 161f.
Soziale Gruppe 86ff.
Soziales Handeln 31ff., 35ff., 50f.
Soziale Klasse 129ff., 135ff.
Soziale Schicht 129ff., 132ff.
Soziale Position 69ff.
Soziale Segregation 141
Soziale Struktur 107ff., 110ff.
Soziales System 95f., 107ff., 116ff., 121f.
Soziale Ungleichheit 132ff.
Sozialisation 78ff.
Sozialpolitik 181f.
Soziologische Theorie 188ff.
Sprache 40
Staat 172f., 181f.

Ständegesellschaften 152ff.
Stand 129f., 138ff.
Statistische Gruppen 88f.
Statistische Kategorien 17ff., 88f.
Statuskontinuum 133f., 140
Statussymbol 143
Strategisches Handeln 41ff., 174
Strukturell-funktionale Theorie 66, 69f., 107, 110, 185, 194
Strukturwandel 112f.
Subkultur 93
Subsystem 122ff.
Symbol 39ff.
Symbolische Interaktion 41
Symbolischer Interaktionismus 41
Systemgrenzen 119ff.
System-Modell 121ff.

Tabuisierung 60
Tausch 37, 118f.
Teilkultur 93, 134f., 143ff., 184
Telos, teleologisch 116ff., 123f.
Terminus 15ff.
Typisierung 74ff.

Umwelt 51

Verhaltenserwartungen 51ff., 67, 72, 73
Verhaltensfigur 73
Verhaltensregelmäßigkeiten 51ff.
Verifikation/Falsifikation 18
Verinnerlichung von Normen 59ff.

Weltoffenheit 50ff.
Wertvorstellungen 49
„Wir" einer Gruppe 96f., 135ff.

Zeichen 39ff.
Zweckrationalität 32ff., 41
Zweckverband 98
Zwischenschichten 130